Local Legal Review

华南理工大学广东地方法制研究中心 ◎ 主办

地方法制评论

第4卷

葛洪义 ◎ 主编

李旭东　朱志昊 ◎ 执行主编

·广州·

图书在版编目（CIP）数据

地方法制评论. 第 4 卷 / 葛洪义主编. —广州：华南理工大学出版社，2019.1
ISBN 978-7-5623-5882-4

Ⅰ.①地… Ⅱ.①葛… Ⅲ.①地方法规-中国-文集 Ⅳ.①D927-53

中国版本图书馆 CIP 数据核字（2018）第 292838 号

地方法制评论（第 4 卷）
葛洪义　主编

出 版 人：	卢家明
出版发行：	华南理工大学出版社
	（广州五山华南理工大学 17 号楼，邮编 510640）
	http://www.scutpress.com.cn　　E-mail：scutc13@scut.edu.cn
	营销部电话：020-87113487　87111048（传真）
策划编辑：	王　磊
责任编辑：	陈　尤　王　磊
印 刷 者：	虎彩印艺股份有限公司
开　　本：	787mm×960mm　1/16　印张：15　字数：262 千
版　　次：	2019 年 1 月第 1 版　2019 年 1 月第 1 次印刷
定　　价：	45.00 元

版权所有　盗版必究　　印装差错　负责调换

目 录

名家论坛

003 "枫桥经验"的"民主法治"思考 / 严存生
025 地方法制的意义 / 於兴中
030 关于地方立法问题的断思 / 陈金钊

理论研讨

037 认真对待行政规范性文件备案审查 / 孔繁华
053 地方政府行政执法权的法律政策学解释 / 佘翔　李娜
075 《孟子》治理思想论要 / 李旭东
111 地方权力清单法治化研究
　　——现实面向与路径选择 / 方学勇
118 中华民国央地关系的宪法设计之路 / 刘盈辛　沈玮玮

实践探索

139 从私法人到公法人
　　——对地方高校"法人治理结构建设试点"的思考 / 卢鹏

171	青岛西海岸新区推进社会治理现代化的探索与经验	/ 姜福东 赵辉
184	浙江"网上枫桥经验"的实践与特色	/ 褚宸舸 史凯强
197	政府法制办:有这么一个单位	/ 王学堂
207	供给侧结构性改革与上海政府职能转变问题研究	/ 彭辉 王天品

名家论坛

"枫桥经验"的"民主法治"思考

严存生

【内容摘要】 我国是民主制国家，基层社会实行"民主自治"，属于基层直接民主。作为社会主义国家，这种民主离不开党和国家的领导，因而"自治"中有"他治"的因素。在这种民主的运行中必须处理好"自治"与"他治"、基层中的党组织与村委会、民主与法治（包括国家法与民间法）的关系。浙江省诸暨市是我国基层社会治理的典范——"枫桥经验"的发源地，他们比较好地处理了这些关系，因而也是当前我国基层民主法治的典范。他们在民主的观念、体制和模式上都很有特色，值得研究和推广。本文在介绍其经验的基础上，从理论上对基层民主法治问题作了一些探析。

【关键词】 枫桥经验　基层的民主法治

"民主"是我国社会主义核心价值观念之一，也是我国社会的基本政治制度，而这一制度既存在于国家政治上层建筑层面，也存在于基层社会。而且就其重要性来说，基层民主甚于上层民主，因为它才能真正地使广大民众参与社会管理，激发广大人民的积极性和创造性，使社会充满活力，具有多样性。而且它能找到适合我国国情的民主形式，使广大人民养成民主的习惯，掌握用民主原则管理社会的方法。只有如此，我国的政治上层建筑层面的民主，才有扎实的基础，才能持续和健康地向前发展。长期以来，我国有许多学者都在关注于基层的"自治"问题，但举步维艰，进展不大。浙江诸暨市枫桥镇的基层治理经验，使我们眼前一亮，因为其经验的核心是"一切依靠群众，一切为了群众"的观念和群众路线的工作方法。这无疑与"民主"同义。所以，认真地研究"枫桥经验"，对思考我国的民主问题，特别是基层民主问题，无疑是有价值的。

一、民主的概念和类型

（一）民主的概念

"民主"一词，英语为 democracy，法语为 democratie，德语为 Demokratie。均来源于古希腊语 δημοκρατία（demokratia），其含义就是多数人统治，指的是由占人口多数的穷人执掌政权的民主政体，又叫平民政体。

"民主"一词现今用法甚多，归纳起来其义有二，其一是作为观念或理想的民主，其二是作为现实的民主。

1. 作为观念的民主

作为观念或理想的民主，即作为内心价值目标的民主。它是人们对政治权力或公共权力的性质、归属及其使用问题于内心所形成的认识。政治权力是社会的产物，是一种权威性的社会力量。其权威来自人民，其取得和使用需获得人民的许可，由此产生以民为本、以民为主的观念。公共权力的产生及其历史演变过程使人们逐渐坚定了这一点，并使他们认识到，它来自人民、属于人民、为了人民，也应由人民来执掌，从而形成了"人民主权"或"主权在民"的观念，即"民主"的观念。这个观念包括丰富的内容，大的可分为权力的所有和权力的使用两个方面。也就是说可分为"主人"和"主事"两部分。它意味着，公共权力姓"公"，人民不但是其主人，而且也是使用者，人民有权参与其中。

民主观念又可以分为实体性的和程序性的两种。

（1）实体性的民主观念，即天下为公、人民主权或主权在民的观念，其内涵，按照林肯的说法，它包括民有、民治、民享。民有又包括二义：权力来自人民和权力归属于人民；民治指权力由人民执掌，起码向人民开放，不为少数人所垄断[①]；民享指权力必须为民而用，或者说权力的使用只能为公，不能为私（自己或少部分人的私利）。

（2）程序性的民主观念，就是多数人的政治观念。它具体表现为平等协商原则、自下而上原则和少数服从多数原则。平等协商原则是决策前的原

---

① 参见林肯葛底斯堡演说。

则，它使决策建立在公开和平等协商的基础上，即允许所有人对所决策之事发表意见，从而使决策建立在广泛征求意见的基础上，而不是由个别少数人密谋的。自下而上原则是民主程序的过程原则，它要求民主的过程从征求基层民众的意见开始，循着从下而上的途径逐级集中，最后凝结成一种共同的认识。少数服从多数原则是解决争论不休的问题的一个原则，它规定用投票的办法来决定胜负和终止争论，遵循少数服从多数的原则来选择某一决策。显然，这一原则是一个不完全的程序正义原则，因为它不能保证得出的决策都是正确的，并不能防止出现"多数人的暴政"现象。哈耶克在谈到民主的这一观念时说："'民主'一词的含义……只用它来指称一种统治方式——例如多数的统治……只是将其视为一种决策的方式，而不是一种确定决策应当为何的权威根据。……民主，作为一种方法，却并不涉及统治目的的问题。"① "民主本身并不是一种终极的价值或绝对的价值，而且对它的评判也必须根据其所达致的成就来进行。民主很可能是实现某些目的的最佳方法，但其本身却不是目的。尽管在明显要求采取集体行动的场合，人们有很充分的理由采取民主的决策方法，但是扩展集体控制的范围是否可欲的问题，却必须根据其他的判准而非多数统治这种民主原则来加以判断。"② 正因为如此，后来产生了人权原则这一实体性原则对多数原则进行限制，它划定多数决策的范围，使之不得做出侵犯基本人权之事。

2. 作为现实的民主

作为现实的民主，即作为实际上存在的民主有三种：作为领导者个人作风或工作方法的民主、作为政治运动的民主和作为政治体制的民主。

（1）作为个人作风或工作方法的民主，指有某些民主观念的人，当其担任领导职务时不是高高在上，而是能深入民众之中体察民情，能走群众路线，即在自下而上广泛征求意见的基础上决策和用发动群众的办法贯彻落实决策。这种民主属于个人的、局部的、暂时的民主，它会随着这个领导者的改变而消失。这种民主即使是在人治体制的社会里也会偶然出现。如我国古代的"明君"统治时期。

（2）作为运动的民主，即表现为群众性政治运动的民主，其特征是对原有政治权威的否定和抛弃。这一运动的目的是改变原有人治政治体制，建立

---

① 哈耶克：《自由秩序原理》（上），邓正来译，三联书店1997年版，第126-127页。
② 哈耶克：《自由秩序原理》（上），邓正来译，三联书店1997年版，第129页。

民主体制,具体有二:其一是改变人民在政治上的无权状态,明确人民在国家中的主人地位及其所享有的权利;其二是改变执政者的名分,使其由人民的主人变为人民的公仆,并用法律规范其执政行为,使其处于人民的监督之下。这种民主运动通常称为"宪政运动",它可以表现为请愿、游行示威等一类的非暴力活动,也可以表现为极端形式的革命暴动。这里应指出的还有一种"民主运动",即作为一种工作方式的"民主运动",如中华人民共和国成立后由执政党所发动的整风运动、反右斗争、三大改造运动、农业合作化运动和人民公社化运动、四清运动等,"文化大革命"是这种运动的极端形式,称之为"大民主"。它与前者的区别之一在于,它并不想从根本上改变现有政治制度,也不否认现有最高领导的权威,相反,它往往由最高权威发动,它所针对的只是下层的权威,是想通过群众运动的办法推动社会发展或清除社会机体中的腐败现象。它与前者的区别之二在于,它不是自下而上由群众的自发活动形成的运动,而是自上而下由最高执政者策动的,故此有人认为它不是"群众运动"而是"运动群众"。作为一种执政方式,显然它不是一种好的方式,因为它会导致社会阶段性的动荡,从而影响经济和科学文化的正常发展。这已被我国"文化大革命"前的实践所证明。

(3) 作为体制的民主。民主政体是与非民主政体相对而言的一种政治体制。这一政治体制在观念上的主要特点是不再把广大社会成员排除在政治活动之外,或者更确切地说赋予或承认广大社会成员参加政治活动的合法权利,使他们有某种机会参与国家权力的管理活动,而不是把他们拒之于政治大门之外或剥夺其政治权利主体的合法资格。与此相适应,这种体制的国家设立了许多制度,从法律上对普通老百姓的政治权利予以承认和保护,为他们直接或间接地参加国家的管理活动提供机会或疏通渠道。与之有别,非民主政体国家只承认一个人或少数人为政治活动的合法主体,或把政治看成是这些人的专利。因此,他们反对普通老百姓参加政治活动,否则予以取缔或镇压。正因为如此,这种体制的国家非但没有规定和保护普通老百姓参加政治活动的相关法律制度,而且作了许多禁止性的规定。这意味着,在非民主体制的国家里,权利转化为权力的合法渠道是不流畅的,它只能通过能量的长期积累和突然释放的办法来进行,就像大自然的闪电一样。这意味着转换不能在一个制度内部和平地进行,必须以暴力方式打破旧制度的办法来实现。

民主体制与非民主体制的另一个主要区别在于国家权力的相对分散上,

这包括在空间上和时间上两个方面。从空间上来看，它不再集中在一个点，而是分散在上、下或中央与地方不同的层面，在中央也不再集中于一个机关或一个人，而是分散在许多机构；从时间上看，每个人执掌国家权力也不再是长久的甚至于终身的，而只是一段时间或一个任期。这意味着它能使更多的人有机会执掌国家权力，或者说它打破了某些人对国家权力的垄断地位。应该指出的是，在民主政体中，"人民主权"的观念的实现是相对的，它有个权力归属和权力行使的区别问题。从归属上说，民主社会的每一个人都是权力的主体，都是主权者之一；但从权力的行使或直接参加国家管理来说，它对每个人则只是一种可能，而且是一种程度较低的可能性。因为国家管理人员的位置毕竟是很少的，即使是实行轮换制也难以保证每个人一生中都有此机会。但与非民主体制相比，民主体制无疑是一个很大的进步，因为广大基层社会成员不仅从名义上是国家权力的主体，而且能有机会直接或间接参加国家的管理活动，即有可能成为执政者或有权利挑选执政者。

（二）民主体制的类型

民主体制有两类：一类是作为国家的民主体制，一类是作为基层社会的民主体制。

1. 作为国家的民主体制

（1）直接民主。所谓直接民主即能使民众直接参与社会治理过程的民主。其代表是古希腊雅典型民主，在其中具有公民资格者享有广泛的直接参政和议政权利。直接民主的优点是彻底贯彻了民主原则，使每个人在社会治理中都有机会担任"主人"的角色，但它也有许多缺陷，除了缺乏可操作性外，最明显的是：因为群众大会中情绪化的群众容易为少数野心家所蛊惑，从而难以做出理性的决策，并使野心家有可能篡夺权力。又因为全体大会的决定就是一切，不需要法律或者说产生不了固定的具有权威性的规则（法律）。对此，古希腊的亚里士多德曾有深刻的论述。他认为"直接民主"有两个明显的缺陷：一是可能使非理性因素影响决策结果；二是难以产生凝结着理性的法律规则。他说："凡属公民都可受职，但其政事的最后裁决不是取决于法律而是取决于群众，在这种政体中，（依公众决议所宣布的）'命令'就可代替'法律'。……这里，民众成为一个集体的君主；原来只是一个个的普通公民，现在合并为一个团体而掌握着政权，并尊于全邦。……这样的平民,他们为政既不以'法律'为依归,就包含着专制君主的性质。……(多数制中的)这种平民政体类似于一长制(君主政体)中的僭主政体。……在这种平民政体中,好像在僭主政体中一样,政权实际上落在宠幸的手里,'平民领袖'们把一切事情招揽到公民大会,于是用群众的决议发布命令代替法律的权威"①显然,这种民主近似于无政府状态或黑社会状态。所以亚里士多德把它也叫作群氓政治。

(2)间接民主。所谓间接民主,也就是西方现代国家通行的代议制民主,在其中公民并不直接参政和议政,而只是定期选自己的代表,由代表(议员、政府官员)执掌政治权力,管理国家事务。这种民主又叫选举的民主或选择的民主,因为它只有在选举时才显示出人民是国家的主人,而且这种主人所能做的只是对执政者和其决策的选择。间接民主又叫代议制民主,即通过各种选代表的办法间接地参加国家管理的民主形式。这一民主对广大社会成员来说,他们在国家中的"主人"地位和参加国家管理的主要形式就是参加选举,即用"选票"以"同意"或"不同意"方式来间接地表达自己的意愿,授权其代表和政府官员来执掌国家的各种权力。由于这种民主是以投票方式表现的,故人们形象地把这种民主称为"以投票为中心的"民主。

(3)协商民主。又叫慎议的民主(deliberative democracy)。它是为了弥补间接民主的缺陷而产生的民主观念或民主体制设想。慎议的民主不是仅仅把"民主"理解为"投票",也不仅仅把"民主"应用于投票之时,而是在投票之前的"对话"和交谈,包括弱势群体通过舆论反映自己的要求。他们认为,只有事先经过民主地或平等地、充分地论辩,在投票时做出的决策才会具有更大的包容性和真理性,也才能让人们更大程度地认同和遵守。这种民主观念认为,应创造多种机会和形式让普通老百姓参与决策过程,使他们在决策前能通过平等协商的办法充分地发表意见,以影响决策。显然,协商民主不再仅仅是形式的民主,而是允许民众可以在选举代表之前、之后就实体事务发表意见,以影响决策的结果。

2. 作为基层社会的民主体制

显然,以上所说的主要指国家体制的民主类型,不是基层社会的民主。

---

① 亚里士多德:《政治学》,吴寿彭译,商务印书馆1983年版,第190-191页。

基层社会的治理也有民主与不民主的问题。我们知道，在很长的历史时期里，如我国封建社会里，基层社会的治理由少数人（族长、乡绅）垄断，缺少民主性。进入现代民主社会后，基层民主问题才提上了议事日程。

那么，基层社会的民主是什么性质、什么类型的民主呢？我们认为，虽然基层民主不能简单地归于上面所列的三种国家的民主体制的哪一类，但是显然，它与其中的"直接民主"有相似之处。这是因为，"治理"的实质是管理公共事务，而基层治理的性质是"自治"，其要义是由老百姓"当家做主"，办法就是让老百姓直接参与治理活动。这是因为，基层社会组织的规模不大，容易把全体成员聚集起来议事，而所议之事不仅事关大家的共同利益，而且他们也最有发言权。并且只有在充分发扬民主、广泛征求大家的意见和达成共识之后，才能让大家认可和遵守。

基层民主包含着实质和形式两方面。所谓实质方面的民主指上面引用的林肯所说的"民有、民治、民享"，即基层公共事务的决策权属于民众，由民众行使，是为了民众的根本利益，不能由少数人垄断。因此要尽量吸收民众参加决策过程。所谓形式方面的民主是指在组织形式和决策程序上要以上述实质要求为目的，从程序上保障其实现。

基层民主所面对的是：基层的重大事项①的决策、干部的选拔和监督、乡规民约的制定和社会纠纷的解决。显然，这些事项都离不开老百姓的直接参与、商议和同意。

二、"枫桥经验"是一种基层民主治理的典范

"枫桥经验"是基层治理的经验，从根本上说，其成功就在于坚持民主原则，是民主治理的典范。这表现在治理中的民主观念、民主体制以及决策中的民主程序和解决纠纷的民主方式——"调解"等几个方面。

（一）治理中的民主观念

"枫桥经验"应用于社会治理中的民主观念主要是"一切依靠群众，一切为了群众"的观念和"服务就是最好的治理"的观念。

---

① 如社会治安的维护、公共财产的管理；自然环境的保护和灾害的防治；重大工程（如水利工程）的兴建和维护；公共文化、教育、体育设施与活动的兴办等。

1. "一切依靠群众,一切为了群众"的观念

这句话,显然是与上面引述的林肯对"民主"的诠释是一致的。正因如此,"枫桥经验"应用于社会治理中坚持以人民为主体,走群众路线,以尊民、爱民、为民、便民为目的。"枫桥经验"来自基层,是人民群众自己创造的,其价值和生命力也在于此。党和政府虽然在总结和推广这一经验中有重要地位,但在其中的作用只是经验的发现者、总结者、推广者和引领者。枫桥镇的党政领导认识到这一点,坚持基层治理的"自治"为主的属性,把决策权、管理权交给群众,立足于群众,走群众路线,充分发挥基层自治组织和各种社会组织的作用。这些组织,如村(社区)委员会,村党组织;如一般社会组织的家庭、宗族,各种行业协会,各种文化团体,各种社会公益性组织等。在诸暨,村(社区)机构和党组织都很健全,社会治理是它们的主要职责之一,其内部负责社会治安事务的有专门的机构和人员。如治安小组、信息员、片警、法律顾问等。在诸暨,各种社会组织很多,现有47种,1213家。它们大都有健全的机构、充沛的资金和真实的社会活动,在社会治理中发挥着重要的作用。

2. "服务就是最好的治理"

在民主社会里,领导和管理的本质是"服务"。其任务就是构建基层社会发展的公共服务系统,以指导其发展的正确方向,统一和协调其内部的各种关系。这其中,和谐的官民关系是基层社会治理的关键。而和谐的官民关系要求政府官员不是以"主人",而是以"公仆"的态度处理基层社会的公共事务。也就是说,在基层社会治理中不是取代或包办代替基层群众主导的治理工作,而只是为这种治理工作提供各种周到的服务。而这种服务是否合理周到,对治理的成效关系极大,弄得不好甚至会给基层社会治理添乱。因为它会改变基层治理"自治"的基本属性,会给政府官员"以权谋私"的机会,从而会在基层治理中增添惩治腐败和官民矛盾的新难题。而要建构周到的公共服务系统与和谐的官民关系,除了严密的组织机构和完整的公共设施外,还离不开党政官员内心的"人民是主体"的观念和廉洁的作风。只有如此,他们才能把民众的福祉放在最高地位,才能赢得民众的信任。枫桥、诸暨基层治理的成功也在于此。枫桥镇机关坚持做到"服务不缺位",他们按照"一个办事大厅,一个联批中心,N个代办员"的服务模式,再造镇行

政服务流程，155个企业和民生的事项"最多跑一次"①，还建立了村、社区便民服务中心，对13项需要出村的项目，实行全程代理。因此，在枫桥镇办事，不仅"最多跑一次"，而且有时可以"一次也不跑"。为了便于服务和建立和谐的干群关系，诸暨市确立了联系服务群众的"3+1"新模式②，进一步畅通"最后一公里"，力促干部与群众"零距离接触，亲情式沟通"。

（二）治理中的民主体制

"体制"指动态的组织体系。治理中的民主体制指在治理中遵循的是民主原则运作的社会组织。当前我国农村中的基层组织大体上有三类：①上层派出机关，即党和政府派驻的机构人员，如片警、驻村干部、大学生村干部之类；②村上的自治机构，如村党组织、村民委员会、村务监督委员会、村股份经济合作社等；③村一级的各种社会组织。就诸暨市而言，有宗族组织、乡贤参事会、"枫桥大妈"协会等。显然，在这三类组织中，最关键的是第二类，因为第一类机构及其人员，只是上面的代表，人员有限，所起的只是指导、监督作用，不可能实际操作基层社会治理的具体事务；第三类组织它们都有自己特有社会任务，所以对社会治理只能敲敲边鼓，或起辅助作用。第二类组织是社会治理的专门机构。所以，我们关注的重点是第二类组织，特别是其中的村民委员会，因为它是基层社会自治权力的实际操控者，党支部委员会只是其工作的政治领导者，村务监督委员会所负责的只是监督者的责任。

我国农村的村民委员会的性质和活动原则的民主性质，在1998年颁布的《中华人民共和国村民委员会组织法》中有明确规定："村民委员会是村民自我管理、自我教育、自我服务的基层群众性自治组织，实行民主选举、民主决策、民主管理、民主监督。村民委员会办理本村的公共事务和公益事业，调解民间纠纷，协助维护社会治安，向人民政府反映村民的意见、要求和提出建议。"

诸暨市在基层治理中不仅比较忠实地而且创造性地贯彻了这些法律。主

---

① 目前，诸暨市有1619个事项列入"最多跑一次"改革范围，已向社会公布的2批1613项，占涉民涉企类行政权力事项和公共服务事项的99.6%。
② "3"即推行"返乡走亲"，构建"机关干部+群众"模式；"驻村连心"，构建"乡镇干部+群众"模式；"联户交心"，构建"党员干部+群众"模式。"1"即明确服务责任。参见：人民网浙江频道，2016/07/01，浙江诸暨市建立联系服务群众"3+1"新模式畅通"最后一公里"。

要表现在以下几点：

（1）在基层干部换届选举中，一方面严格地审查候选人；另一方面，申明换届选举纪律，严厉处置选举中的拉票、贿选等不法行为。例如，在2013年的换届选举中，诸暨市委、市政府对换届选举工作十分重视，成立了由书记、市长任组长的村级组织换届选举工作领导小组；抽调精干人员成立了市委指导组，帮助指导各镇街搞好村级组织换届选举工作，办公地点在市委党校；制定出台了《关于认真做好村级组织换届选举工作的意见》《关于严肃村级组织换届选举纪律的通知》《诸暨市村级组织换届贿选行为查处责任追究办法（试行）的通知》等文件，为防止和打击贿选行为提供了政策保障。他们还成立了5个换届秩序维护和违法违纪查处组，严格执行"十条禁令"①，严查贿选9种情形，强化正风肃纪工作，切实维护好正常选举秩序，营造风清气正的换届环境②。在2017年的换届选举中，诸暨市政府有关部门首先进行广泛的宣传教育，讲明选举工作的重要性，以及换届选举的具体办法和选举中应注意的问题。接着，对选举工作进行具体指导，并严格监视选举过程，对发现的问题及时处理，规范选举行为。如2017年1月26日，应店街镇的摸排选风选情的工作人员在走访诸阳村时了解到，1月中下旬，该村村民应某某将自己购买的保温杯交给诸煌自然村、羊角自然村几个村民，要求他们将杯子分发给村内农户，每户一只。2月9日，次坞镇白马新村选举委员会有关成员和驻村干部在走访摸排时，发现红马坞自然村村民周某某未参加报名自荐，却擅自以贴大字报、分发名片等多种手段进行自我宣传，为竞选村委主任拉票。得知情况后，应店街镇、次坞镇政府第一时间成立调

---

① "十条禁令"，即：①严禁任何组织和个人以暴力、威胁、欺骗、贿赂、伪造选票、虚报选票票数等不正当手段，妨害村民和社员行使选举权和被选举权；②严禁用砸毁票箱、撕毁选票、冲击选举会场等手段破坏和妨害选举；③严禁参与或指使他人操纵选举、避会抵制、跟踪监视、虚假委托、张贴大字报、分发传单等不正当活动；④严禁用诬告陷害、诽谤中伤他人，或制造和传播小道消息扰乱换届工作；⑤严禁以送钱送物等形式，在推荐和选举中搞拉票、贿选等非组织活动；⑥严禁对选举工作中存在违纪违法行为进行检举、控告的人员实行打击、报复；⑦严禁借换届之机，突击花钱或私分公款（物）、滥发奖金、补贴或纪念品，进行公款旅游、公款吃请等行为；⑧严禁在换届前频繁接转党员组织关系、突击发展党员；⑨严禁换届后不交印章、不交账本、不交档案、不交事务；⑩严禁以其他不正当手段妨害村级组织换届选举工作正常开展。参见:《村级组织换届选举工作中的"十条禁令"》，2013年9月16日诸暨在线民生6号线，微信号：zjzxblt。

② 参见：《市村级组织换届选举工作领导小组办公室答记者问》，2013年11月2日，诸暨在线民生6号线，微信号：zjzxblt。

查组，对此事进行调查核实。经查证，应某某、周某某破坏村级组织换届选举秩序的行为属实，即根据《中华人民共和国治安管理处罚法》，诸暨市公安局对应某某和周某某分别做出了治安拘留7日和5日的行政处罚①。

（2）在基层干部人选上尽量推荐精英人才，甚至鼓励外来者参加竞选活动。长期以来，村干部选拔囿于"本村人选本村干"的困境，因而一些地方出现了"矮子里面挑将军"的现象，"人难选"成为普遍性问题。为了解决这些难题，诸暨人通过向全社会公开招考村支书的办法，破解了村党组织书记在本村难选、难干的困局。如2013年，诸暨市的有些村子，基础比较差，青年人外出打工者多，有些村党组织班子瘫痪、腐烂，原支书被撤职了，没有合适的人选补位。因而他们大胆创新，突破了"本村人"的界限，采用向外来人招聘村支书的办法，补上了空缺，并取得了较好的效果。一个是东白湖镇西岩村，在《诸暨日报》登有如下招聘广告："无论是何身份，不管你来自哪里，只要你有一颗为村民服务的心，拥有做好农村工作的本事，那你就可以来报考村支书。"应聘者有10人。由诸暨市委组织部、市纪委、市人大、东白湖镇领导组成考试组，从中挑选出来自广西的企业家吴某某。另一个是同山镇同源村，招聘了当了5年大学生村干部的陈某某②。

（3）规范村级换届工作，为交接班立规矩，使村级换届不换档。针对村干部离任交接班曾出现的问题，2017年，诸暨市出台了《村干部离任交接办法》。给村干部离任交接立规矩、定标准，推进村干部离任交接规范化，让离任者交得明白、接任者接得安心，确保村级组织"换届不换档"，加强了对干部的监督和管理，保持了村级工作的连续性。全市152个行政村，全部按时完成离任交接工作。

根据《村干部离任交接办法》，离任交接要分"三步"走：第一步为"一单一书"，围绕村级的事、财、物等重点内容，编制村干部离任交接清单和交接书；第二步为"一人一档"，给每个离任村干部建立交接档案，分别由镇村两级和交接双方留存；第三步为"一事一责"，离任村干部对移交事项及有关资料的真实性、完整性负责，对应交未交事项或移交资料失真承担相应责任；新任村干部对已经接手的工作负责，不得推诿扯皮、拖着不办。离任交接后，凡发现村级重要工作推进不力、集体资产遭受损失、群众信访

---

① 参见：翁佳美，《诸暨严处两起村级组织换届选举案》，《绍兴日报》，2017年2月14日。
② 参见：《诸暨村官选用不限本村人　村支书打破地域来竞选》，浙江在线，2013年6月6日。

矛盾突出等问题的，根据情节轻重给予批评教育、党纪处分直至司法处理①。

（4）普遍在村一级设立村务监督委员会，并用一套规则制度规范其活动，以加强对村两委会活动的监督。2005年在村两委换届时，诸暨市与山下湖镇党政领导在充分调查研究的基础上，在该镇解放村开展村务监督委员会制度的试点。其后，又在山下湖镇和五泄镇选定一些村试点。2006年结合村撤并，在诸暨全市全面建立村务监督委员会组织，并由市纪监委在总结经验的基础上，出台了村务监督制度，规定了村务监督委员会的6项监督、建议权利，充分发挥事前、事中、事后的监督作用。2008年结合村换届，全市302个村建立了村务监督委员会，监委会主任由党纪监委员兼任。2017年他们根据中共中央办公厅、国务院办公厅印发的《关于建立健全村务监督委员会的指导意见》，制定了本地区的实施办法，对村务监督委员会的工作提出了"6446"标准体系要求：

一是明确六项监督内容。将村务决策和公开情况、村级财产管理情况、村工程项目建设情况、惠农政策措施落实情况、农村精神文明建设情况、村两委履职情况这六方面工作作为监督重点，对每一项决策、每一次公开、每一张票据和每一项工程进行监督。

二是实行四种监督方式？推行程序式、参与式、审核式和评议式等四种监督方式，规定操作方法、适用对象、启动条件等，编制村务一般事项、村务决策、村务公开、财务支出、资产及资源处置、工程建设、村干部履职等监督工作流程图，明晰履行职、权、责的步骤。

三是健全四项工作制度。建立完善村务监督委员会工作例会、学习培训、工作保障等制度，加强乡镇党委、纪委对村监会工作的领导、指导。重点建立辞职承诺、工作报告、测评考核、过错补救四项制度，进一步完善退出机制，对履职不认真的及时进行批评教育，对出现违纪违法的立即按规定做出处理。

四是规范硬件"六有"标准。明确"有机构牌匾、有办公房子、有设备配套、有上墙制度、有工作台账、有意见箱子"的硬件"六有"标准。同时，把村监委成员纳入村干部培训总体计划，村监委会主任每季度集中培

---

① 参见：《诸暨制度化规范村级换届工作　交接立规矩　换届不换档》，《浙江日报》，2017年4月28日。

训一次，村监委成员每半年集中培训一次①。

（5）推广枫源村所创立的重大事项"三上三下"的民主决策制度。村里重大事项的决策过程是否民主，无疑是基层民主的关键。因为基层"民主"的含义就是村民对这些重大事项的决策权。所以，诸暨市基层治理的民主就集中体现在对这些重大事项的决策过程是否是民主的上面。为此，他们在实践中不断地摸索这方面的经验。枫桥镇枫源村在这一摸索中走在前面。他们创造性地提出了重大事项"三上三下"的民主决策制度。这就是："一上一下"征求议题，村两委会初拟要决策的重大事项，上门入户征求广大村民意见；"二上二下"酝酿论证，对征求到的村民意见或建议，村两委会集体汇总分析，然后将修改方案提交党员议事会、村民代表恳谈会反复进行磋商、论证，进一步达成共识；"三上三下"审议决定，村两委会讨论后决定方案，先由党员会议审议通过，最后提交村民代表会议民主表决②。诸暨市政府认真总结了这一经验，并在全市推广。

（6）积极鼓励各种群众性的社会组织、志愿者组织参与社会治理工作。如果说上面所说的是基层民主的最主要的方面和表现的话，那么，从民主的程度讲，还有比它更民主的方面，即各种群众性的社会组织、志愿者组织对社会治理工作的参与，因为村自治组织的工作带有比较大的来自政府上层的因素，离不开党和政府的指导和参与。更不要说其本身就带有准"官"的性质。而群众性的社会组织、志愿者组织则是彻底的"民"。虽然是集体组织起来的"民"，它们参与社会治理是真正的"民"的"自治"。诸暨市各种群众性的社会组织、志愿者组织很多，它们都积极地参与社会治理，并取得了很好的效果。

如诸暨市孝德研究会，该组织现有会员15000多人，会员遍及党政机关和街道乡镇，下属组织和团队49个，其中部门单位、行业系统分会39个，直属团队10个。有艺术总团、志愿者服务队、孝文化讲师团、健康保健顾问团、特殊老人服务团、"孝艺"书画院等，还办有《诸暨孝德文化》报。该会组织了一系列孝德文化的宣传、评比活动。如"孝德村落"、"孝德少

---

① 参见：《诸暨市紧扣〈关于建立健全村务监督委员会的指导意见〉的要求，以建立村务监督委员会"6446"标准体系为载体，不断优化村务监督委员会规范化建设》，www.sxdj.gov.cn/Article/ShowArticle，访问日期：2017年12月29日。
② 孙良：《"三上三下"：枫桥经验发源地民主治村的法宝》，http：//zj.zjol.com.cn/news/682562.html，访问时间：2019年1月19日。

年"、孝德天下行艺演、"孝"进校园宣传活动等。

再如"枫桥大妈"。"枫桥大妈"是对枫桥地区义务服务于社会公益活动的中年妇女的爱称。其源于枫桥镇东三村一群中年妇女对一名长期受到"家庭暴力"伤害的妇女权利的维护。这些中年女子被当地人亲切地叫作"枫桥大妈"。她们不仅帮助弱势妇女，还反赌禁毒、抵制邪教、保护环境、当爱心红娘等，只要是帮得上忙的，事事都管。从2016年3月到现在，诸暨全市共成立了547支基层妇女组织，参与志愿活动的妇女达6000余人，已解决环境、维权、创业等问题3587个，成为一支不可小觑的生力军。

（三）社会纠纷的民主解决方式——调解

解决矛盾纠纷是社会治理中不可回避的任务，历来社会解决纠纷的主要办法不外乎三种：调解、仲裁和审判。第一种与后两者的区别不在于当事人是否能参与纠纷的解决过程，而在于这个过程中自己处于主动或被动的地位，能否对解决结果的方案提出自己的主张和是否有否决权。因为调解虽然有第三者在场斡旋并提出解决方案，但是在协商中进行的，结果必须征得当事人同意，或者说当事人有最终的否决权。这与仲裁、审判完全听命于仲裁者、审判官是截然不同的①。这意味着调解所遵循的是民主原则，属于"自治"范畴。显然，调节是基层社会解决纠纷的主要方法。正因如此，在"枫桥经验"中"调解"是核心的经验之一。因为，"小事不出村，大事不出镇"，其化解矛盾的主要办法就是"调解"。因为他们从下到上建构了一整套调解组织，使之形成一个立体网格，并总结出一系列的调解方法，还设立了许多品牌、专门的调解室。他们树立了"大调解"的观念，把调解机构组织成一个体系，有人民调解②、行政调解、司法调解多个环节，一环套一环，构建了多元化的社会矛盾化解体系。他们致力构筑"点、线、面"结合的大调解模式，即面上市镇村三级联动，市级建立社会矛盾纠纷大调解工作体系建设领导小组，在27个乡镇（街道）、468个行政村和59个社区全部建立人民调解委员会；线上专业调解有序推进，组建了医患纠纷、法院诉前、交通事故、消费权益、劳资纠纷、婚姻家庭等六大专业调解中心，依托行业协会

---

① 仲裁与审判的区别在于，一个是由民间的权威机构做出的，另一个是由官方的权威机构做出的。
② 人民调解是与行政调解和司法调解相对而言的基层自治组织（村、社区）、各种企事业组织、各种非政府组织（NGO）所开展的调解活动。

建立企业内部调解组织；点上多元调解全面铺开，全市5个基层法庭建立联合调解委员会，16个公安派出所建立治安纠纷调解中心，27个镇街全部建立司法所，让老百姓不跑远路、不打官司、不伤感情。为了加强对调解的协调，近年来诸暨建立了诸暨市调解总会、诸暨市人民调解协会、诸暨市枫桥镇调解志愿者联合会等组织。还充分利用网络把网上调解与网下调解相结合，构建法、理、情融合的多元化调解大格局，探索社会组织参加纠纷调解、律师调解制度、中立评估机制等12个矛盾纠纷调解项目，把矛盾化解在萌芽状态。

三、"枫桥经验"中的基层民主特色

"枫桥经验"中的基层民主是很有特色的，主要有以下几点。

（一）与国家层面的民主自动衔接，接受党和政府的指导

基层社会是与政治上层社会的国家紧密相连的，是从属于政治上层社会的。所以，我国基层社会的民主是与我国的民主制度相关联的。这就意味着，它不是孤立的、绝对的，应与我国的民主制度和社会主义性质相适应，应接受中国共产党的领导和政府的指导、监督。只有这样，它才能有一个正确的政治方向，才能克服直接民主的局限性，不变为无政府状态，或被少数坏人所利用，成为其谋取私利的手段。诸暨市党和政府对基层民主的领导和监督是很得力的，其主要途径有二：其一是市、镇政府及时制定相关的政策和法律来指导基层组织的活动；其二，是从组织上把市、镇与基层联结起来，使之成为一个网格化的结构，共同从事于社会治理工作。其在基层以党支部为核心把三委会统一起来，按照"一站二会三组五员"①的架构设置村级综治组织系统。实行网格化管理，村上有网格指导员、网格长、网格员。其机构严谨，层次分明，责任落实。形成了"党政领导、综治协调、部门负责、社会协同，公众参与、法制保障的科学治理体系"。构建起以市、镇、村三级综治中心为指挥平台，以综治信息化为支撑、网格化管理为基础、公共安

---

① "一站二会三组五员"：以社会服务管理站和治保会、调委会为主体，建立应急工作、流动人口、归政帮教三个服务管理组，发挥治调信息员、综治信息员、安全信息员、法制宣传员、社情信息员的作用。

全视频监控网应用为重点的"群众性治安防控工程"。

(二)善于挖掘和改造传统文化中的合理因素,使之成为发扬民主的新形式

在我国传统文化中有许多合理的因素,诸暨市在基层治理中注意挖掘和充分地利用了这些传统文化,使之成为发扬民主的新形式。除了上面介绍的"调解"这一解决社会纠纷的传统方式外,还有如乡贤参事会、文化礼堂等。

"文化礼堂"是在以往家族祠堂[①]的基层上改建的,是对宗族文化场所的一种创造性利用,它现在已是村庄文化聚会的重要场所。其功能主要有二:一是展示该村的历史文化;二是举办各种文化活动。显然,"文化礼堂"也是一个村民发扬民主的平台。

"乡贤参事会"是在继承和发展古代乡绅之治的传统基础上建立的一种利用基层精英人才资源参与社会治理的机制。参加者多为本村或姻亲关系在本村、品行好、有声望、有影响、有能力、热爱社会工作的"能人"。它是以参与农村经济社会建设、公共服务,提供决策咨询、民情反馈、监督评议及开展帮扶互助服务为宗旨的公益性、服务性、互助性、地域性、非营利性的基层民主协商和村民自治组织。它设镇、村两级,镇设总会,村50人以下者设分会,5人以下者设乡贤顾问。该组织2016年已遍及27个乡镇,村级有366个,会员3443人,在社会治理中发挥了很大的作用。如参政议政,收集村情民意,担任"外挂村干部""镇长顾问团";为乡镇、村的经济发展提合理化建议,募集资金;协助化解矛盾纠纷等[②]。

(三)充分利用现代科技手段——网络,创造了网络民主的新形式

民主的主旨是在于社会管理中"由民做主",而要如此,就应该在决策中向民众公开信息,让民众平等参与决策过程。无疑,网络这一社会交往方式,能比较好地实现这一目的。因为网络中没有秘密,人们也可以比较充分地了解别人的意见和自由地表达自己的意见。网络还压缩了人们之间的时

---

① 诸暨市现有宗祠家庙261个,大都改造为文化礼堂,成为凝聚宗族力量、教育宗族子女、传承古代文化的场所。
② 参见诸暨市《关于培育和发展乡贤参事会的指导意见》(2015-04-21);斯海燕、宣凤英:[浙江]诸暨积极探索"乡贤参事会"乡村建设治理模式。载2017年1月12日-www.wenming.cn/syjj/dfcz/zj/201701/t。来源:诸暨文明网,责任编辑:陈建豪。

空，使广大的人们能聚集在网络中交换意见。因而，从某种意义上说，网络具有民主性，是人们之间民主交往的新形式。诸暨市在打造"枫桥经验"升级版中，非常关注采用互联网这一现代科学技术，使其在基层社会治理中发挥巨大作用，使"枫桥经验"走向现代化、智能化，创造了"互联网+"社会治理的新模式。如在诸暨市关注构建"五张网"，即排查调处网、安全防控网、智能信息网、服务管理网、民生保障网；扎实推进"雪亮工程"①；加强政民e线②、政务微博群、民生微信；建立网上法庭、网上司法所、网上调解室、网上检务、网上公安。在乡镇建构网络的"四个平台"③、微信的"一张网"④。从而打造了诸暨特色的网上"枫桥经验"，实现了网上管理、网上防控、网上审批、网上办案、网上服务和网上引导一体化，使"枫桥经验"穿上了现代的服装，拥有最新的科学技术手段，成为最先进的基层治理模式。而且，注意网络的管理，把社会治理的网络建设与组织建设——网格化管理结合起来，实现"两网融合"，从而使网上与网下、政府网与民间网有机地连接起来。

（四）追求民主的法治化

前文在论述民主，特别是直接民主时指出，民主必须法治化，否则就会出现无政府状态，或被少数坏人利用。因为"一事一议"的"直接民主"意味着决策过程有时会缺乏理性。因为群众大会中被情绪化的群众容易为少

---

① "雪亮工程"是以县、乡、村三级综治中心为指挥平台、以综治信息化为支撑、以网格化管理为基础、以公共安全视频监控联网应用为重点的"群众性治安防控工程"。它通过三级综治中心建设把治安防范措施延伸到群众身边，发动社会力量和广大群众共同监看视频监控，共同参与治安防范，从而真正实现治安防控"全覆盖、无死角"。因为"群众的眼睛是雪亮的"，所以称之谓"雪亮工程"。
② 政民e线是诸暨新闻网开设的和研发的诸暨市网络问政和民生服务互动平台，是广大市民与政府部门联系沟通交流互动的重要平台，是"24小时不下班的网上政府"。参见："'政民e线'：指尖上的民情对话"，浙江在线，2013年10月9日。
③ "四个平台"即在统合"乡综治工作、市场监管、综合执法、便民服务"四个社会治理事项的基础上而建立的管理系统和网络平台。它把原先分散的事务、组织和网络统一起来，并动态地展现于镇管理中心大厅的网络屏幕上。
④ 2014年枫桥镇合并原先的综治、安全监管、计划生育、环境卫生等服务管理网格，在诸暨市网信办指导下，推出社会治理"一张网"工程，明确镇、村、自然村三级网格及网格员的分工职责，社会服务管理效率比以前更高效。为更快捷地传递信息，8月8日，"枫桥一张网"微信平台应运而生。2016年已开通PC操作端口1683个，配备"平安通"手机终端3370只，村（社区）已拥有微信用户26000余人。全市27个镇乡（街道）均已建成"一张网"信息指挥中心，均已开通镇级微信公众号。

数野心家所蛊惑,从而难以做出理性的决策,并使野心家有可能篡夺权力。而只有凝聚着集体智慧和具有稳定性、普遍性的法律规则才能防止决策过程的非理性化,也才能规制少数人滥用权力的活动。所以,基层自治既要追求民主化,又要追求法治化。而在基层社会中这个"法",主要的不是国家制定法,而是"民间法"①,其主要体现形式为乡规民约,因而"法治化"的主要含义是有一套严谨的乡规民约,并严格遵守它。诸暨市在基层治理中,一方面严格遵循民主原则,通过民主选举产生基层自治机构——村(社区)三委会(村委会、党支委、监委会),而且为它们的活动制定了一套规章制度,使它们处于民众的监督之下,并且制定相应的制度,使民众能直接参与重大事务的决策过程。如前文所举的普遍推行的"三上三下"的民主决策制度。另一方面,他们重视民间法(即乡规民约)的建设,使其体系化、科学化。2015 年诸暨市政府印发了《关于抓紧组织开展乡村治理工作的通知》和《关于全面开展制订村规民约、社区公约活动的通知》,发动全市开展村规民约的制订工作。在大唐镇、草塔镇、枫桥镇、江藻镇等选取一些村试点,努力构建"1(一套村民自治章程)+1(一套村规民约)+x(多个实施细则)"的乡村自治规则体系。如陈家村有《陈家村村民会议及村民委员会组织章程》《陈家村村籍管理规约》《陈家村村务公开规约》《陈家村土地及建房管理规约》《陈家村财务管理规约》《陈家村治安与消防规约》《陈家村纠纷预防及调解公约》《陈家村外来建设者管理规约》《陈家村卫生与环保公约》《陈家村家庭关系公约》《陈家村财务管理规约》《陈家村公益与慈善事业管理规约》等②。另外,他们注意全市范围的各种制度的建设,形成了比较完备的规章制度,建成市、镇、村三级法律服务平台和"诸暨市公共法律服务网",构建了城乡"半小时法律服务圈",出台了《关于进一步完善法律援助制度的实施意见》。他们还注意宣传法律知识,培养人们的法律意识,掌握法律思维,为各村(社区)和单位配备法律顾问,并制订了严格的考核制度③。从而使民间法与国家法连接起来,基层治理与国家治理的两

---

① "民间法(folk law)"是西方社会法学的用语,是与国家法相对而言的,指民间各种社会团体的规章制度。国家法,即被国家权力机关认可的法律制度。
② 范忠信:《"枫桥经验"与法治型新农村建设》,中国法制出版社 2013 年版。
③ 《诸暨市农村法律顾问聘用合同》规定:法律顾问提供法律咨询;协助修订村规民约、合同、协议;协助处理法律事务;应邀参加重大事项的决策等。截至 2016 年底,全市共有 197 名律师、基层法律服务工作者担任了 525 个村的法律顾问。

种法治化统一起来。

四、对当前我国基层民主法治的几点思考

"枫桥经验"在基层民主上的一系列实践经验，引起了我们对当前我国基层民主的几点思考。

（一）基层民主的重要性

从上面所介绍的"枫桥经验"中，可以看出"民主"是多么重要，正是因为他们有着坚定的"民主"观念——"一切依靠群众，一切为了群众"和由此确立的工作方法——走群众路线，进而在治理中设计了一套"民主"的体制、机制和方法，因而才取得了治理的成功。这是因为：

（1）人民是历史的主人，是社会精神财富和物质财富的真正创造者，只有相信他们，我们在工作中才会"实事求是"，不盲信，不唯上，站在正确的立场和找到正确的方法，也才能得到群众的支持，立于不败之地。

（2）在基层，普通民众是事情的主人，他们最知情，最了解事实的真相，所以最有发言权，决策中让他们说话和做主，才能少出差错，做出的决策才会得到他们的认可和支持，执行中才会较少遇到阻力。

（3）基层社会是整个社会中最具活力和创造性的部分，是人才济济的层面，并呈多元状态。只有遵循民主原则来管理，才能让他们充分地发挥积极性和创造性，使他们的才华得到充分的展露，使基层社会充满活力，而不是死气沉沉、铁板一块。

（二）我国基层民主的性质和特色

"民主"作为管理社会的一种方法和方式是历史的、具体的。不同性质和不同历史阶段的社会，有不同的性质和特色。那么，我国现阶段的基层民主属于什么性质和具有什么特色呢？

对这个问题的回答，首先要说的是它属于基层直接民主。关于这一点，前文已作了论述，我国《村民委员会组织法》颁布时官方所编写的读本也肯

定了这一点①，所以不再赘述。其次，它不是孤立存在的直接民主，而是与国家的民主制度相适应的基层民主，因为它要受到政府的管辖，要符合国家的法律。第三，它是社会主义性质的民主，这突出表现在它要接受执政党——中国共产党的领导，特别是基层党组织的直接领导，由其具体组织和监督这些活动。这与西方基层社会是明显不同的。第四，它有我国的文化特色，甚至地方或民族特色，也就是说，并非完全模仿古希腊或现代西方国家基层社区的直接民主方式，只有继承和发展我国历史上好的"民主"传统，与基层传统的社会组织有机结合，才能在基层社会中扎根发芽。如在我国西南地区的一些少数民族的村寨，一直保持着对村寨重大事务决策时的民主传统。

（三）当前我国基层民主建设中应注意的几个问题

当前我国基层正处于转型时期，面临许多严峻的社会问题，如土地问题、人口问题、环境问题、产业问题、养老治病问题、扶贫助困问题等。怎么用民主方式来解决？怎么样进行民主建设？首先应理顺几种关系：

1."自治"与"他治"关系

即国家政府机关与基层自治机构的关系，政府官员与村自治组织官员的关系问题。国家政府机关、政府官员应做到服务、指导、监督而不包办代替，从而保持基层治理的"自治"性。作为一个民主制国家，其基层的"自治"显然不是绝对的，它要受到国家的管辖，要遵守国家的法律，再加上由于发展的不平衡，其规模小，难以承办巨大的社会工程和承受大的自然灾害。所以，基层的"自治"离不开国家和政府的帮助、"介入"。这就使其治理中加入了"他治"的因素。当前，在我国政府机关对基层机构工作的"介入"方式主要有三种：一是法律政策指导；二是行政、司法管辖，审核和监督其人员、工作，包括对基层直治机构人员的审查、任免；三是派政府官员驻村（任村干部、片警），协助治理工作。显然，这三种方式的掌握得有分寸，掌握得不好，就会违背民主原则和侵害基层自治权。当前我国一些

---

① "在农村基层由群众按照法律规定设立村委会，自己管理自己的基层事务，是我国解决基层直接民主的一项基本政策，是一项基层民主制度。"参见全国人大常委会法制工作委员会国家法行政法室、国务院法制办公室政法劳动社会保障法制司、民政部基层政权和社区建设司：《村民委员会组织法学习读本》，中国民主法制出版社1998年版，第84页。

地方在处理这一关系时，出现两种倾向：要么放任自流，只有"自治"，而无"他治"。如对基层选举撒手不管，让其"海选"，致使贿选成风，宗族或黑恶势力控制基层权力。要么，政府直接插手基层自治机构，从人员任免到重要事务的决策，包办代替基层自治机构的工作，使其形存实亡。显然，这两种倾向都应注意克服。

2. "民主"与"党的领导"的关系

这里所指的不是在国家事务中的"党的领导"问题（对基层而言，它属于上面所说的"他治"范畴），而是指基层自治机构的两委会中的"党"与"政"的关系，即党支部与村委会的关系。显然，村委会要接受村党支部的领导。问题是在这里"党的领导"如何理解，显然只是政治领导，不是组织领导，更不是让党支部插手和包办代替村委会的工作[①]。所谓政治领导是指政治方向上把关和监督，使村上重大事务的决策不背离国家的法律和党的方针路线。而要如此，就要使党管"党"，党员真正起模范带头作用，要把基层社会中高素质的热爱公益事务的精英人才吸收到党组织中来，使党组织在基层社会真正具有先进性和代表性，能及时准确地表达民意。

3. "民主"与"法治"关系

上面讲过，任何民主，特别是直接民主，都是有缺陷的，都离不开法律的规制。这是因为，首先，民主必须集中，否则就会陷于无政府状态。怎么样集中？得由法律规定原则、办法和程序；其次，民主的运行中离不开精英人物的活动，也需要法律规定他们能做什么、使用权力的方式与合理界限是什么，以规制他们的行为。这包括用法来划清国家政府机关与基层自治机构的权力界限，规制国家官员、党组织负责人和村委会成员的活动，使他们廉洁奉公、忠于人民，防止他们以权谋私。这里要指出和强调的是，在基层社会中，规制民主活动的"法"，不仅指国家法，而且更指"民间法"，因为后者与此有更密切的关系，也更为他们所看重。作为"民间法"的表现形式的乡规民约，由于不系统、不明确，就像诸暨市已做的那样，请一些专家协

---

① 村支书可以兼任村委会主任，但不能作为一种制度，否则与理、与法均不合，而且弊端很多。因为并不是每个基层都有党组织和党员的，也不是所有的党组织和党员都是最优秀的、没有问题的。这样就会影响党组织的正常发展，使一些投机分子混入党内，使党组织变质变味，使有些人不是因为信仰而是为了当官加入共产党。现在有些地方基层试行党组织与行政组织合署办公，为了精简和提高效益，有条件的可以试点，但不宜成为一种制度。也就是说，实践上个别地方可以搞一搞，但在理论上不宜提倡，当然更不宜变为制度。

助，参照其他地区的资料和国家的有关法律，用规范的文字把它们整理出来，使它们成为一套规范性法律文件，以便于大家阅读和统一认识。

综上所述，民主是个好东西，社会的真正发展和治理离不开它，政治上层社会如此，基层社会更是如此。但对我国来说，民主是近代由西方传进来的。因而对大多数人来说，还不能准确地理解它，也不掌握使用民主的方法，更没有结合我国的实际创造性地加以使用它，寻找到适合我国现状的具有中国特色的民主形式。浙江省诸暨市枫桥镇在社会治理中，结合自己的实际，运用民主的办法来进行社会治理，取得了成功，创造了"枫桥经验"，也创造了我国基层社会民主法治的新模式，成为一个基层民主法治的典型，值得认真研究和学习。

（严存生，西北政法大学中华法系与法治文化研究院教授）

地方法制的意义

於兴中

地方法制是一个概念，而概念的含义往往并不固定。在不同的情境下，概念就会有不同的含义。举例来说，在美国的语境下谈论地方法制和在中国的语境下谈论地方法制是很不一样的。美国实行的是联邦制，有不同类型的法律，即联邦法律、州法律、地方政府的法律。联邦法律适用于每个美国人。州和地方法律适用于在特定州、联邦特区、县、市、自治市、镇、乡或村居住或工作的人。移民法、破产法、社会保障法、联邦反歧视和民权法律，专利和版权法，以及诸如禁止税务欺诈和伪造金钱的联邦刑法，这些都是联邦法律的范围，适用于全美。

美国有 50 个州和几个联邦所属领地。各州都有自己的法律和法院系统，处理属于州管辖范围内的刑事问题、离婚和家庭事务、福利、公共援助或医保相关的事宜、遗嘱、遗产、房地产和其他财产、商业合同、人身伤害、（例如车祸或医疗事故）、工伤赔偿等。每个州都有不同的县、市、镇、乡，它们也有自己的法律和法院，处理诸如租赁、分区规划、当地的治安等事务。

在美国的语境下谈论地方法制是有意义的。因为州法律和联邦法律之间有明确的分工，而且可能会不一致，或者并不同步。联邦规定了的，州不一定必须照抄，州有规定的，联邦可能还没反应过来。比如当下被炒得沸沸扬扬的"大数据"，美国联邦法律至今尚无确切定义，但有些州已经有了自己的规定。纽约市在 2012 年制定的数据公开法对什么是数据做了明确规定[①]。而与欧盟的《通用数据保护条例》遥相呼应的，而且可能是截至目前美国对个人隐私保护最给力的《加州消费者隐私保护法》所规定的保护事项则远远

---

① 该法已于 2012 年 3 月 7 日生效。

超出了联邦政府拟定的范围①。该法对个人隐私权的保护有比较全面的规定。根据该法，加利福尼亚人有权知道他们的哪些信息正在被人收集，有权知道他们的个人信息是否被出售或披露以及向谁出售或披露，有权拒绝出售个人信息，有权获知其个人信息。在行使其隐私权的同时，所有加利福尼亚人享有平等服务和平等价格的权利。

很明显，这些规定是受到了欧盟《通用数据保护条例》的启发，但美国联邦政府并没有对该条例持有明确态度，当然也就没有这样宽泛而严格的保护。

回过头来看中国的情形。中国实行的是大一统的中央集权制，一切有关国计民生的重要决定都来自中央，法制建设也不例外，地方政府大体上是一种执行机构，并无多大的自主权。既然如此，那么，在中国的现行体制下讨论地方法制到底有什么意义？这是一个值得深思的问题。因为它不仅关系到地方法制本身的定位，而且关系到中央—地方关系的政治理论基础，也关系到释放地方政府能量，提高地方创新发明的能力。在这里需要考虑的问题很多。

如果地方法制的概念指的仅仅是地方根据本地实际情况的需要，贯彻和落实国家法律的要求，在一个既定的框架内制定适用于地方的规则，处理当地的案件，那么，探讨这种意义上的地方法制是不是就没有太大的意义？换句话说，在现行体制下，如何探讨地方法制才会有意义？

一个不可忽视的层面是地方的自主权。据统计，截至目前，中国已经制定了地方性法规9000多件，自治条例和单行条例700多件②。这在一定的程度上表明地方多少享有一些自主权。当然，已制定的地方法规在何种程度上是自主的决定还有待于进一步确认。如果地方政府仅仅是一个庞大的国家机器里的零部件，一切都受到整个利维坦的支配和制约，如果地方政府没有中央的首肯就不能作为，那么，地方想要保持自己生产、制造乃至创新的活力，就会面临重重困难。一个客观的但往往被冷藏了的事实是中央对于地方的依赖要远大于地方对中央的依赖。有些方面中央可以领先制定方案，但有些方面中央远不如地方了解情况、得心应手。而就某一地方的难题，地方拿

---

① California Consumer Privacy Act of 2018, Assembly Bill No. 375, CHAPTER 55, An act to add Title 1.81.5 (commencing with Section 1798. 100) to Part 4 of Division 3 of the Civil Code, relating to privacy. (Approved by Governor on June 28, 2018. Filed with Secretary of State, June 28, 2018).

② 李飞：“立法法与全国人大常委会的立法工作”，中国人大网，2008年6月29日。

出的解决方案可能要比中央拿出的更适合、更有实用性，因为地方政府更了解当地的情况和需要。实际上，在中央和地方的关系上暗藏着一把双刃剑：中央在统揽大权的时候，也不得不承担地方的包袱。理想的做法是，中央与其包揽所有决定，不如放手让地方施展拳脚。扩大地方的自主权是不言而喻的。

落实到具体的法律问题上，地方必须要有相对的自主性，在与中央精神保持一致的前提下，在程序上、技术上和规则方面保有一定程度的自主性。拉丁语 autonomos 的词根是自己（auto）和规范（norm），意为自己制定规范的意思。在立法方面，地方不一定要等到已有全国立法之后再就某一方面制定详细的实施规则，可以而且应该自主制定规则，以满足当地社会、经济、文化发展的需要。比如，面对日益重要的人工智能开发的需要，在尚未有全国范围内适用的法律之前，地方应该有权制定自己的规则。在司法方面，无论哪种体制，审理具体案子都是地方的事。联邦制也好，集权制也好，地方上的案件只能地方上处理。不管承认与否，司法的自主权决定着司法的质量。

地方拥有自主权并不等于地方会摆脱中央自行其道，而是意在强调地方的能动性，以此激励地方最大限度地发挥其能量。之所以要认真对待地方，其原因在于地方所具有的凝聚力、地域分工特点、与个人生活的直接相关性，以及直接的问责系统。

凝聚力（cohesion）的基本意思是指把人或事物聚拢到一起的能力。这个本来是经常被用于科学领域的词汇近来往往被用于描述社会现象。信用评级机构穆迪的分析师甚至提出，要将社会凝聚力作为正式评级纳入其主权债务指数。而欧盟则把它作为一项鼓励创新的基本政策。欧盟推行的凝聚力政策旨在为其成员国及地区提供帮助，以促进生产力的提高，鼓励企业竞争力，刺激创新增长，促进新技术和创业就业机会，从而为可持续发展铺平道路。为了应对日益增长的区域差异，欧盟的凝聚力政策着重面向未来，采取专业化战略，确定优先发展领域，调动一切可能调动的积极性，在专业化、优先化的背景下，采取动态的战略，把任务落实到各成员国[①]。

社会凝聚力表现最强的在于地方。构成社会凝聚力的要素可能很多，但主要表现在人们在一定的空间内共同的经济状况、社会秩序、文化认同、交

---

① http：//ec. europa. eu/regional_ policy/sources/docgener/informat/basic/basic_ 2014_ en. pdf.

往沟通的分享、日常生活中建立起来的友谊和友情等，这些都只能在具体的地方生活中获得，脱离了具体实践的凝聚力只能靠宗教或偶然的因素（比如外敌的侵略）而获得。

每个地方都有它自己的特点，表现在自然环境、人文精神、风俗习惯、矿藏物产等方面。虽然由于文字的统一和文化传统的影响，中国各地的文化多有相同之处，但地域特色却也是真实的存在。地方一旦拥有自主性，各地的发明创造、生活方式便会百花齐放。传统戏剧乃是一个绝佳的例子。京剧之外，尚有无数的地方剧种，如秦腔、豫剧、越剧、潮剧、黄梅戏等。经济发展与地域特色相结合会产生出独特的地域经济，已是被证实了的现实。在当今科技发展的大潮中分工合作显然是一条光明之路。不是所有的地方都适合开发无人驾驶的交通工具，也不是所有的行业都用得着语音识别技术、大数据或区块链。如果每个省都有一个网络法院，那极有可能只是给人民增加负担。

天高中央远，唯有地方才具有与个人生活的直接相关性。生命的必需，诸如住房、就业、教育、收入，健康等都与地方密切相关。人是否能生活在安全稳定、免于恐惧的环境中，是否能进入各种相关的社会网络，获得他人的信赖和支持，前提都必须是地方。遵纪守法首先落实在地方，离开地方空谈法治，绝不可能提高民众的法律意识。

更为重要的是问责一般都发生在地方。经济或社会出现了问题，没有人会把账算到总理身上，但地方官员却很有可能被问责。问责的主要类型，即同伴义务、公民责任、道德义务及法律责任，都是在具体场景中发生的。人总是生活在群体之中，对于群体的归属感将群体的成员结合在一起，任何一员在群体内期望、也被期望着扮演一定的角色。相互的期望引向互利互惠和同伴义务形式的问责。另一种问责形式是基于工作分工的公民责任。同伴义务只在一个群体里起作用，但是社会需要不同个体和群体、职业者和非职业者的大范围的合作。每个个体或者每个阶层的个人扮演着相对于别人的角色，其每天的社会生活所做的工作是其公民责任，由其工作性质、职业和专业知识来协调。但是同伴义务和公民责任并未涵盖一个社会的所有事项。例如，一个水果摊主会负责供应所有品种的水果吗？当然不会。但这并不意味着他无需负责，他至少不能出售有毒或有污染的水果。如果他做了，那么他就需要对该违法行为负责。这是另一种问责形式，即法律责任。就算没有法律明确禁止水果摊主销售有污染的水果给消费者，但他负有这样的道德责任，因为这种行为违反了人类的基本原则。道德责任也可以看作是另一种问责形式。一个地方政府官员的行为涉及上述四种形式的问责。同伴义务使他对其他同僚负责；公民责任使他对其他各行各业的人负责；法律责任使他对社会上任何一个人负责；道德责任使他对他自己和其他人负责。

（於兴中，康奈尔大学法学院王氏中国法讲席教授，西北政法大学、杭州师范大学特聘教授）

关于地方立法问题的断思

陈金钊

尽管立法还存在着很多的问题，但难以否认的是中国法治建设取得成就最大的就是立法。然而，在立法对中国法治的贡献之中，也不是没有值得反思的地方。从法理思维的角度看，我国法学实际上并没有认真研究立法的基础理论问题，在更多的时候，很多立法成就还是法律移植的产物。人们之所以接受中国有了较为完整的法律规范体系的言辞，那也是因为过去立法成就太少所致。中国立法的大发展说明了什么？第一，说明我们过去的法律规范太少，很多社会关系都没有纳入法律关系进行调整。在中华人民共和国成立后，原来的法律废除了，但新的法律一直没有创设出来。第二，说明法治秩序不稳定、社会关系不稳定，社会还处在转型期，因而需要经常运用立法来确定或者改变社会关系。这样做也许不得已而为之，因为我们处在改革与法治需要同步开展的特殊历史时期。第三，说明我们没有认真研究过对待立法手段使用的基本姿态。对于动辄立法的呼吁，在我们很多人的心目中并不会引起太大的波澜。这主要是因为，我国法学都是立法中心主义，立法似乎是解决社会问题的主要方法，但这种观点从法治思维的角度看是有问题的。因为我们运用立法手段本来要解决社会矛盾，但是，很多立法研究者都认为立法是要为个案的解决制定标准和依据。换句话说，我们都是在用法律思维来研究立法要解决的问题，而没有把立法当成社会矛盾化解的手段来展开研究。我们对立法技术、言辞表达，以及所要解决的具体问题都有清晰的认定，但是没有把立法置身于社会的法治化转型。由此推论的观点是，对于地方立法的基础理论研究，也是不够深入的。

从法治思维的角度看，我们需要慎重对待立法。一般来说，法律对社会的调整有三种手段：法治、改革、革命。革命是社会基本矛盾达到不可调和的时候才运用的方式；而改革与法治是社会基本矛盾还处在可控范围内所使用的方法。所谓可控是指社会秩序还没有出现崩溃，法律、道德等社会规范还能调控人们的行为，社会关系还处于基本稳定的状态。从这一角度看，法治、改革方式是社会平衡发展的常用手段，而革命则是一种非常态化解决社会矛盾的方法。并且，法治、改革的目的之一就是为避免革命的爆发。换句话说，法治、改革就是要在历史的关键时刻防治革命的出现。法治、改革是运用理性平和的手段来解决社会的平衡和充分发展问题。立法方式之中的法律创制虽然和法治方式有关联，但与革命的联系更为密切。一般来说，如果没有大规模的革命成功，创制性立法被视为是需要慎重使用的概念。从法律与社会的关系角度看，立法手段是一种必须谨慎使用的手段，一般只要社会不发生大的变革或者革命性的事件，大规模立法是不必要的，除非这个社会没有完备的法律规范。而改革是社会进步的常用手段。改革与法治也有密切的关联。从法治的角度看，改革其实就是修法。法律的修改和解释是法律适应社会发展变化的经常性方法。动辄立法的姿态是立法中心主义立场，这是对法律稳定性不尊重的表现，也是一种不正常的心理，非常不利于法治中国建设。

然而，在中国处于改革与法治都需要同时推进的时候，我们可以适度放开对立法过于谨慎的态度，但也需要把立法与法治中国建设、实现国家和社会治理现代化结合起来。据此推论，地方立法也应该与地方治理结合起来。否则地方立法就会成为纯粹的法学技术问题。但仅仅用技术难以全面推进法治中国建设。地方治理法治化是法治中国建设的组成部分。但在这里的立法是广义立法，不仅是法律的创立，还包括废、改、释。

随着体制改革的深入，地方立法权似乎有扩大的趋势，地方立法的权力已经下放到设区的市。从学术研究的角度看，当前地方立法、区域立法已经成为热点问题。可是，从法治建设的战略高度以及法治建设的实际需要来看，地方法立法究竟要解决什么问题？地方治理的法治化不仅牵涉到国家、政府和社会组织的权力，还涉及央地权力重新配置等问题。地方治理的法治化路径究竟是应由法治政府引领，还是由法治社会引领，值得探究。笔者认为，国家主义之下的政府万能思想应该受到抑制，社会组织的作用应该凸显与强化。因而，在全面推进法治中国战略，建设法治国家、法治政府和法治社会的同时，也需要把中央与地方的关系处理好。只有这样才能明确及强化不同治理主体的主体治理地位，将县域治理中的矛盾与冲突纳入到法律关系调整的范畴，发挥多元主体对社会主义法治建设的积极作用。我们需要研究地方立法能解决什么问题。

第一,在三位一体的法治推进战略之中,应该考虑中央与地方的关系。长期以来没有解决的中央与地方的关系问题,需要在地方立法中得到完美解决。地方是法治的主体,法治政府建设包括地方政府,法治社会建设包括地方社会组织。在法治战略之中没有地方法治是不完整的。地方立法如果和中央立法都完全一致,地方立法还有必要吗?地方立法是否应该成为限制权力方式?所谓地方立法,不能只是重复已被中央认可的经验。地方立法应该有一定的自主权,但需要国家法律予以明确规定,以解决国家统一、法治统一的问题。但在一些难以统一也不便统一的领域,交由地方来加以解决。有的地方中央分权不明,但在一些应该统一的领域,像户籍制度,中央要求全国统一,但也没有做到统一。社会保障、教育公平、医疗保障也是因为很多地方立法跟不上国家法律难以统一。这些问题意味着,法治需要处理好央地关系。中央立法与地方立法应该共同解决好这一问题。

第二,在解决好央地关系的基础上,做好地方立法,使地方成为法治建设的主体。从近些年来的改革实践来看,我们发现地方治理改革的总体趋势是:自上而下的纵向放权改革,先是在经济领域,然后到财政领域,一直到近来的社会领域。现在存在的问题是,各种改革一直没有撼动计划经济时代留下的行政管理体制,没有改变传统的权力结构。现在需要根据法治中国建设总体目标,设计县域改革的路线图,即县域治理的改革路径需要从纵向的放权转向横向的分权。在县域治理的结构下,政府与社会组织的分权,使社会组织也能成为法律关系的主体,进一步清晰参与治理的政府、社会组织和公民的主体身份、权力(权利)范围、行为规范和程序。在中央与地方分权的环节中,需要解决地方治理的主体问题,需要赋予地方有相对独立的治理主体地位,使其能够成为法律关系的参与者,而不能仅仅是中央政策的机械执行者。从过去出台的文件来看,一些地方治理的设计只注重规则和程序,而没有强调县域治理中的"县域"的主体身份。这样,央地之间、地方政府与社会组织、经济组织的法律关系就建立不起来,因而也就没有办法实现法治化。

第三,地方立法可以从规制解释权来完善地方法治。从法治的直接目标来看,"法治就是把权力圈在制度的笼子里面",但在法律解释领域没有制度,或至少是制度不健全。任何权力都应该是制度内的权力,不应该在制度之外行使公权力,应该把地方实际存在的解释权圈在制度的笼子里面。从总体上这需要用深化改革的方法予以改变。但是，由于改革进入了深水区，很多关于权力重新配置的改革其实并不那么容易。比较容易推进的法治建设，就是在不改变体制的情况下通过规范"解释权"来推进、完善法治，改变法治生态。然而，我们对这种简便易行的方式却没有重视，用法律方法（包括解释方法）推进法治的思路还没有展开。因而，笔者建议能否从地方立法开始，限制解释权的任意行使、机械行使。制定"地方法律解释法"，把执法中实际存在的解释权规范化、程序化；使解释权的行使有法可依，改变现在随意解释法律的现象。

(陈金钊，华东政法大学法律学院教授)

理论研讨

认真对待行政规范性文件备案审查

孔繁华

【内容摘要】 行政规范性文件备案审查的目标是实现有件必备、有备必审、有错必纠。当前我国规范性文件备案审查存在报备不一、只备不审、审查意见质量不高、备案结果不公开等突出问题。对备案的规范性文件应审查其制定主体是否超越职权、内容是否违法或存在明显不适当的情形、形式上是否存在技术性错漏以及是否违反法定程序。完善规范性文件备案审查制度，应做到通过信息化平台建设和法律责任制度提高报备率、推动各方协同参与监督、增强备案审查意见的刚性效力以及建立备案审查报告和公开制度。

【关键词】 行政规范性文件　备案审查　法律监督

《监督法》（2007年）设专章规定规范性文件的备案审查，各省、市也相继制定了有关备案审查的地方性法规、规章或规范性文件。2018年5月16日，国务院办公厅发布《关于加强行政规范性文件制定和监督管理工作的通知》（以下简称《通知》），再强调"健全行政规范性文件备案监督制度，做到有件必备、有备必审、有错必纠"。上述主张重申了规范性文件备案审查工作的目标，然而从实践情况来看，实现目标还有相当长的路要走。

一、备案审查存在的突出问题：理想与现实的差距

（一）应报不报、不应报却报的现象突出

行政规范性文件备案审查的首要要求是"有件必备"，但实现这一目标应准确把握规范性文件的内涵、外延和备案机关，并遵守备案时限和备案内容的要求。

1. 对"行政规范性文件"的理解有偏差

制定机关对行政规范性文件的内涵和外延把握不准，为了避免出问题，凡是文件一律报备，导致出现多报的现象。《通知》指出："行政规范性文件是除国务院的行政法规、决定、命令以及部门规章和地方政府规章外，由行政机关或者经法律、法规授权的具有管理公共事务职能的组织（以下统称行政机关）依照法定权限、程序制定并公开发布，涉及公民、法人和其他组织权利义务，具有普遍约束力，在一定期限内反复适用的公文。"可见，行政规范性文件必须具备三个特征：第一，制定主体是行政主体；第二，内容涉及公民、法人和其他组织的权利义务；第三，行政规范性文件具有普遍的约束力，在一定期限内反复适用。由于行政规范性文件的表现形式多样、名称不一，故准确判断哪些文件属于行政规范性文件需要仔细推敲其内容，例如抚州市资溪县政府报送的《资溪县 2016 年度保障性住房分配工作方案》《资溪县 2016—2017 年棚户区改造项目房屋征收补偿与安置方案的通知》和金溪县政府报送的《金溪县美丽乡村建设试点实施方案》，文件内容或未明确涉及公民、组织的权利义务，或仅涉及特定对象，不具有普遍约束力，不属于行政规范性文件[①]。

如何判断行政规范性文件，除了根据前述定义和特征进行正面分析外，还应结合排除法进行判断，下列文件通常不纳入行政规范性文件管理：第一，内部管理制度，包括政府及其部门内部实施的人事、行政、外事、财务管理等对公民、法人和其他组织权利、义务没有直接影响的公务规则；第二，公布城乡建设、经济社会文化事业发展规划或纲要的文件；第三，为实施上级政府或部门部署的专项工作任务而制定的工作方案、工作计划；第四，应对突发公共事件的应急预案；第五，向上级行政机关做出的请示和报告，上级行政机关对下级行政机关就有关业务工作的请示做出的不创设行政管理规则的非普发性批复；第六，公布办事时间、办事地点等事项的便民通告；第七，对具体事项做出的行政决定；第八，法律、法规对制定程序已有规定的各类质量技术标准；第九，对部门直接隶属事业单位的人事、财务、

[①] 《抚州市人民政府办公室关于 2016 年规范性文件备案审查情况的通报》。

外事、保密等事项作出规定的文件①。

2. 行政规范性文件应当向谁备案不明确

我国的行政规范性备案审查制度实际包括两条审查途径：第一，人大常委会备案审查。省级以下地方各级人民政府制定的行政规范性文件报本级人民代表大会常务委员会备案。第二，行政机关备案审查。省级以下地方各级人民政府制定的行政规范性文件报上一级人民政府备案；地方人民政府部门制定的行政规范性文件报本级人民政府备案；实行垂直管理的部门，下级部门制定的行政规范性文件报上一级主管部门备案。这里需要明确的是，对各级人民政府制定的规范性文件实行双重备案，即向上一级人民政府和本级人大常委会备案；政府部门制定的规范性文件，只需向本级人民政府或上一级主管部门备案，不必向人大常委会备案。乡镇人民政府制定的规范性文件应向上一级人民政府备案。但由于乡、镇不设人大常委会，因此其规范性文件无法向人大备案。有观点认为："乡镇人民政府应将当年制定的规范性文件于乡镇人代会会议期间，报乡镇人代会备案审查，由乡镇人民代表大会主席团决定是否列入会议议程审查，对于不列入会议议程审查的，由乡镇人大主席团交由乡镇人大主席研究处理。"② 人大会议时间有限，部分代表亦缺乏备案审查的专业知识，审议规范性文件的效果不佳。建议乡镇人民政府制定的规范性文件向县（区）人大常委会备案并审查，如果规范性文件存在问题需要撤销的，由乡镇人大行使撤销权。

根据《通知》的规定，被授予行政职权的公共组织也有权制定规范性文件，但对备案机关却没有明确的规定。对此有两种观点：一是认为被授权组织制定的规范性文件应当向主管该组织的政府部门备案；二是认为应当向主管该组织的部门所属的人民政府备案。笔者同意第二种方案，被授权主体的法律地位类似于政府部门，地方各级人民政府是行政规范性文件备案审查的主要部门，审查经验丰富，与主管被授权组织的政府部门相比具有明显的优势。

---

① 参见：《广州市行政规范性文件管理规定》（2010 年修正）第 3 条，2003 年 12 月 27 日广州市人民政府令〔2003〕第 11 号发布，2005 年 11 月 29 日广州市人民政府令〔2005〕第 5 号修改，2010 年 12 月 14 日广州市人民政府第 13 届 128 次常务会议修订通过。
② 王君宏：《让规范性文件备案审查"刚"起来》，重庆人大：www.ccpc.cq.cn/home/index/more/id/159993.html，访问时间：2018 年 6 月 15 日。

3. 规范性文件迟报、漏报现象常有发生

一方面,超期报备现象普遍。综合备案审查的地方性法规和规章,有关备案审查的时限几乎都规定自文件发布之日起 10~30 日(或工作日)内应当备案。但有些单位报备时间严重超过法定时限,采取一年一报、半年一报、或者按季度、按月等形式进行集中报备,造成报备及时率偏低。另一方面,报备内容不全面。行政规范性文件备案的范围除了文件本身外,还包括制定说明、制定依据、证明材料等辅助资料材料,方便备案机关深入了解文件制定背景、内容和依据,节省审查的时间。然而,一些制定机关认为备案审查增加了工作负担,随意应付,报备材料缺失,例如"抚州市乐安县政府报送《乐安县牛屠宰管理办法(试行)》备案审查时未提供起草说明;市农业局等六部门将《关于印发〈抚州市农村土地承包经营权流转交易规则(试行)〉等十二项规则的通知》报送备案审查时,仅提供一份备案报告"[①]。

(二)只备不审情况普遍

行政规范性文件备案审查的第二个要求是"有备必审"。总体而言,省、市备案审查机关的机构设置、人员配置、审查能力高于区县,备案审查制度在基层基本处于真空状态。

1. "有备必审"带来的必然结果是备案审查工作量大增

人大备案审查机构的设置有三种情况:第一,设立独立的备案审查工作委员会,2015 年重庆市人大设立了备案审查工作委员会,与法工委同时作为常委会的工作机构;第二,设立专门的处(室),人大常委会法制工作委员会备案处(室)、政府法制办备案审查处(室)承担规范性文件的备案审查工作;第三,没有设立备案审查的专门机构,这种情况在区县人大和政府法制办比较常见。政府的备案审查工作主要由各级政府法制办承担,有的法制办内部成立的备案审查处(室),有的则由其他处(室)兼职。即使是设立了专门处(室)的地方,也难以完成任务繁重的备案审查工作。以广州市为例,其中 2018 年 1 月至 5 月经市法制办(事前)审查出台、统一公布的文

---

① 《抚州市人民政府办公室关于 2016 年规范性文件备案审查情况的通报》。

件共计129件，其中市政府文件23件，市部门文件106件①。其中部门规范性文件在公布后仍需要向法制办备案并接受事后审查，即广州市政府法制办对部门规范性文件的备案审查工作量平均每月为21件，还不包括对区政府规范性文件的备案审查。如此庞大的工作量，必然影响审查效果。

2. 难以做到"应审尽审"

党的十八届四中全会《决定》明确提出"加强备案审查制度和能力建设，把所有规范性文件纳入备案审查范围"；2016年2月《中共中央关于加强党领导立法工作的意见》提出："一切违反宪法法律的法规规章和规范性文件都必须予以纠正"，"按照有件必备、有备必审、有错必纠原则依法开展对法规规章和规范性文件的备案审查"。《通知》重申了"有备必审"的要求。然而，"应审尽审"的目标并非法律、法规和规章明确规定的义务，这就带来很大的随意性，审查机关对于备案的规范性文件可审可不审、审多少都由其自由决定。以上海市为例，2016年上海市政府制定发布"沪府发"文件111件，市政府法制办将其中属规范性文件的46件向市人大常委会进行了报备，报备率为100%。市人大对其中的13件进行了审查，审查率为28%②。审查率普遍偏低是目前备案审查工作中的瓶颈问题。

（三）审查意见质量不高

行政规范性文件备案审查的最终目的是实现"有错必纠"。实现这一目标，需要审查机关严把质量关。

1. 审查机关避重就轻

备案审查工作中，审查机关为了避免"背锅"现象，或者基于与制定机关的关系出发，同时由于其人力资源有限，审查能力不足，往往回避实体内容的审查。例如某区针对区政府备案的《招商引资奖励办法》，区人大常委会提出："第一，对文件中的奖励内容不提意见。第二，对文件具体条款表述提出如下建议……""仅针对技术性问题提出意见"成了备案审查工作中

---

① 《加强规范性文件合法性审查 促进法治政府建设》，广州市人民政府法制办公室：http://www.xwgd.gov.cn/gzgov/s5857/201806/e58cdb032b4f4d399d4eb706e07b25a1.shtml，访问时间：2018年6月22日。
② 《上海市人大常委会法制工作委员会关于2016年规范性文件备案审查情况的报告》，上海人大：http://www.spcsc.sh.cn/n1939/n1948/n1950/n1978/index.html，访问时间：2018年6月18日。

的一种习惯性做法,由于缺乏公开的资料,笔者难以统计备案审查意见中实体性问题的比例,但相信不会太高。所谓"不提意见",其实质是放弃行使权力,不履行或不完全履行法定职责,备案审查制度难以发挥应有的作用。

2. 审查意见缺乏刚性的效力

对行政规范性文件备案审查的一般程序是:审查机关提出书面意见、制定机关根据意见整改和反馈、不予整改或整改后仍存在问题的审查机关予以撤销。按照上述程序,审查意见具有刚性的效力,然而实践中审查机关往往采取更加柔性的处理方式,谨慎提出书面意见,对存在问题的行政规范性文件多通过口头方式反复沟通协调,绝不轻易行使撤销权。即使提出了书面审查意见,对于制定机关是否整改缺乏后续跟进。例如《关于推进本市立体绿化发展的实施意见》系《上海市绿化条例》的配套文件,上海市人大城建环保委和常委会法工委在审查中发现该配套文件先于法规修改前制定,部分内容与修改后的法规不一致,于是召开了工作层面的联合审查研究会议,请市政府法制办、市绿化和市容管理局有关负责人到会说明情况,要求政府部门加以整改。经政府部门研究,拟在即将出台的规章《上海市建设工程城乡规划管理技术规定》中明确屋顶绿化面积比例等相关的配套规定[①]。截至2018年6月28日,根据笔者在上海市法规规章库中的查询结果,《上海市建设工程城乡规划管理技术规定》目前尚未公布[②],审查意见反馈的问题目前尚未得到落实。

(四)备案结果公开机制缺位

行政规范性文件备案审查情况是否应公开以及如何公开,《监督法》并没有明确的规定。地方性法规和规章对此问题采取了回避的态度,实践上基本处于不公开的状态。

1. 备案审查情况是否公开主要依赖自律

从实践来看,分为三种情况:第一,仅公开备案目录,例如《北京市人大常委会2016年度规范性文件备案目录》《北京市人大常委会2017年度规

[①] 《上海市人大常委会法制工作委员会关于2016年规范性文件备案审查情况的报告》,上海人大:http://www.spcsc.sh.cn/n1939/n1948/n1950/n1978/index.html,访问时间:2018年6月18日。

[②] 上海市人民政府法制办公室:http://www.shanghailaw.gov.cn/fzb/fggz/,访问时间:2018年6月8日。

范性文件备案目录》①；或者笼统地公开相关数字，例如《广东省人民政府法制办公室关于 2008 年度政府规章规范性文件备案审查情况的通报》指出："①在 21 份违法、不当的规章、规范性文件里面，有 14 件涉及实体问题，7 件涉及形式问题（如标题、施行日期表述不规范，错别字问题等）。②关于行政处罚规定的违法问题较为突出。行政处罚方面存在问题的规章规范性文件有 9 件，占所有违法规章规范性文件的 42.9%。"第二，对特定群体公开，例如《广东省各级人民代表大会常务委员会规范性文件备案审查工作程序规定》第 14 条规定："常务委员会办公厅（室）应当定期将规范性文件备案情况书面提供给常务委员会组成人员、专门委员会、常务委员会工作机构及报送机关。"公众无法从政府公报、政府网站、人大报告等公开渠道了解备案审查的详细情况。第三，向公众公开备案审查的详细情况。例如《上海市人大常委会法制工作委员会关于 2016 年规范性文件备案审查情况的报告》向社会公众公开，可以从其官方网站查询到该报告，并采用附表形式公开规范性文件的名称、公布、施行和报备日期、负责审查的专门委员会、审查时限和完成情况、专门委员会审查意见、法工委研究意见等具体内容。与此形成对比的是，上海市人民政府法制办虽然也公开了备案审查报告，但对存在问题的规范性文件制定主体采用了"某区政府""某局"等匿名处理的方式②。

2. 基本没有做到定期公开

根据笔者在各级人大常委会网站、政府网站上查询的结果，基本能做到定期公布的是：甘肃省人民政府办公厅自 2007 年起每年公布对规章和规范性文件审查情况的通报；重庆市人大常委会法工委 2008 年起每年向人大常委会报告备案审查情况，并在人大公报上公开。备案审查情况的公开近两年逐步向好，北京市人大常委会从 2016 年起连续两年公布备案审查的目录；上海市人大常委会法制工作委员会关于 2016 年规范性文件备案审查情况的报告。但备案审查结果的公开仍有很大的随机性，广东省人民政府法制办公

---

① 北京市人民代表大会常务委员会：http：//www.bjrd.gov.cn/zdgz/jdgz/jdgs/basc/201705/t20170504_173054.html，http：//www.bjrd.gov.cn/zdgz/jdgz/jdgs/basc/201803/t20180326_182543.html，访问时间：2018 年 6 月 22 日。
② 《关于 2017 年度市政府备案审查规范性文件有关情况的报告》，上海市人民政府法制办公室：http：//www.shanghailaw.gov.cn/fzb/gkml-fyjdsgk/20180308/6822.html，访问时间：2018 年 6 月 8 日。

室仅有 2008 年度政府规章规范性文件备案审查情况的通报，其他年份则没有。

二、备案审查焦点问题：审查标准的把握

（一）制定主体是否超越职权

行政规范性文件的制定主体包括行政机关和法律、法规以及规章授权的组织，内设机构、临时性机构、协调机构一般不具有独立的行政主体资格，不能制定行政规范性文件。

1. 特定主体是否有权制定规范性文件

第一，办公厅（室）能否制定规范性文件。《广州市行政规范性文件管理规定》第 2 条第 2 款规定："市人民政府、各区和县级市人民政府（含各国家级开发区管理委员会）及其办公厅或办公室（以下统称政府）以自己名义发布的行政规范性文件为政府规范性文件……"这是否意味着办公厅（室）也可以制定规范性文件？办公厅（室）是各级地方人民政府或其所属部门的工作机构，不具有独立的行政主体资格，故不能制定行政规范性文件。地方各级人民政府制定的规范性文件，办公厅（室）可以自己的名义对外发布，但应表明"经政府审议通过"。地方各级人民政府职能部门设立的办公室属于其内设机构，既不能制定规范性文件，也不能以自己的名义对外发布规范性文件。第二，街道办事处是否有权制定规范性文件。《上海市行政规范性文件制定和备案规定》（2016 年修正）第 6 条规定街道办事处有权制定规范性文件。笔者认为，按照《中华人民共和国地方各级人民代表大会和地方各级人民政府组织法》（2015 年修正）第 68 条第 3 款的规定，街道办事处是市辖区、不设区的市人民政府的派出机关，其法律地位类似于区政府的手臂，只能协助区政府行使职权。街道办事处作为区县政府的派出机关，应当执行区县政府制定的规范性文件；街道办事处管辖面积并不是很大，从控制规范性文件过多过滥的指导思想出发，街道办事处也没有必要独立制定规范性文件。

2. 制定机关是否违法增设权限或委托行使职权

权限合法主要包括：其一，行政机关不能侵犯立法机关的权限，例如规

范性文件无权设定减免税事项；其二，规范性文件的制定主体不能超越自己在时间、空间和地域上的管辖权。例如某区《综合治税工作管理规定》列举了区国税局、区地税局的相关职责，包括评定"守合同重信用企业"，区人大常委会经审查后认为"评定具体职能应属于工商行政管理职能，在区级应该为市场和质量监督管理局职能"的审查意见；其三，将法律明确规定为其自身的职责，通过规范性文件委托给其他行政机关、事业单位或者社会中介机构行使。例如某区人民政府发文，将区环保局行使的部分行政处罚权委托给街道办事处行使。根据《行政处罚法》的规定①，委托行使行政处罚权必须有法律、法规和规章作为依据，且只能委托给事业单位行使该项权力，因此该委托行为违法。

（二）内容是否违法或存在明显不适当的情形

行政规范性文件不得设定行政许可、行政处罚、行政收费、行政强制、排除或者限制公平竞争、制约创新、减损公民、法人和其他组织的合法权益或者增加其义务、增加或者调整本机关职权，以及法律、法规、规章、规定、规范性文件不得设定的其他事项。

1. 设定或者变相设定行政处罚和行政许可

《行政处罚法》和《行政许可法》对处罚和许可的设定权做了明确的限制，规范性文件一律不得设定这两类行为。有的规范性文件援引上位法的处罚条款，经核对后上位法没有该条或已被修改。一些机关为了便于管理，通过备案、登记、年检、监制、认定、认证、审定等方式变相设定行政许可；或者在规范性文件中增加了许可条件、提高许可门槛。"个别地方和部门法制观念不强，管理手段简单，规范性文件中违法设定行政许可、行政处罚等，或以备案、审批、赋予公民特定资格等形式变相设定行政许可；或允许行政机关强制干预民事行为，干涉公民、法人自主权；或擅自设定行政

---

① 《行政处罚法》第18条第1款规定："行政机关依照法律、法规或者规章的规定，可以在其法定权限内委托符合本法第十九条规定条件的组织实施行政处罚。行政机关不得委托其他组织或者个人实施行政处罚。"第19条规定："受委托组织必须符合以下条件：（一）依法成立的管理公共事务的事业组织；（二）具有熟悉有关法律、法规、规章和业务的工作人员；（三）对违法行为需要进行技术检查或者技术鉴定的，应当有条件组织进行相应的技术检查或者技术鉴定。"

处罚。"①

2. 减损公民、法人或其他组织的权利或增加其义务

部分行政机关的行政管理理念和方式落后，不是"便民、利民"而是以方便管理为出发点，因而规范性文件较多设定行政机关的职权或行政相对人的义务。此种情况在备案审查中发现存在问题较多，比如"2011 年 3 月初，福建省平和县以县政府办公室名义出台了一则关于严格控制初中辍学的通知，要求乡镇、村和教育、劳动、工商、公安、民政、土地等部门对未取得初中毕业证书的青少年不得开具劳务证明，不给予办理劳务证、结婚证、驾驶证等，在福利补助、宅基地审批、营业执照发放等事项中严格审查青少年及父母或者其他法定监护人落实义务教育情况"②。

3. 其他违法情形

主要包括：第一，与上位法的原则和内容不一致，例如"《甘肃省民政厅关于做好城市低保清理和规范工作的指导意见》和《关于严格食品安全监督管理的若干规定（试行）》，一件存在与上位法不一致的问题，另一件有违法内容"③。第二，与国家财税方面的政策不符，例如《重庆市人民政府办公厅关于印发重庆市车船税实施办法的通知》第 6 条规定："从事机动车第三者责任强制保险业务的保险机构为机动车车船税的扣缴义务人，对不能提供完税凭证或者减免税证明，且拒绝代收代缴车船税的纳税人，保险机构不得将保单、保险标志和保费发票等票据交给投保人，同时通报主管税务机关处理"，违反了《税收征管法》《车船税法》《机动车交通事故责任强制保险条例》等规定④。第三，规范性文件限制或排除竞争。"个别地方政府为促进本地经济发展，优先保护本地产业，通过制定规范性文件，规定企业在经营活动中选购和采购当地的生产设备和材料；或者规定只有本地企业方可从事某种市场经营活动，利用行政手段干预企业的市场经营自主权；或者通

---

① 《甘肃省人民政府办公厅关于 2015 年规章规范性文件备案审查情况的通报》，甘肃省政府法制信息网：http://www.gsfzb.gov.cn/dayin-119511.htm，访问时间：2018 年 6 月 18 日。
② 王锡明：《规范性文件备案审查的范围、标准、程序和方法》，载《人大研究》2011 年第 7 期，第 18 页。
③ 《甘肃省人民政府办公厅关于 2014 年规章规范性文件备案审查情况的通报》，甘肃省政府法制信息网：www.gsfzb.gov.cn/article/112447，访问时间：2018 年 6 月 18 日。
④ 《关于市人民政府规范性文件备案审查工作情况的调研报告》，载《重庆市人民代表大会常务委员会公报》2015 年第 4 期。

过不合理的资格和条件的限定，剥夺了外地企业和市场主体平等参与市场竞争的机会"①。

4. 严重不适当

行政机关制定行政规范性文件没有经过充分的调研和论证，对出现问题的原因没有深入地分析，对文件实施效果没有科学地预测，导致文件内容有失偏颇。例如某区颁布的《子女积分制入学实施办法（试行）》，其中积分体系表规定"对以上条件中的专业技术人员、从事关乎民生的公共服务人员以及进城务工人员应增加分值权重……"该规定存在三方面的问题：第一，制定加分对象范围有遗漏，文件内容缺乏合理性、公正性；第二，"专业技术人员"不只是学历者，一些专业技能职称应当列入（如高级职称或职业资格一级、中级职称或职业资格二级、初级职称或职业资格三级）；第三，"从事关乎民生的公共服务人员"没有界定明确的范围，缺乏可操作性。

（三）形式和程序是否违法

1. 形式上的技术性错漏

第一，名称混乱。行政规范性文件标题一般使用"规定、办法、规则、细则、规范、意见、决定、通知、公告、通告"等名称，制定机关可以根据具体情况和实际需要，结合《党政机关公文处理工作条例》中公文种类的规定，选择合适的文件体例。第二，文字表述不准确。规范性文件的语言表达既要准确无误，又要简明扼要；既应严谨一致，又应明白易懂。常见的口语化表述如"一把手""操作口径""行动计划""牵头"等等；"制定与制订""做与作""必须与应当"等词语混用情况经常出现。对此制定机关及工作人员可以依照全国人大法工委《立法技术规范（试行）（一）》和《立法技术规范（试行）（二）》，努力提高制定规范性文件的技术水平。

2. 违反法定程序

制定行政规范性文件的必经程序包括如下步骤：第一，征求意见。除依法需要保密的外，对涉及群众切身利益或者对公民、法人或其他组织权利义务有重大影响的行政规范性文件，应当向社会公开征求意见。内容比较专

---

① 《甘肃省人民政府办公厅关于2013年规章规范性文件备案审查情况的通报》（甘政办发〔2014〕127号）。

业、技术型比较强的规范性文件，还应当征求专家意见。第二，集体讨论。地方各级人民政府制定的行政规范性文件要经本级政府常务会议或者全体会议审议决定，政府部门制定的行政规范性文件要经本部门办公会议审议决定。个别单位制定规范性文件未经本单位常务会议或者办公会议审议，有些行政机关发布规范性文件基本上只由分管副局长签发。第三，法制机构审核。所有拟订的规范性文件必须由制定机关的法制工作机构进行全面审核，并提出审核意见。有些行政机关程序意识淡薄，认为法制机构的审核可有可无，规范性文件由业务处室起草后由主管领导直接签发。第四，公布程序。行政规范性文件应由制定机关统一登记、统一编号、统一印发，并及时通过政府公报、政府网站、政务新媒体、报刊、广播、电视、公示栏等公开向社会发布。实践中，一些应当公布的文件，没有及时上网发布，或者官方网站上没有公布最新的文件。

三、完善备案审查制度的设想：未来可期

（一）通过信息化平台建设和法律责任制度提高报备率

备案审查中的突出问题之一是报备不及时、备案资料不齐全，解决这一问题可以分别从"头"和"尾"着手。

1. 利用信息技术手段提高备案率

"互联网+"的手段和区块链技术的应用，既可以缩短报送的时间和人力、物力成本，又可以监督备案情况，实现"有件必备"。例如抚州市政府法制办通过政府信息公开平台核查发现"《广昌县城规划区范围内个人建房管理办法》《广昌县税收守信联合激励与失信联合惩戒管理办法（试行）》《关于印发〈临川区封山育林管理办法〉的通知》《关于印发乐安县林地经营权流转证管理办法的通知》《黎川县人民政府办公室关于印发〈黎川县财政投资评审中介机构管理办法（试行）〉的通知》等规范性文件漏报"[①]。全国人大备案审查信息平台已于2016年底开通运行。而各地的备案审查信息平台建设情况良莠不齐，目前应大力推进省级以下地方备案审查信息平台建

---

① 《抚州市人民政府办公室关于2016年规范性文件备案审查情况的通报》。

设，尽早实现各级备案审查信息平台对接。

2. 增设不及时报备的法律责任条款

《监督法》和备案审查相关地方立法均没有规定不按照要求报送备案行为的法律责任，无法实现完全报备的问题每年重复上演，对此应设立相应的法律责任条款，以增强备案审查制度的刚性效力。

(二) 推动各方协同参与监督

备案审查工作量大、任务多，单靠一个部门根本无法做到"有备必审"，因此应动员各方面的力量参与到这项监督工作中。

1. 实现部门协同分工

以人大的备案审查为例，负有审查职责的主体是人大常委会，具体承担审查工作的部门是法制工作委员会，同时人大常委会各工作部门共同承担备案审查的任务。例如湖北省人大 2014 年"在实质审查的 58 件规范性文件中，内务司法委员会审查 7 件、财政经济委员会审查 8 件、教育科学文化卫生委员会审查 4 件、农业与农村委员会审查 3 件、城乡建设与环境资源保护委员会审查 5 件、代表工作委员会审查 2 件、预算工作委员会审查 1 件、法规工作室审查 23 件、研究室审查 1 件、信访办公室审查 2 件、有关专门委员会联合审查 2 件"①。

2. 组织专家和公众参与监督

规范性文件涉及政治、经济、社会建设等各个行政管理领域，备案审查中遇到的专业问题，可以充分发挥专家、代表的作用，组织代表参与备案审查工作。对于社会公众反响较大的疑难问题，可以采用听证的形式，扩大公众参与备案审查的途径。公民、法人和组织是备案监督的参与主体之一，可以提出审查建议。目前社会公众对备案审查制度缺乏了解，参与度偏低。备案审查制度建设更侧重主动审查的程序规范、对被动审查没有足够的重视。对此，首先应从制度建设入手，完善行政规范性文件受理、审查、处理、反馈的程序规范，确立相关的工作程序，及时对申请人予以反馈、对问题规范

---

① 《湖北省人大常委会法规工作室关于 2014 年度省人大常委会规范性文件备案审查工作情况的报告》，湖北省人民代表大会常务委员会：http://www.hppc.gov.cn/2015/0407/17499.html，访问时间：2018 年 6 月 15 日。

性文件予以处理，发挥社会监督的重要作用。

3. 建立党委、人大、政府、检法等部门联动和衔接机制

行政规范性文件主要是为了执行法律、法规、规章和党委、政府的决策而制定，规范性文件内容违法有时会牵涉其制定依据是否违法的问题，因此应加强党委、人大、政府等部门的沟通协调，建立备案审查协作配合机制。此外，备案审查只是对行政规范性文件的法律监督途径之一，各监督主体应加强合作，备案审查机关与人民法院、人民检察院逐步建立工作衔接机制，尤其是法院在行政诉讼中发现规范性文件违法的，应及时通知制定机关及其上级机关和备案审查机关，推动人大监督、行政监督与司法监督形成合力。

（三）增强备案审查意见的刚性效力

备案审查工作在制度化建设层面的推进远好于其在实践上的落实。

1. 备案审查机关应充分行使审查权力

有的地方虽然制定了规范性文件备案审查的地方立法，但却没有开展实质性的审查工作，"人大对规范性文件备案审查还存在顾虑和畏难情绪，担心过于较真容易得罪人，怕影响人大与文件制定机关的关系，造成工作上的被动"[1]。有的地方虽然对行政规范性文件进行了实质性审查，但却没有一件变更或撤销的案例，往往通过沟通、协调、交流的方式敦促制定机关自行改正。这种机制在我国行政实践中已形成惯例且具有实效。然而，有的规范性文件制定机关长期拖延不办；或者口头同意自行改正，但一直处于"研究""处理"状态中。"对一些较为敏感或者涉及部门职权的规范性文件，与制定机关沟通过程达成一致意见的过程往往较长；若不及时撤销该文件，在沟通过程中由适用'问题条款'引发的法律问题需要另行处理，且比较棘手。有些规范性文件即使最终得到了修改，但由于拖延时间太久（有的甚至几年），一定程度上延误了问题的及时解决"[2]。经过沟通协调制定机关仍不予改正的，审查机关应依法行使权力，自行修改或撤销存在问题的规范性文件，并依法追究有关人员的法律责任，使审查意见能落到实处。

---

[1] 王君宏：《让规范性文件备案审查"刚"起来》，重庆人大：www.ccpc.cq.cn/home/index/more/id/159993.html，访问时间：2018年6月15日。

[2] 《关于重庆直辖以来市人大常委会规范性文件备案审查工作情况的调研报告》，重庆人大：http://www.ccpc.cq.cn/home/index/more/id/196184.html，访问时间：2018年6月24日。

2. 明确行政规范性文件纠错后的法律效力

备案审查是一种事后监督机制，审查期间规范性文件仍具有法律效力。如果规范性文件被修改、废止或者撤销的，施行期间其法律效力和责任如何确定？由于行政规范性文件具有普遍的约束力，影响面广，一旦其效力被否定，修正错误行为的成本高，社会反响大，这也是备案审查制度难以推进的重要原因之一。根据行政行为的效力原理，行政规范性文件不合法而被变更或者撤销的，该规范性文件自始无效，制定机关应当承担不利的法律后果，恢复到文件生效前的状态，由此给相对人造成的损失应承担赔偿责任。

(四) 建立备案审查报告和公开制度

规范性文件备案审查结果的公开有利于加强制度建设和公众对文件制定机关、审查机关的监督。

1. 实行备案审查定期报告制度

备案审查定期报告制度可以分两步走：第一，审查机构报告制度。对行政规范性文件负有备案审查职责的机关主要是人大常委会法制工作委员会和政府法制部门，这两个机关应定期向人大常委会、政府常务会议报告备案审查的情况。全国人大常委会法制工作委员会主任沈春耀于 2017 年 12 月 24 日在第十二届全国人民代表大会常务委员会第三十一次会议上作了《关于十二届全国人大以来暨 2017 年备案审查工作情况的报告》（以下简称《全国人大备案审查报告》），详细阐述了全国人大对行政法规、地方性法规和司法解释等开展主动审查、被动审查和专项审查的具体情况，为地方人大和政府实行备案审查报告制度起到了良好的示范作用。第二，将备案审查情况纳入人大和政府工作报告，在人大会议期间接受代表的审议。

2. 建立备案审查公开制度

有学者认为："行政规范性文件报送备案审查属于内部监督管理行为，不属于应当向申请人公开的信息。"[①] 笔者认为，备案审查结果的公开既可以动员公众参与备案审查，加强监督的实效，也可以起到对审查机关本身的监督作用。《全国人大备案审查报告》提出将备案审查情况"适时向社会公

---

① 叶新火：《行政规范性文件报送备案审查及其信息公开》，浙江省人民政府法制办公室：http://www.zjfzb.gov.cn/n134/n143/c130298/content.html，访问时间：2018 年 6 月 22 日。

开"。公开的时限,应当包括即时公开和定期公开。备案机关应在收到行政规范性文件的法定时限内进行审查,其审查结论在向制定机关反馈的同时应向社会公开。此外,备案审查机关可以按月、按季度公开备案审查的相关统计信息。公开的具体内容,重点应包括规范性文件的违法情形、审查机关的意见和制定机关的处理结果,以及审查机关的跟踪监督。公开的途径,应包括人大公报和政府公报及其网站,方便公众查阅。

四、结语

行政规范性文件对公民、法人和其他组织具有广泛、直接的影响,备案审查是对行政规范性文件进行法律监督的途径之一,加强和完善备案审查是"全面贯彻习近平新时代中国特色社会主义思想和党的十九大精神,落实党中央、国务院关于推进依法行政、建设法治政府的部署和要求,切实保障群众合法权益,维护政府公信力"[①] 的重要举措。然而,从实践的情况来看,与"有件必备、有备必审、有错必纠"的要求还有较大的差距,备案审查制度建设与工作目标不匹配、备案文件数量庞大与审查机关能力不足、制度设置的刚性与实践的柔性之间的矛盾突出。新形势下,应认真对待备案审查制度,着力提高监督的效能。

(孔繁华,华南师范大学法学院教授、博士)

---

① 《国务院办公厅关于加强行政规范性文件制定和监督管理工作的通知》。

地方政府行政执法权的法律政策学解释

余 翔 李 娜

【内容摘要】 行政执法可以有多重诠释。从政治发展的角度观察，执法是国家权力主体在政治活动制定和实施政治决定过程中施加于被统治者的无利益以及限制、剥夺利益的行为。在法律关系层面上，它是和立法、司法相并列的法律实现阶段。在政府管理和公共政策理论当中，它是和做出决策、制定规则、实施管制等并列的政策执行过程。其核心在于，执法实际上是围绕着政治系统和社会系统之间的交往而展开的，它有意识地通过法律实施和政策执行影响社会阶层内部利益和惩罚的分配。需要在拥有更丰富的实践经验、更开阔的观察视角的基础上对执法权及其配置、各类执法权力的协调过程中的政策问题、议题进行诠释。这要求我们基于具体的社会事实，分析社会不同阶层和群体的要求和压力，根据社会主体性的政治价值观、社会经济结构变化情况和官僚行政体系来解释执法权的政策变迁。

【关键词】 系统 配置 执法 机构

世界上无论哪一种政府形式，都围绕着开展有效统治、维护公共秩序的基本功能在运转，政府的上述职能弱化，就会引发社会混乱和国力耗散，但如果把有效治理的希望全部寄托于政府身上也是不适当的，社会会因过于强大的官方权力而失衡，并且会产生政治腐化的隐忧。消除不稳定、维系公共秩序最长久的办法是在各个层面实现良好的政治制度化和政治社会化。改革开放40年来，我国各级政府尤其是地方政府从宏观的行政管理体制到具体的政府工作模式，从政策到法制都发生了大面积的、深层面的变化，形成了独特的道路和制度。我们需要找到一个好的问题和一个好的分析框架来诠释这种变化。一个好的问题要满足的条件是能够包含在时代变迁、制度转换过程中的各种显性、隐性的矛盾，问题当中有可以提取的变量，不同的主体在识别问题、评价问题、规划解决问题上存在着差异，而且问题的解决过程有切实的本土特色，能够把广泛的社会资源聚拢过来。其次，一个好的分析框架是必须准确符合科学理论的标准，框架的概念和假设必须相对清晰，包含明确的规范性因素，能够界定清楚因果因素，框架内部能够保持一致，能够保持广泛的适用范围，能够聚焦大部分的思维和行为过程，并且对价值和利益、信息流向、制度安排和多样化的社会经济条件保持强大的解释能力。政府的行政执法权或许就是一个好的问题。在此我们尝试对行政执法权的本底问题以及这种权力的配置体制进行一些理论阐释。

一、行政执法权的核心范畴分析

对行政执法有不同的界定方法，有的学者持最广义观点，认为行政执法是国家行政机关执行全部的宪法和法律的行为，既包括中央政府的所有活动，也包括地方政府的所有活动，涵盖了行政决策行为、行政立法行为以及执行法律和实施国家行政管理的行政执行行为。有的研究者提出比较广义的观点，认为行政执法是指行政机关贯彻立法机关和上位机关制定的法律、法规和重大决定的一切行为。有的提出较狭义的观点，认为"行政执法是行政机关执行法律的行为，是主管行政机关依法采取的具体的、直接影响相对一方权利义务的行为；或者对个人、组织的权利义务的行使和履行情况进行监督检查的行为""行政执法是指行政机关及其行政执法人员为了实现国家行政管理目的，依照法定职权和法定程序，执行法律法规和规章，直接对特定的行政相对人和特定的行政事务采取措施并影响其权利义务的行为"。在法律规章和具体行政事务中，则出现了诸如税收行政执法、卫生行政执法、交通行政执法等称谓。在执法身份上，又有执法部门、监察部门、法制工作机构等不同角色。关于行政执法权的宏观理论还有很多，在具体做法上也积累了不少的经验，比较缺乏的是架通抽象理论与具体经验分析之间的中层制度构架以适应和指导行政实践，比如子系统问题。

现代化的政策系统是由信息、咨商、决断、执行和监控等子系统所构成的大系统。子系统之间各有分工、协同一致，共同完成政策过程及其各项功能活动，促使政策大系统的运行得以顺利地展开。这种系统在行政执法权力的背后也是存在的。

(一) 信息子系统

信息是政策制定、执行、评估和监控的依据，没有信息，公共行政过程就无法开展。信息子系统的工作机制包括信息收集机制、信息加工处理机制、信息传递机制。首先要通过各种手段和途径，收集内部和外部的有关资料。其次必须对资料分析整理、编码归类、加工纯化及储存。最后是使用准确、清晰的术语，将各种信息及时地传递到使用者的手里，防止传输过程中的损失、失真。应当说，目前行政机关在信息处理的技术、方法、完善程度还存在着慢、粗、乱的问题。慢是指对实际变化的情况反映不及时；粗是反映实际情况的信息不精确；乱是指缺乏科学地管理信息的方法。执法过程包含着各种公共信息以及执法者、行政相对人方面的信息，除了上述现象外，还有一个更令人担忧的现象，就是执法者为了自证行为合法性，会倾向于采取"信息过滤"和"选择性接受"的信息处理方式，在执法者—行政相对人这一组信息渠道外，非常有必要开辟其他的信息通道，比如政务公开可以帮助当事人了解更多行政机关的行动逻辑和权力边界，行政案卷可以帮助第三方了解行政执法的过程中的原始的、真实的资料。行政内部的信息通道也非常重要。现在，政府法制工作部门掌控着执法机构的职能范围、资源情况、执法证情况、行政执法责任制运行情况，监察机关掌握着执法机构的人员情况、政风情况、过往执法差错情况信息，而执法机构则从法制工作部门、监察部门处获取执法权限信息、行政执法责任制查核信息、被投诉信息、行政案卷评查等方面的信息。法制工作部门、监察机关掌握的信息有些是从执法机关直接采集的，有些信息则是通过行政相对人和公共信息渠道采集，可以减少信息的偏差，这样就基本形成了一个多支点的执法决策信息子系统。

(二) 咨商子系统

咨商子系统提供参谋或智囊服务，它由外部的政策研究组织专家、学者和政策系统内部的相关参与方组成，咨商子系统在政策活动中的主要作用包括政策问题分析、政策方案设计及注解、政策未来预判、其他政策相关问题的咨询、政策评估参与。我国政策运行过程相当缺乏这一子系统。在执法体制政策的形成过程中，法制工作部门充分发挥了咨商职能，运用政策和法律知识分析执法现状，为本级政府的综合执法体制方案的设计提出了大的框架和具体的议程，对于行政处罚、行政强制、行政征收等方面的执法，政府法制工作部门提出的政策方案细致规划了立案、调查取证、告知、听证、法律适用、送达、执行等各个环节，如取证环节的政策设计方案中就解释了真实性、合法性和关联性的要求有哪些。在告知程序上，申明了如何告知、向谁告知、何时告知、告知的最高次数、不告知的后果等问题。在设计行政许可、行政给付、行政确认等执法事项的政策方案时，也体现了着重从当事人申请、受理、对申请的审查和决定、许可（确认）期限、许可费用等程序入手进行全面审查的思想。在执法体制的运转过程中，法制工作部门就新情况新问题处理、权限争议、行政案件处理结果等问题发表意见，并就行政执法职权界定、行政执法案卷评查、重大行政执法决定备案、行政执法主体及行政执法人员资格、行政执法人员学法培训制度等方面事项参与辅助决策；监察机关则参加执法中有争议问题的"会诊"，提供行政纪律、行政伦理方面的意见，并将纠正违法行为的决策反馈给执法部门，加强了执法体制政策系统的科学化、民主化、稳定化。

（三）决断子系统

决断子系统在整个公共政策系统中居于核心地位，负责主导政策问题的分析和有关的政策议题的提出，考虑政策目标的确立，组织政策方案的设计，并负责政策的最终产出。决断子系统和咨商子系统是相辅相成的，尽管有的政策形成过程中某一个政策主体同时担当着"谋"与"断"的角色，但这不代表着决断子系统已经做出结论，咨商子系统所能做的只是论证这种结论的正确性。政府法制工作部门在行政执法中主要担当咨商角色，同时也参与决断，它需要在纷繁复杂的执法问题中，分清轻重缓急，抓住需要及时解决的关键问题，并在咨商过程中充当组织、协调、综合的作用，在各个具体执法机关充分发表意见的基础上，进行政治、法制和价值的权衡，并融合现实条件因素，在本级政府赋予的政策空间内做出关于执法体制中一些具体方面问题的政策决定。监察机关的决断主要是基于已经实施的行政执法活动，在此不赘述。

（四）执行子系统

执行子系统是指由具体行政机关把执法方案转变为执法效益，法制工作部门和监察机关针对执法过程中牵涉的一些动态因素做出反应的过程，主要的工作一是为具体执法机关的执法方案和行动细则提供保障，如对执法权限、执法责任制、政务公开进行宣传，对行政执法主体和行政执法人员的执法资格进行认证、公告和管理；二是开展执法指挥、沟通、联络等活动，如指导、组织、协调、监督、检查相对集中的行政处罚、行政许可和开展综合执法试点工作的实施，对同级政府各工作部门在行政执法过程中，就管辖、执行法律、法规理解不一致等问题进行协调处理；三是帮助分析和总结执法情况。在执法机关开展执行活动的过程中，法制工作部门和监察机关直接和间接地跟踪执法程序和执法内容，参与对执法细节的评定，执法活动告一段落后，它们又转向执法绩效考察、执法责任制检查。在大规模、专门性执法活动中，法制工作部门和监察机关不排除参加到一线执法过程中。

（五）监控子系统

监控子系统是整个政策系统不可缺少的部分，它由体制内和体制外的有关部门、单位和个人共同所组成，它应当始终贯穿于整个公共政策过程中，无论是源头、过程还是结果。每一个阶段的监控应有其不同的切入点和方法手段，避免政策的变形走样，保持法律的权威性和严肃性。监控形式内容可以多样化，但监控的主要目标是确立政策执行的准绳和规则，提供检查执行情况的依据。对行政执法进行监控，简而言之，就是要全面跟踪执法活动由谁来执行，是否执行、怎么执行以及执行得如何，执行到什么程度，有没有不执行或执行不力的情况，并将政策执行情况及环境条件变化的信息反馈给决断子系统，以便对执法体制政策进行修订、完善或终结。在这当中，政府法制工作部门和监察机关的做法有所不同。监察机关重在管人，而且是事后性的，而法制部门重在管事、管制度，主要是事前性的。

在政策系统内部具有能动性的政策子系统也可以被看作是制约和支持政策活动的相关社会规则、与社会规则相联系的组织机构、作为组织机构的政策代理人这三种因素的有机结合。由于社会和行政资源的约束，政策议程设立和政策方案建议方面的不一致，政策相关组织机构、政策行动主体与既定社会规则之间有时也会产生矛盾和冲突，如何解决这种内部性矛盾，依靠的是外部制度性约束和内部政治生态系统的调整。行政执法体制运行过程中，执法机关、法制工作部门、监察机关之间的关系并不是三足鼎立的，而是通过在上述几个子系统中相互嵌合。他们之间的嵌合程度越好，对行政执法体制输出的正面效应越大。如果它们之间只有政策宣示意义上的联动关系，而缺乏实质性的作用机制，那对行政执法的效应贡献就是微小的，甚至不排除执法系统内部损耗带来的负效应。各个部门之间的法律立场、独立见解表达机会、协商沟通能力以及他们的共同上级领导者的重视程度、行为偏好、外界压力都会对部门之间的嵌合产生影响，而且每一个行政环境都是有差异的。如何更好地实现嵌合，国外学术界提出的"能促"理念或许能给我们一些启发。"能促"是美国社会政策专家内尔·吉尔伯特（Neil Gilbert）教授在 20 世纪 80 年代后期首先提出的。他心目中的能促型国家强调国家在解决社会福利问题时应当通过各种政策支持，建立一种能够发挥社会各个系统的共同作用来满足人们各种需要的制度框架。现在它不仅是一个政策理念，也是一种政策工具，能够指导整个公共管理、政府施政的活动。政府法制工作部门、行政监察机关对执法体制的能促作用，既包括个人层面，也包括系统层面。第一，在执法个人的层面，包括三个方面：规则、诱因和服务。规则是指对执法人员提供执法标准和行动资格，使其明确行为方式和功能界限。诱因包括经济和政治两方面，政府法制工作部门和行政监察机关在执法依据、执法方式、执法效果、争议裁定方面发挥作用的客观能力，以及对执法人员的工作成绩、职务升迁方面提出的有影响力的意见，对行政执法人员从事执法活动会产生影响，使其可以预判执法行为的自我影响效果，改变其个人选择机会，获得更好的政治经济待遇。服务是政府法制工作部门向执法者提供执法行为合法性的担保和法律信息支持，帮助其改进执法方法或者帮助其化解在执法争议中所处的不利地位。第二，在系统的层面。政府法制工作部门、监察机关提供的是整合和增能作用，如对政府体系内所有执法资源分布情况进行调查，对执法开展情况进行观察评估，围绕着执法体制的组构策略、调整幅度、力量配置、人员准入等提出建设性意见，将执法责任制和公务员行为规范的要求细化到具体的执法作业中，排解执法机构所遇到的内部权限争执和外部质疑，为执法活动创造友善的环境，等等。

二、执法权的整合配置——地方政府综合行政执法维度分析

综合行政执法是指依法将若干行政机关的行政执法权集中起来，交由一个行政机关或者一个任务型组织统一行使，原有的行政机关不再行使执法权制度设计。依照行政处罚法的规定，1997 年国务院决定在北京市宣武区

(今西城区)进行相对集中行政处罚权工作试点，2002年国务院办公厅发布了《关于继续做好相对集中行政处罚权试点工作的通知》，2002年8月国务院发布了《关于进一步推进相对集中行政处罚权工作的决定》，2002年10月国务院办公厅转发了中央编办《关于清理整顿行政执法队伍实行综合行政执法试点工作意见》，并决定在广东、重庆进行综合行政执法试点。在此需要对"相对集中行政处罚权"和"综合行政执法"这两个范畴加以说明。2003年2月21日中央编办、国务院法制办下发了《关于推进相对集中行政处罚权和综合行政执法试点工作有关问题的通知》中规定，相对集中行政处罚权是根据行政处罚法对部分行政处罚权的相对集中，综合行政执法则是在相对集中行政处罚权基础上对执法工作的改革。综合行政执法不仅将日常管理、监督检查和实施处罚等职能进一步综合起来，而且据此对政府有关部门的职责权限、机构设置、人员编制进行了相应调整，从体制上、源头上改革和创新行政执法体制，解决行政执法工作中存在的许多弊病，进一步深化行政管理体制改革。有的研究者认为这是两个不同的概念，应该说，这两个词汇有所不同，从使用时间先后来看，相对集中行政处罚权提出在前，而综合行政执法的提出时间要晚一些；从政策覆盖面来看，综合行政执法的深度、广度都超越了相对集中行政处罚权。但两者的关系是密不可分的，没有相对集中行政处罚权的实验，就不可能有后续更大改革力度的综合行政执法，而综合行政执法的主要工作任务都是对相对集中行政处罚权的延续，在对行政相对人的意义上说，两者实质上是同一的，而对于行政机关内部关系的界分上，两者才具有差别性意义。因此，我们和国内大部分研究者一样，把这两者视为同一个范式，用相比起来更为全面的概念——综合行政执法加以指称。目前该项工作已进行较长时间，各地和有关部门对此项工作积累了比较丰富的研究素材。

（一）围绕着执法体制进行的政策调整——多源流分析框架的理解

约翰·金登在1984年提出了一种多源流分析框架（the multiple-streams framework），把政策过程看成由行为者和过程的三个组成源流：由各种问题的数据以及各种问题界定内容所形成的问题源流；涉及政策问题解决方案内容的政策源流；由各种选举活动和被选举官员组成的政治源流。从组织行为角度看，各种源流在通常情况下是相对独立运作的，但他们之间存在着某种相互依赖的关系，其中任何一个源流的改变将会导致或促使其他源流发生改变、出现某种耦合，政策选择是在几个因素推动或影响下的集体选择的结果，当特定的"机会之窗"允许政策主导者将各种源流汇集时，就能够成功主导重大的政策变迁，当然政策选择过程也带有一定的模糊性和不确定性。这一理论提出后成为广受欢迎的政策议程和决策解释方式。

多源流分析中的问题流，取决于政策参与者对实际情况的了解方法和实际情况可否被上升为政策问题，问题必须包含明确的可感知因素，对某种外部情况，我们可以用一系列指数（指标）来反映和描述其是否存在及其重要程度，也可以通过一些重大事件或危机事件来凸显它的受关注程度。执法权就一直受到关注。执法权从本质上来说是一种执行权，即执行代表国家意志的法律的权力。现代社会中，行政机关拥有强大的行政权力，对当事人的权利会产生很大的影响，所以对那些对当事人能够产生法律影响的行政活动加以类型化规定，施以实体与程序的约束，让行政机关在执行时不可以随心所欲，让当事人避免因这些行为造成的损失，这才出现了行政执法行为规制的政治话题。而执法体制重新规划中的问题源流比较突出。《中华人民共和国地方各级人民代表大会和地方各级人民政府组织法》明确地方各级人民政府应执行国民经济和社会发展计划、预算，管理本行政区域内的经济、教育、科学、文化、卫生、体育事业、环境和资源保护、城乡建设事业和财政、民政、公安、民族事务、司法行政、监察、计划生育等行政工作。也就是说在这些领域内地方政府都可以行使正面的管理权和执法权，至于执法权的具体组织方式，上下级政府的执法关系则没有进一步说明。20世纪80年代以来，随着以经济建设为中心、坚持改革开放的全面铺开，立法工作逐渐步入正轨，地方的经济社会事务大为扩展，法律法规和政府规范性数量大为增加，执法的时间、空间和执法对象大为扩张，执法任务和压力开始呈现，各个地方政府竞相组建了为数众多的执法队伍。据统计，1996年北京市有各类执法主体70个，专业执法队伍108个，执法人员8万人；1999年上海市有市一级的行政执法主体35家，拥有执法人员4万人（不含公安系统），形成了庞大的执法系统。面对诸多的执法机构、执法人员和执法权限，执法体制的组织管理问题摆在了各级政府面前。初期政府对执法机构实行的是"条条管理"的思路，按照"谁组建、谁管理"的原则，但这种安排弊端连连。最为典型的是有的研究者描述的"多龙治水"的局面，水利部门只管水源和供水，公用事业管理部门只管城市用水，市政工程管理部门只管市政排水和污水处理，环境保护部门只管地下水的质量检测，形成了管水源防洪的不管供水、管供水的不管排水，管排水的不管治污，管治污的不管污水，征收取水费、管道使用费、排污费的执法部门多，控制超采地下水、城市污水排向农村等问题则无人过问，管理排污企业偷偷排污的执法队伍少，供排水管道、供排水质量出问题时执法部门响应寥寥。总结上述现象，执法体制出现的问题包括几个方面：首先是引发要人要钱的另类执法"竞争"。执法队伍象征着权力，因此没有执法队伍的行政机关想方设法组建执法队伍，有执法队伍的行政机关同样想方设法扩充队伍规模，每当一部法律出台或修改，以及政府行政职能扩充，就会涌现出一批新的执法机构、执法队伍；每当遇到机构改革精简，各个政府部门都竭力保留自己的执法队伍，并且千方百计地将原来隶属于其他部门的执法队伍或者执法权限划转进来，同时各个政府部门都众口一致地要求更多的预算支持。其次是无助于提升效益。执法部门机构膨胀、事权增加和财政支持并没有带来执法效益的同步提升，反而在经济、社会管理领域出现了诸多没人管、管不了、管不好的执法怪象，有的场合下来自四面八方的执法者多头执法、轮番上阵，造成了"大炮打小鸟"和执法扰民。有的时候诸多的执法者却围绕着该由谁来行使权力发生争执，人为分割统一的执法职责，形同"只见树木，不见森林"。再次是执法失和。过多的主体参加执法活动难免出现集体行动的难题。一方面，挤进执法圈子的部门和人员越多，在执法职权上越容易发生交叉、撞车现象，不能开展合作。另一方面，执法领域缺乏统合和权威，时间一长就会产生部门壁垒、路径依赖，执法的统一性受到挑战。最后是执法异化。执法队伍一夜之间增多，但对执法机关行使权力、履行职能过程中的政治、行政、经济、法律责任的查明和追究缺乏具有可操作性的办法；执法人员素质良莠不齐，不少执法队伍为了自身利益而纵容乱处罚、乱收费的现象，出现执法不规范的问题以及使执法腐败有了容身之地。综合起来看，执法体系面临的突出问题是：执法体系过度扩张，无法形成合力，逐渐失去监控。

密歇根大学金登教授对多源流分析中的政治流的最初看法包括国民情绪、压力集团的争夺行动以及行政或立法上的换届，另一位学者扎哈里尔迪斯将政治流的三个维度整合成一个概念变量，用执政党的意识形态来标示。执法权体制重新规划中的政治源流是非常清晰的，一是改革的强大推力。从20世纪末开始，改革成为举国上下使用频率最高的词汇之一，无论是在经济发展、思想文化、社会管理还是对外交往领域，各种有组织和未经组织的力量围绕着旧事物、过渡性现象发起了一波波冲击，尤其是针对制度的改革呼声。站在历史观的立场上，人类社会从来没有万古不易的制度。一切制度都是为了维持社会的正常运转而设计的行为规范，随着时代的变化，合理的制度也会趋向不合理，社会就不免出现改革的声音。尤其是当制度缺陷的社会影响、政治效应足以动摇统治职能时，连执政者也会自觉或被动地被卷入改革。在当代中国，在不动摇执政基本原则的基础上，社会各方面力量和执政者在改革问题上具有比较高的共识，即便改革对象是执政者的内部体系制度，也不是没有成功的机会。二是社会进步的推动。有专家指出，改革开放以来我们国家始终沿着一条清晰的民生法治道路前进：以人民群众生活改善为根本，以经济建设为中心，以民主法治建设为保障。在此过程中，政府的政治使命之一是简政放权，下决心将权力重心下移，逐渐建立中央与地方权力合理分配、协调一致的国家权力体制和以市场为基础的资源配置机制。三是规范治理。依法公开行使国家权力，提高国家权力运行的公开性和透明度，让人民群众有权利知道、有能力监督国家权力运行；推进国家机关工作人员的职业化与专业化进程，完善内部工作程序与各项议事规则，保证权力合理性运行，形成与现代国家、现代社会相适应的现代化政府。上述政府的政治使命并不是只停留在口头上，而是在具体的政治生活中孕育、潜移，在局部领域、部门地区率先试验。我们可以看到很多地方政府都尝试了各式各样的政治发展方案，如基层民主建设、城市管理体制调整、医疗社会保障制度试验，这些实验很少被中央政府"叫停"，而中央政府似乎也乐于让地方政府来推动这些进取性的政治行政试验工程，权力下放、鼓励改革被视为一个积极的信号。

　　多源流分析中的政策流往往指的是针对战略目标提出正式化程度不同的意见主张。它们由制度体系内或体系外不同的人所提出，专家们则尝试采用各种方式来进行试验和检验，并将意见主张合并、取消或维持。在诸多的意见主张中仅有少数能引起高度重视，往往这些意见主张具有技术上的可行性与价值观念上的可接受性，才能"升级"成为政策，即能够制定出周密的具体实施计划或行动细则。要建立一定的机构和进行人员配备，进行必要的宣传活动，在管理目标及相关问题上营造一致性立场；要进行必要的物质准备，编制预算，落实经费；要确立领导权威和组织权责，向下属传达政策方案的目的、意义和具体要求，进行信息交流和传递；要开展协调整合各种要素，监控项目进展并进行反馈；要有针对性地开展激励。调整执法权配置牵涉到执法面的宽窄、执法层次的深浅、执法目标群体的流变、各个部门之间的合作能力高低，需要考虑使用政策工具以及政策组合的适应性问题。政策工具是达成政策目标的手段。我们所说的发布行政命令、起草实施方案、加强内部管理、进行试点都可以看作是政策工具，但好的政策工具应聚焦在实现政策目标或结果的手段这一特性上，即它既是一种活动，也是一种"客体"，其焦点是影响和治理社会过程。

谋求解决执法体系过度扩张、执法力量无法形成合力、执法活动逐渐失去监控的政策工具，可以从几个方面来筹划：一是采取政府机构部门调整、合并执法队伍的办法消减执法主体数量，减少职权重合现象；二是在职能部门之上再建立一层指挥架构，如领导小组、委员会、办公室，建立议事协调机制和共同高层决断机制；三是非正式体系，如集中整治、联合行动，把执法职权临时集中起来；四是用实质性行动改变执法权力和执法队伍分散、多重的现状，做"1＋1＞2"的工作。

上述关于执法权政策建议有的已付诸尝试，有的经过了理论上的规划论证。我们根据政策理论，结合近年来的行政执法实际情况再加以分析。第一项政策方案实质是行政性、强制性减员的方法。在1993、1998、2003、2008、2018年国家都进行了大规模机构改革，在中央政府层面上合并精简了一些部门，对地方政府的要求是不必完全遵照中央政府的体制进行机构对口，可以根据实际情况决定受到改革方向影响的政府机关去留，也就是说，地方政府执法体系没有硬指标约束。在此情况下，主动缩编机构、减少执法人员的动议难以大规模、大范围地在地方行政体系内实现。此外，决定地方政府行政体制架构命运的政府机关职能、机构、编制"三定方案"中，定职能关系到地方政府在哪些行政主题范围内可以获得执法权，能够获得多大程度的上级财政支持；定机构关系到地方政府如何设置相应的对口部门，就像有的地方领导人所说，"地方怎么动，还要看机构改革的三定方案怎么规定"；定编制是非常敏感的，在历次机构改革中的处理都不理想。第二项政策建议实质是设立类似任务型组织的机构来承担对众多执法队伍的管理任务。任务型组织是为应对社会生活中出现的某些非常规任务而临时设立的旨在解决特定问题或达成某项目标、在任务完成后就解散的一种组织形式。其存在的目的就是解决专项任务，在完成任务后即归于解散。它具有8个特征：①暂时性；②身份差异的最小化；③专业化的管理者；④灵活性和适应性；⑤相当的分权和授权；⑥复杂性；⑦超敏性传感器和社会敏感性；⑧目标导向。我国长期以来采取的专门班子、领导小组等就带有此种组织的特点。通过这种组织决策者可以获取较多的信息，但我国的行政执法实践中并没有能理会任务型组织的精髓，没有全面遵循任务型组织的组建和运行，虽然发挥了一定的协调矛盾、统一指挥的作用，但也带来机构膨胀、层次繁多、成本骤增、权威性削弱等方面的问题，同样染上了科层官僚机构功能失调的"帕金森病症"。第三项政策建议实质是不触动现有的执法机制，而是采取非正式的方式整合执法体系。这种方式的效果治标胜过治本，在执法名义、执法内容、执法效力、执法经费分摊、执法效果巩固、内部执法争议处理、执法监督上都存在着难以克服的问题，尤其是容易演变成运动式执法。"运动式执法"是到目前为止我国政府最为依赖的一种治理手段，是一种针对管理中的一些顽症进行集中整治的方式，因而表现出临时性、间断性和强制性等特征。尽管也有学术观点要求在中国现实环境下重新审视运动式执法，给它比较中肯的评价，但在行政执法实践中，运动式执法缺乏长期目标、人治倾向、漠视成本、工具效应以及被违法的行政相对人找到有效回避应对的方法的弱点暴露无遗，它所带来的"整治—回潮—再整治—再回潮"的恶性循环对行政权威和效率的损耗远超过制度的正面效应。因此，有些政策方案本身存在问题，有些方案不是本身出现问题，而是在行政治理过程中缺乏实施的基础和条件，如果贸然推行，也难以实现执法的效果。在政策问题已经充分暴露，而且可供选择的政策方案已经有比较清楚的高下之分时，政策制定者的选择趋向明朗化，即考虑到能够运用的有限的资源，锁定特别需要解决的政策问题，兼顾内外环境的压力和回应效果，将执法权的实质性调整列入政策议程当中。而政策的定位是从组织角度入手，根据未来的组织应当具备的一些特点，如围绕问题设置机构，更多地依靠专业人员的集体作用；组织内部的协调更多地依赖身兼数职的复合型人才；工作集体的构成将不是机械的，而是有机的，来对行使行政执法权的主体及其资格进行重新规划，以解决过去分散执法面临的横向关系、纵向效率问题。

多源流分析非常重视"政策之窗"。政策窗口出现时，问题流、政治流、政策流出现了耦合交汇的机会，政策活动家必须迅速抓住机会开始行动，否则就会失去机会，只能等待下一次机会的来临。综合行政执法政策形成过程中的政策窗口的出现应归因于《行政处罚法》的出台。该法第 16 条规定，国务院或者经国务院授权的省、自治区、直辖市人民政府可以决定一个行政机关行使有关行政机关的行政处罚权。受该法启示，北京市人民政府办公厅1997 年向国务院报送《关于开展城市管理综合执法试点工作的函》，要求在北京市宣武区（今西城区）开展城市管理综合执法试点工作。经国务院领导批准，国务院法制办于1997年3月7日给北京市人民政府办公厅发送了《关于在北京市宣武区（今西城区）开展城市管理综合执法试点工作的复函》，同意北京市政府的申请，以此为标志，行政执法体制配置改革走出第一步实践。随后，国务院批准了82个相对集中行政处罚权的试点城市，设区的市级政府、县级政府陆续开展了相对集中行政处罚权工作，地方人民代表大会即政府制定了地方性法规、地方性规章，此外还有大量的地方政府规范性文件。相对集中行政处罚权和综合执法的领域已从最初的城市管理领域，逐步扩展到文化、旅游、矿山安全、农业、林业、水利、交通等多个领域。一项被命名为相对集中行政处罚权的政策由此生成。在这项政策当中，地方政府可以经国务院或者上级政府授权，根据实际需要将若干个有关行政机构的行政处罚权集中起来，交由一个行政机关统一行使；原来的机构则不得再行使被划归统一行使的行政处罚权。这一政策可以在任何一个领域进行，只要存在执法主体资格乱、处罚依据乱、执法程序乱以及多头执法、交叉执法、重复执法、执法效率低下的地方均可以进行改革。

（二）综合行政执法运行：中国式的渐进政策过程

理论界大多数观点都认为改革开放以来，我国在政治变迁和制度创新上走的是一条渐进式道路。林德布罗姆的渐进式政策模型认为，一项政策的制定，其时间、信息、金钱等资源是有限的，决策者的能力也受到限制，此外还面临政策目标与手段的相对性、过去决策的正当性与当前决策的不可预测性、沉淀成本与政治上的可行性等问题，因而公共政策最好是基于过去政策的调整的基础上形成。在渐进式政策过程中，按部就班原则、积小变大原则和稳中求变原则是根本。按部就班是政策制定要以现行政策为基础，不能完全颠覆政策基础，对以往政策的政治承诺要信守。积小变大是指注重对现行政策的修改与补充，以弥补缺陷为首要工作，并不强调全面性的从头开始的创新，也不能无所作为。稳中求变强调目标与方案之间的相互调适，要注意反馈调节，在试探和摸索中前进，不能一劳永逸。由地方政府开创的综合行政执法在我国地方政府法制建设的发展进程中影响是相当大的，它的政策过程迄今还未完成，我们可以观察出在一些方面的渐进式特征。

第一，综合行政执法的适用范围采取了渐进铺开的思路。先在个别自我政策需求比较强烈的城市辖区内开展了相对集中行政处罚权试点工作，成立区一级的城市管理行政执法局，并把分散的执法机构聚拢，成立城管执法大队。在这一领域收获了执法力度增强、执法成本降低、部门间推诿扯皮现象减少的效果后，地方政府进一步对同一管理领域内执法机构多、执法主体不统一的体制性问题各个击破，将一些在管理与执法方面专业性较强或者具有特殊性的执法部门加以改造，在国土资源管理、文化市场管理、安全生产管理、交通行政管理等方面逐步组建跨部门的综合执法队伍。在完成区一级的综合行政执法体制的优化之后，又进一步铺开到市一级、省一级，由经济发达地区向不发达地区逐次推开。

第二，综合行政执法政策的时间序列上采取了渐进推行的策略。综合执法体制的构建就经过了初创建立阶段（1996年《行政处罚法》的颁布至1997年3月7日国务院法制办对北京市人民政府在宣武区（今西城区）实施相对集中行政处罚权制度的批复之前）、试点扩大阶段（国务院法制办批复至《关于继续做好相对集中行政处罚权试点工作的通知》发布之前）、试点规范阶段（《关于继续做好相对集中行政处罚权试点工作的通知》的发布至《关于进一步推进相对集中行政处罚权工作的决定》发布之前）、总结推广阶段（《关于进一步推进相对集中行政处罚权工作的决定》发布后）。尽管这一阶段划分选择以中央政府的政策作为时间坐标，但中央政府实际上没有为地方政府的综合执法体制建立制定时间表，地方政府也没有坐等中央政府的政令，而是自主地开展了这项工作。现在，各级地方政府在综合行政执法的制度推进和完善上仍没有止步。

第三，综合行政执法的政策影响面上体现了渐进伸展。地方政府先选择了违法情势比较严重、执法难度大的城市管理领域来实施，这一试点领域的社会管理事项较多，而与经济发展、政府财政收支关系较小，在一个小的"螺蛳壳"里进行制度试验，避免了过大的制度冲击。而且地方政府针对自身职能权限和施政重点，在诸多行政行为当中抽出了具有一定代表性的行政处罚领域设计执法方案。当政府部门通过综合执法使得依法管理的风气变浓，不作为、乱作为的现象减少后，有证据证明执法效能的硬指标和软指标都得到提升之后，地方政府开始着手将综合行政执法固定下来，将审批许可职能、行政征收职能、行政强制职能和行政处罚职能进行分隔，使得政府各个部门的管理职能清晰起来，并通过综合执法的示范和带动来消减上述行政管理过程中的"拍脑袋"决策以及公务员懒、散、乱现象。

第四，综合行政执法由政策转换到法律过程采取了渐进过渡的方法。过去关于行政处罚权及其主体资格的规定由行政机关自己掌握，行政机关可以根据自身来构建执法体制。在1996年《中华人民共和国行政处罚法》出台之后这一局面发生了变化，政府机关需要在符合法律条文和原则精神的前提下创制规范执法活动的制度。按照行政法的机理，如果一个机构行使另一个机构的职权，那就是明显的越权之举。但是行政处罚法除了严格要求执法主体的合格性之外，也在执法权配置方面做出了概括式规定以及授权行政机关进行不同制度设计的规定。于是行政机关围绕着行政处罚法做文章，从外围开始，先解决机构问题，再解决权能问题；先解决行政机关内部组织问题，再解决对外执法问题；先解决执法权集中问题，再解决政策制定职能与监督处罚职能相对分开、监督处罚职能与技术检验职能相对分开的问题。步步为营，层层推进，把调整的深度延伸到了法律和法规层面。在完成了行政处罚领域的政策调整后，现在有的地方政府还在持续推进，如2009年底北京市规划委出台《关于建立制止和查处违法用地违法建设联动工作机制的意见》，宣告由规划、国土、建委等部门对违法用地和违法建设进行联动执法。据北京市有关部门介绍，对违法建设以前的做法是由物业出面制止，制止无效后物业应举报到城管部门，由区县政府向法院申请行政强制执行措施，法院下发强制拆除通知后，再由乡镇政府勒令其停工或拆除。从发现违建，经法院勒令停工或拆除，最终到违法建设拆除大约需要10个月。现在，一旦发现违法建设，就可以将违法建设情况直接移交到区县政府，由规划、国土、建委等部门进行联合执法，不再经过法院，直接勒令违法建设停工或拆除。如果没有拆除，监察部门还可以追究责任。从法律层面讨论，目前我国尚未出台行政强制执行法，地方行政机关的这一举动是否有足够的法律依据，过去申请法院强制执行的做法是否一定要坚持等问题可能还存有一定的争议。但从政策角度看，这个制度有一定的亮点，它巧妙地发挥了综合行政执法的"蝴蝶效应"，把集中行使行政处罚权的思想和举措推动到了行政强制领域，为今后立法正式确认做好了渐进式的铺垫。

如果从保守、稳妥、进取这几个维度来判断决策风格，地方政府综合执法体制的建构应当是一种介于稳妥与进取两个维度之间的政策。目前理论界和政府工作部门对综合行政执法工作多持正面性评价，认为它从总体上牵动了地方政府总体行政管理体制的变革，实现了地方政府行政执法权的分权与监督制约，对转变地方政府部门与行政执法机构的职能和管理方式，起到了直接的推动作用。在有些地方也达到"精简、统一、效能"和决策、执行、监督协调的令人满意的效果。但是，执法体制转型是一个庞大的系统工程，牵涉到诸多互相制约、互为因果的制度链条和环节。现在这一执法体制也只能算是处在运行初期，在制度统合力、顺畅性方面有着较好的表现。随着执法体制的不断深入，会面临更为复杂的利益格局和新出现的各种矛盾阻力，届时还有必要对执法体制进行进一步调整，比如把执法事务和公共服务的关系理顺，建构真正意义上的任务型组织，把不一定适合综合执法的领域分离出去，以保持综合行政执法体制各个链条和环节的相互适应、相互配套、相互促进。

三、行政执法权和协调配置——普通执法权与部门垂直管理执法权关系的思考

所谓垂直管理，一般是指中央政府及其部门在地方设立分支机构或派出机构，并在业务、编制、人事、经费等方面对其进行直接管理的模式。垂直管理是任何政治体系在处理中央和地方关系上的必备制度选项。在美国，由于联邦政府的权力日益扩张，联邦政府在地方设立了为数众多的分支或派出机构，联邦政府15个内阁组成部门绝大多数在地方设有垂直管理机构，负责执行联邦政府专有职能范围内的社会服务和管理事务，负责经济管制事务在地方的实施，并监督、协调州政府和地方政府执行联邦法律和项目。当前我国存在着国务院垂直管理和省以下垂直管理两大类情况。前者主要是海关、金融、国家税务、外汇管理、证券监管、保险监管、银行监管、民航地区管理、流域管理、出入境检验检疫等机构或单位，这些部门在地方的行政组织的性质是主管部门的派出机构或分支机构，直接受主管部门的垂直领导。后者指中央政府主管部门对省级政府、工作部门有领导或指导关系，省级政府对工作部门也有领导或指导关系，但省以下实行垂直管理，省以下的地方政府对这些机构、单位没有领导关系，如工商行政管理、地方税务、质量监督等机构，可以称作半垂直领导。

党的十七大报告将"规范垂直管理部门和地方政府的关系"，作为我国行政管理体制改革的重要任务。部门垂直管理作为一个总体概念，又可以细分出垂直管理执法、垂直管理财政、垂直管理人事等问题。现在理论界就垂直管理体制开展情况进行了一些研究，但就此范畴内部的垂直行政执法情况关注不够，未从理论和实证相结合的角度分析论证该项工作对我国地方法制

建设可能带来的巨大影响。

(一) 部门垂直管理执法权的理论演绎——基于有限理性决策的产物

执法是一个总体性范畴，其内部构成是非常多元的，它既包括行政法律行为，也包括行政事实行为；既包括实体行为，也包括程序行为；既包括单方行为，也包括双方行为；既包括一定的抽象行为，也包括具体行为；既包括作为行为，也包括不作为行为。由于存在中央和地方以及不同层级的地方之间执法权限的划分和相应的执法责任配对等问题，因此可以组合出地方内部，跨地域之间、跨行政层级之间的多种执法模式。在这些执法模式选择当中就有所谓的垂直管理执法权问题。将执法权配置给地方政府部门还是配置给直属中央或升级管理的机构，权力配置后又如何实施监控，如何协调不同执法主体在理解和执行上冲突，必然有一定的政治逻辑考量，也需要有政策和制度来"包装"。弄清楚这些问题，才能就垂直管理执法权的运行状态以及发展流变进行准确的评估。除了法学理论本身，我们还需要借助三个方面的理论源流以便深入研究垂直管理执法权：一是组织理论，尤其是组织变革和组织控制的理论；二是府际关系研究理论，包括中央政府与地方政府以及地方政府间的关系分析；三是政策执行及影响分析的理论。

组织与主体之间的关系主要由命令、服从、委托以及代理等基本元素构成。组织成员的行为选择除了由组织指挥决定，受到自身利益、价值观和行为能力的影响外，另外也要受到来自外界的不确定性的影响。主要的不确定性是来自行为所带来的风险。如果实施一项行为成本大于预期的行为收益，执行者就会产生相对剥夺的心理感受。这种心理感受将直接影响到对该项执行行为的选择。无论是中央政府的执法者还是地方政府的执法者在执法时都会进行预期的成本—收益的筹算，都会受到不确定性的影响，但是影响程度会有所不同，因为中央政府相应受到的预算约束和制度约束较少，组织动机、对政策信息的认知能力、确保政策正确执行的能力一般情况下优于地方行政体系。因而，对于一些价值取向不明确、在成本—收益方面对应起伏很大、没有很好的可量化评价指标体系的执法项目，可以考虑不授予地方政府，而由中央政府从上至下一条线式操作。

从府际关系的立场上看，地方行政体系的优势在于较强的自主性和动员能力，以及最大限度地使用政策资源，但地方政府总是处于权力与意愿不对称、政策需求与自我管制能力不对等的情境当中。作为上级政府，对下级的权力授予需要非常慎重，一旦权力授予出去，其后续的调整都会面临困难。在绝大多数情况下，劝说某个行政主体放弃某一项政策的决策和执行权都是非常困难的，这当中既有利益原因，也存在着权威、声望方面的政治评价。因而，对一些专门化的、全局性的、不能分治的行政权力或者分开运行需要耗费大量监控资源才能确保稳定行使的执法权力，最好不要轻易授予下级政府，而对一些需要灵活式运用、在职责上容易划分清楚的权力可以交由地方政府来掌管。

从政策执行的角度看，存在着一个公共政策选择性执行的问题。政府作为公共行政主体或者是法律权威，应当完整、正确地执行法律和公共政策，达到预期的管制和服务目标。但在实际过程中，我们往往看到一些法律政策执行者被有区别、有选择地执行，有的执法者依据自身的偏好制定出与法律政策表面上相符合，而实质上相悖的执行方案；有的执法者从自身的利益出发，挑选法律政策中对自身有利的部分执行，对自身不利的部分就不执行；有些执法者利用信息不对称的掩护对法律政策采取有时候执行有时候不执行，开始执行后来不执行以及制造执行情况效果上的弄虚作假。这些选择性执行背后的支配因素是自身利益、价值观以及对政策的理解力，当然不仅是政府，任何一个组织都会出现类似问题。这一问题在地方政府以及地方政策的执行中表现得尤为明显。有些执法和地方政绩目标实现非常紧密，容易受到地方政府任期和官员调动的影响，这些政策最好不要交给地方政府来主导执行，以便于消除地方利益和政绩优先对执法活动的冲击。

改革开放40年来我国法治建设的着力方向之一就是建立了一个中央与地方之间分权的政治经济体制。分权首先而且着重在经济领域，其次扩展到政治、文化领域。分权的要义在于保证中央的统一领导，地方各级国家机关必须按照中央确定的地方职权范围开展工作，要依靠法律确定中央和地方的权力分配格局。在分权政治运作当中，体现适当集权的垂直管理出现了，俨然成为一个反向性的话题。如果考虑从执法权的多方向划分和多层次配置来实现执法活动的顺利开展，可以将其视为一项有限理性的决策。"有限理性"的思想主要来自于获得诺贝尔奖的经济学家西蒙。在此之中人的行为是有意识的理性，但这种理性又是有限的。由于环境的复杂，在做出经济、政治行为时，面对很多不确定性和信息不完全的情况，人们对环境的计算能力和认识能力是有限的，任何备选方案和策略的结果都不可能是已知的。人们在决定过程中寻找的并非是"最大"或"最优"的标准，而只是"满意"的标准。中央政府在构思从中央到地方全面覆盖的执法权体制的时候，明知面临环境的高度变动性和复杂性，也明知不可能穷尽所有的备选方案并觅得最优的执法权配置之道，便转而寻求一个令中央政府比较放心、而地方政府能够接受制度安排较好的行动方案，同时这一方案也能保持一定的弹性，这可能就是部门垂直管理执法权在现实经济、法制、行政条件下得以存续发展的一种解释。

（二）部门垂直管理执法权与地方政府执法部门的关系调适

实施部门垂直管理执法权，使中央政府在一些关键领域的调控权和否决权得到了维护，市场经济所需要的一些政令不至于在地方经济、社会生活中受阻，地方保护蔓延的现象受到一定的控制。但是问题也是客观存在的，有些甚至比较尖锐。首先是"不对称执法权"的问题。在同一地域空间内对同样的行政相对人有两套高度独立的执法体系，尽管执法内容上有差异，但从权力版块上看是此消彼长的，垂直管理行政执法权越多，地方政府的执法权就越限缩，地方的积极性也会受到影响。其次是类似"双重政府"的现象。地方政府执法权是"块块"管理，垂直管理执法权是"条条"管理，而有些执法事务介于条和块监管的共同视域，如市场监管、土地管理、环境保护等，一旦双方都出手就会出现交叉执法，极易产生矛盾争议，而双方都缺乏足够信度的统筹协调能力。再次是"执法盲区"问题。主要包括两种情况，一种是都发现了违法情形，但都互相观望，不主动出击。而另外一种是自我设限，虽然发现了违法情形，但都认为是对方管理权限范围，自己无权管理，结果是任由违法行为发生，政府反应迟滞。其四是"消极执法竞争"。主要指在一些需要地方政府执法力量和垂直管理执法相互支持配合的执法领域，如环保、土地、市场监管等领域，地方不配合垂直管理执法部门，或者垂直管理执法部门不按照地方政府的部署统一行动。长此以往，更助长了各自为政，互相掣肘，为行政级别、执法依据的效力等方面的问题产生争执，导致执法效率丧失。

前文已经揭示部门垂直管理执法权之于中国的法治情况特别是地方法制环境，只能视作一种有限理性的决策方式，其存在的问题是难以得到根本解决的。合理划分和依法规范各级行政机关的职能和权限，理清部门垂直管理执法权是一项浩大的工程，是建设法治政府中的重要一环，应该从何入手还需要学术研究者和实践工作者进一步探讨。初步意见有如下几点。

第一，作为构建这些机制的前提，是要本着执法主体的"人、财、事"相对应的原则，规范部门垂直管理执法队伍的编制、人事关系、经费问题，尤其是充分考虑执法权力所牵涉的财政制度。上一轮分税制改革开展于20世纪90年代，虽经几次调整补充，但是中央政府和地方政府财权和事权方面的不对称现象还是比较突出，相比地方政府执法主体，垂直管理执法部门虽然可以得到中央政府财政的稳定支持，但是其经费不尽充裕，有些地方政府执法部门的事权虽然被划转给了垂直管理执法部门，有些场合下垂直管理执法部门也与地方政府执法部门开展协作，但是地方政府的财政系统显然不可能向垂直管理执法队伍提供经费支持，相同的情况同样发生在垂直管理执法部门需要借用地方政府及其执法机构力量时。地方执法和地方法制建设需要这两股力量，在财政经费和人员等方面的保障上也应当做到一视同仁，不应保留甚至人为地制造一些差距，带来攀比和地位责任失衡的结果。

第二，将垂直管理执法部门与地方政府执法机关之间的关系实现法制化和规范化。法制化是在政府组织法与行政处罚、行政许可、行政强制等法律规范中以明确的条款载明垂直管理执法权问题，特别是关于垂直管理执法权的界限问题，《国务院办公厅推行行政执法责任制的若干意见》中提到，垂直管理执法权首先要做好执法职责界定的工作。但是到底是采取逐条列明还是概括表述的方法，抑或是兜底保留式的条款，还没有令人满意的结论，这个问题和我们如何看待地方法制在法治国家中的位置息息相关。如果持以地方为本，将地方法制事务主要界定为地方性事务的态度，就应当对垂直管理部门的执法权边界采取保守、限制式的界定方法。反之，就可以对部门垂直管理做出开放性的规定。无论是哪种规定方式，都要避免事事通过行政渠道协商、法律成为具文的局面。规范化是增加其在技术层面上的合理性和现实性，与地方政府的决策、执法体制相紧密的衔接，在业务协调上形成制度化的解决方案，形成良好的行政氛围。学者 Daniel A Mazmanian 和 Paul A Sabatierd 曾提出良好行政的几项条件，其中有些方面很适合垂直管理执法权与地方政府行政执法权共处的法制化和规范化，主要包括法律部门应当制定清晰或一致的政策，至少为解决目标冲突提供实际的标准。法律部门应该建立一种合理的理论，这种理论能够发现主要的影响因素以及影响政策目标的因果联系，并给予执行官员足够的权力以便能够实现目标。法律部门建立的执行过程应该能够尽可能地使执行官员和目标群体按照既定方式行事，包括为一些机构分派任务、提供支持性的决策规则、提供足够的财政资源和畅通的接触渠道。执行机构的领导者应该能够拥有足够的管理和政治技能，并能够忠实地执行法定目标。随着时间推移，法令目标不会因为相冲突的政策目标出现而使其重要性减弱，也不会因为社会经济、技术的变化而使法令的因果理论弱化。

第三，在垂直管理执法部门和地方政府执法部门之间创造集体行动的机会。奥尔森提出集体行动理论之初是认为它适用于小集团的"经济人"之间，后来又被广泛地用于分析各类社会组织。集体行动中会遭遇到两大类难题：一是"搭便车"，二是争夺"公共池塘"。具体到行政执法活动当中，部门垂直执法机构和地方政府执法部门可能在面对条块交叉体制的情况下，都不倾向积极执法，或有针对性地对地方领域开展执法，相互拉锯角力，或者在面对执法红利时产生争夺，形成冲突。我们经常强调局部利益服从全局利益，中央利益和地方利益是统一的，实际上就是针对不同的利益认知主体提出的集体行动倡议。集体行动难题的解决主要手段有树立共同的目标、鼓励相互交流和参与、选择性激励，外部力量的干预等。有的研究者提出在双方容易发生矛盾冲突的共管事务领域，如环保、土地、贸易、投资、市场准入等领域采用督办性垂直管理，对审计、财政、监察等不宜实行实体性的垂直管理的领域视情况采取督办性的垂直管理或巡视制度等，以保证中央政令统一，令行禁止。但我们的不同看法是实施督办并不应当将地方政府执法意向和行动作为工作任务，而是将增加两类执法机构的行动意愿、增加合作解决问题能力作为根本目标，并且，自上而下的"督办、纠察"制度的效果是不能持久的，比较明智的做法是一种上下交互的"灌输"、增能，使两类执法机构在地方法制的棋盘上各有所据，各显其能。对于在部门垂直管理执法权和地方政府行政执法权之间建立公务协助、会商制度的设想已经提出有一段时间，但是在实际实施当中却缺乏相应的机制，如遇到什么情形需要协商，由哪个机关来主持协商，争议的调停者、裁决者如何选择等，我们的看法是：协商的基本出发点应当是增强地方法制的资源和能量，让地方政府执法机关和部门垂直管理执法机关都按照法制伦理而不是行政伦理来行动，可以考虑由地方政府法制工作部门或者双方共同上级的政府法制工作部门来主持两类机关之间的协调会商，以确保协商主题的纯净化和协商效果合乎法制的要求。

第四，对部门垂直管理执法权和地方政府行政执法权形成同步监督制度。《国务院办公厅推行行政执法责任制的若干意见》中提到，部门垂直管理执法机构的行政执法责任追究问题，由上级部门或者监察机关依法予以追究；对实行双重管理的部门的行政执法责任，按有关管理职责规定予以追究。实行省以下垂直管理的行政执法部门的行政执法责任制工作，由省级人民政府结合本地区的具体情况予以规定。应当说两类机关接受的监督体系、监督渠道、监督力度、内外监督的介入难度还是有所不同的，上级机关要重视对垂直管理执法权的监督，地方政府及相关工作机构在发现垂直管理执法机构执法事务中出现问题时，也应及时将信息向有权机关反映。同样，部门垂直管理执法机构也应当将地方法制事务视为己任，参与到监督过程当中，形成"同行"间的互相监督。

（余翔，浙江万里学院法学院讲师、博士后；李娜，宁波大学法学院副教授、博士）

《孟子》治理思想论要

李旭东

【内容摘要】《孟子》作为四书之一,对中国传统士人与政治有重要影响。《孟子》内圣说的丰富内容包括性善论、区分大人小人、人性修养境界的论述以及推己及人的道德实践,对传统政治家的人格与政治评价具有重要影响,从而对中国的传统治理方式具有影响;《孟子》外王说包括政权合法性、基本经济制度、基本社会制度、基本政治观念的论述,对具体的治理问题有相应论述,于今天同样有其启示作用。

【关键词】《孟子》 内圣说 外王说 治理思想

《孟子》系"四书"之一,在中国传统思想中的地位仅次于《论语》。它在宋明理学家的心目中具有崇高的地位,尤其是陆王一系的思想家,对《孟子》更是非常推崇。因此,宋明以后的中国思想与中国政治受《孟子》的影响比较深远。虽然中国大陆经历了长期的反传统历程,不过,《孟子》作为中国文化的重要思想资源与重要文化符号,不但过去对中国历史产生了重要影响,未来也将继续发挥其重要作用。鉴于此,本文就拟对《孟子》中的治理思想作一初步讨论。

按照一般理解,《孟子》一书主要发挥了孔门的内圣之学,它对于学者的自我修养具有重要影响。那么,该书对治理思想也有什么值得借鉴的吗?本文依据《孟子》原文,从整理和阐发传统治理思想资源着眼,对其进行讨论。

一、《孟子》内圣之学的治理意义

《孟子》一书以较大篇幅论述了个人自我修养方法、个人如何扩充自我等内容,它属于"治心"即个人主观修养的范畴。不过,对于这些"治心"的论述,不能仅将其看作是主观方面的内容而认为与治理无关。因为,中国儒家的传统思想重视的是培养大人(即从政者)而非一般的普及教育,宋代以后的政治人物都须在幼年时经历"四书"教导,完成"治心"与自我修养成为其成长过程的必修课程,这就使《孟子》对治理具有特殊的重要影响。

从表面上看,内圣之学,主要是治心之学,即学者个人对自己"心性"的把握与提升,它主要不是讨论治理问题,《孟子》全书的相当篇幅也是在讨论"成人"问题。作为一个自视甚高、颇有拯救天下雄心的文化英雄,孟子主要的抱负还是要在世界上建功立业。因此,这些内圣之学的讨论,不能与今日一般的修养、精神与心理健康之类的知识相提并论,它同样是具有坚实而丰富治理意义的思想资源。

中国儒家传统,尤其在唐宋以前,政治主要由世家高门所垄断,世家高门固然是具有社会势力的家族,从政者则是由历代不同的选举制度从社会中选拔出来的社会统治精英,参与当时的政治活动。政治,是少数人之事,也只能是"大人"之事,而儒家正是努力要培养自己心目中的大人。这才能解释,孔子为何对樊迟问稼充满不屑,批评樊须"小人也"。明明是想培养在孔门求学的樊须准备从政,成为大人物,可他却一心考虑种粮种菜这些下层普通人(小人)做的事。这怎么能叫孔子不生气呢?后来的政治语境曾以此批判孔子属于剥削阶级成员而缺乏对劳动人民的阶级感情,今日门外汉则可能方便将其解读为大学生想读农学院而不愿意读法学院惹老师生气,那些讨论不在本文对话范围内。

《孟子》内圣部分的内容,即重点讲个人修养的篇章,主要讲述的是人如何发现自我,以及如何实现自我,其中特别强调了主体内在的自觉与觉悟。《孟子》内圣之学大致有如下内容:人如何发现自己的本性,然后立定志向,选择做一个有远大追求的人,进而成为现实中的领导人。

(一)人皆有善端

孟子是"性善论"最著名的阐发者,《孟子》一书的思想也建立在"人性善"判断的基础上。首先即宜讨论"性善论"。

1. 人性具有为善的潜质

人性本善,是孟子的根本性认识。

人性善的根据在于，我们从生活中都可以观察到，人都有共同的一些基本心理，这些心理概括为四个方面，分别是：恻隐之心，即同情心；善恶之心，即羞耻心，或道德感；辞让之心，即社会秩序感；是非之心，即道德判断力。《孟子》将此四种基本的心理，作为人性本善的基础。他称其为"四善端"，即这四种人皆有之的基本心理反应，作为"仁义礼智"这四种道德标准的渊源。

"恻隐之心，仁之端也；羞恶之心，义之端也；辞让之心，礼之端也；是非之心，智之端也。人之有四端也，犹其有四体也。"（公孙丑上）

"恻隐之心，人皆有之；羞恶之心，人皆有之；恭敬之心，人皆有之；是非之心，人皆有之。恻隐之心，仁也；羞恶之心，义也；恭敬之心，礼也；是非之心，智也。仁义礼智，非由外铄我也，我固有之也，弗思耳矣。"（告子上）

2. 善端须存养保持

人性善，主要是认为人具有向善发展的可能性。这种可能性并不仅仅是可能性，对于已经做出向善选择的人来则是一种必然性。只要人认识到自己的善端，进而发展它，那么，善德就可能由小溪汇成大河，成为人性向善的滔滔不竭的原始力量。但人怎样可能向善呢？这就要注意保存与培养这一可贵的人性之善的根苗。因此《孟子》重视存养工夫。

孟子曰："人之所以异于禽兽者几希，庶民去之，君子存之。舜明于庶物，察于人伦，由仁义行，非行仁义也。"（离娄下）

故苟得其养，无物不长；苟失其养，无物不消。孔子曰："'操则存，舍则亡；出入无时，莫知其乡。'惟心之谓与？"（告子上）

正因为各人对待自己的善端的态度与行为选择不同，所以，人才分出高下。"庶民去之，君子存之。"不是所有人都能够坚定地选择向善道路的。

当人选择了向善，就成为一个君子，就告别了那些在道德选择上缺乏明确判断的普通人。在特殊情况下，即需要做出重大牺牲以维持道德标准时，甚至要付出生命的代价。这种情况虽然极端，但它是客观存在的，这就是舍生取义的境界。舍生取义是一个价值选择，选择舍生取义，是选择了对人生的一种意义。这种境界不易，孟子虽然期望但并不要求普通人也能如此，因为确实只有"贤者能勿丧耳"。

3. 人应当扩充善端

善端需要存养，以保持其不致熄灭，但这仅是消极的办法，更积极的办法是：扩充之。当人将善端扩充开来，在实践中有所作为，则善就会具有日益强大的现实力量。

"凡有四端于我者，知皆扩而充之矣，若火之始然，泉之始达。苟能充之，足以保四海；苟不充之，不足以事父母。"（公孙丑上）

人应当扩充善端，但人完全可以做出其他选择，比如作恶。只是，孟子认为，不扩充善端，人就太可惜了，就没有能够把人所具有的各种美好潜能发挥出来。

（二）大人之事在于自得入道

人性本善，不过，只有那些觉悟了的大人能够真正将人的潜能发挥出来，成为一个真正的仁人君子。普通人就容易堕落，成为小人。此小人，在孟子并不指社会地位低下，而是人生道路上的道德选择低劣。

那么，大人如何成德入道，如何进行修养以成就自己的道德人格呢？《孟子》有多个层次的讨论。

1. 诚与思诚

"诚"与"思诚"，是一对重要范畴。"诚"，真诚性，是自然的本性；"思诚"，对真诚性的了解，是人的本性。

"是故诚者，天之道也；思诚者，人之道也。至诚而不动者，未之有也；不诚，未有能动者也。"（离娄上）

如果我真正具备"真诚"的态度，则一切世间万物都在我之中，任何事物都不可能脱离于我心外。这种观点接近于贝克莱的"存在就是被感知"的哲学观点。

　　孟子曰："万物皆备于我矣。反身而诚，乐莫大焉。强恕而行，求仁莫近焉。"（尽心上）

2. 礼义所同：道

人性具有共同性，人性共同追求的东西，就是理、义。对于这些东西，人们都是愿意追求的。理、义是什么东西呢？它不是别的，它就是人性中共同的、具有真理性的东西，圣人只不过是比我先了解到它而已。

　　"口之于味也，有同耆焉；耳之于声也，有同听焉；目之于色也，有同美焉。至于心，独无所同然乎？心之所同然者何也？谓理也，义也。圣人先得我心之所同然耳。故理义之悦我心，犹刍豢之悦我口。"（告子上）

仁，就是共通的人性，人人这样想，大家都这样想。如果理解人心，也就知道人是什么了；而怎样理解他人，不过平心地内省自己。能够客观地了解自己和他人，就是仁，就理解了共通的人性。

义者，宜也，就是人做事的合适方式与方法。怎样做事是正确的、合适的、适宜的，人们就该那样去做。悲哀在于，人们在现实中往往会受到各种外力的影响而丧失本性，从而做事违背人性。这就太悲哀了。

　　孟子曰："仁，人心也；义，人路也。舍其路而弗由，放其心而不知求，哀哉！人有鸡犬放，则知求之；有放心，而不知求。学问之道无他，求其放心而已矣。"（告子上）

因此，什么是"仁"呢？它就是人而已，它就是来自人、为了人、服务人的东西。道德原则不是脱离人而存在的，它永远是为了人而存在的。

　　孟子曰："仁也者，人也。合而言之，道也。"（尽心下）

3. 自得与反求诸己

有修养的人,所要努力的是寻找自己、发现自己,找到自己的真实本心,找到真我。从而,无论如何说话做事,就都符合自己的本心。

> 孟子曰:"君子深造之以道,欲其自得之也。自得之,则居之安;居之安,则资之深;资之深,则取之左右逢其原,故君子欲其自得之也。"(离娄下)

有修养者与普通人不同的是,有修养者始终想着发挥自己的善端。即使如此,在现实中,一个好人并非做了好事就能得到人家的理解,甚至可能得到的是不理解、不尊重。但是,这有什么关系呢?人最重要的是,发现自己的内心,找到自己的追求,即使遇到不理解的人,也没有关系,因为是他人的认识水平或道德标准低下,不是"我"的错,而是他人的错。诚然,"我"需要不断检讨自己的态度,如果"我"并没有错,那就放心好了。

一个有修养的人,最应该担心的是:没能像古代的圣贤那样,把自己全部的潜力发挥出来,成就一个理想的自己,浪费了人的资质。至于生活中的诸多烦恼,那真是可以忽略的。它真的有那么重要吗?没有!

> 孟子曰:"君子所以异于人者,以其存心也。君子以仁存心,以礼存心。仁者爱人,有礼者敬人。爱人者人恒爱之,敬人者人恒敬之。……是故君子有终身之忧,无一朝之患也。乃若所忧则有之:舜人也,我亦人也。舜为法于天下,可传于后世,我由未免为乡人也,是则可忧也。忧之如何?如舜而已矣。若夫君子所患则亡矣。非仁无为也,非礼无行也。如有一朝之患,则君子不患矣。"(离娄下)

人性有向善的心理基础,在这个意义上,应当承认,人性善。

不过,人性虽然有向善的基础,但它并不是善的现实,而仅是善的可能。因此,人人都需要不断地注意保存之、培养之,避免它被现实中的诸恶压倒、熄灭。有道德的人与普通人的区别就在于,前者选择了发展自己的善根,从而走上向善之路。优秀的人更能将其扩充至超越个人的领域,这就是更为积极的道德实践了。

（三）人性修养的层次与境界

1. 道德选择是做人的首要任务：贵贱与大小

人与人之间差异极小，所以孟子说，"尧舜与人同耳"。即使古代的圣王尧舜也和普通人一样，都是肉体凡胎，没有任何方面与他人有异。因此，普通人不应当放低要求，应当努力向尧舜学习。

> 储子曰："王使人瞯夫子，果有以异于人乎？"
> 孟子曰："何以异于人哉？尧舜与人同耳。"（离娄下）

人以肉体的方式存在，但人的生命中蕴含着伟大的道德力量，当人选择以道德性作为自己的独特性时，人的优越性就得到了体认，这就是"养其大者"，选择了最宝贵的属性来追求。当人选择以理性、聪明为人的独特优点时，人的道德优越性就被失落了。虽然这一失落，一时看不出什么弊端，但是，为人之最宝贵属性的道德性之失落之后，人就只能选择理性、聪明为其属性，从而一定会放弃道德要求。这就是"养其小者"。

> "体有贵贱，有小大。无以小害大，无以贱害贵。养其小者为小人，养其大者为大人。"（告子上）

不可理解之处在于：既然人都具有道德性，为什么有人选择道德性，有人却不选择呢？公都子对孟子提出了这个问题。

孟子回答：这没有什么可说的，当人选择了道德性，有道德觉悟，那他就是大人；反之，当他并无道德觉悟、不以道德性为人性之最优秀属性时，这也没有办法，他自己选择了当一个可怜的小人。

进一步的问题会问：这是为什么呢？

因为作为认识能力的感觉器官，具有感受性，但缺乏反思性，因而，容易受到外部力量的影响。外部力量对人发挥作用，人就被它所吸引。作为思维能力的器官，心（脑）的功能是反思。能运用反思能力的人，就有思维的习惯，当外部现象对人发挥作用时，人并不完全被外物所吸引，而是以自己的心来思考和应对，这时，人就可能做出明智的选择。

> 公都子问曰："钧是人也，或为大人，或为小人，何也？"
> 孟子曰："从其大体为大人，从其小体为小人。"
> 曰："钧是人也，或从其大体，或从其小体，何也？"
> 曰："耳目之官不思，而蔽于物，物交物，则引之而已矣。心之官则思，思则得之，不思则不得也。此天之所与我者，先立乎其大者，则其小者弗能夺也。此为大人而已矣。"（告子上）

这样，就可以区分两类人：豪杰与凡民。普通人是凡民，他们需要在优秀人物的领导下，才可能做出正确的选择；但是，优秀人物，从来是自己思考、自己决断、自己走上正确道路的。这样的人非常宝贵。

> 孟子曰："待文王而后兴者，凡民也。若夫豪杰之士，虽无文王犹兴。"（尽心上）

2. 人性具有普遍性：人皆尧舜

在这个意义上，孟子认为，人都具有成为尧舜那样的圣王之潜能。

那么，具体怎样成为尧舜呢？说来其实简单，就是像尧舜那样的行为做事，就足够了。你自然就已经是尧舜了。当然，在某一方面符合道德规范，还是比较容易的，若是在整个的行为做事方面都符合道德规范，则确实不容易做到。

> 曹交问曰："人皆可以为尧舜，有诸？"
> 孟子曰："然。"
> "交闻文王十尺，汤九尺，今交九尺四寸以长，食粟而已，如何则可？"
> 曰："奚有于是？亦为之而已矣。有人于此，力不能胜一匹雏，则为无力人矣；今日举百钧，则为有力人矣。然则举乌获之任，是亦为乌获而已矣。夫人岂以不胜为患哉？弗为耳。徐行后长者谓之弟，疾行先长者谓之不弟。夫徐行者，岂人所不能哉？所不为也。尧

舜之道，孝弟而已矣。子服尧之服，诵尧之言，行尧之行，是尧而已矣；子服桀之服，诵桀之言，行桀之行，是桀而已矣。"（告子下）

3. 虚伪的道德先生：乡愿

普通人作为"众"、俗人，固然可悲。但有一类人更可恶，这就是儒家极重视的"乡愿"。

什么是"乡愿"？很会说话、能讨好群众、做事却做不到的人即是"乡愿"，但群众又无法对他进行批评。因为，他的话都很高调，即使做不到，群众也没有办法指责他。对这样的人，儒家非常反感、愤怒。原因就在于，漂亮话使人误以为他们是君子，而实际上他们仅仅是"伪君子"。

伪君子有什么不好呢？主要的就是破坏了人们对于君子的看法。从伪君子身上，人们以为君子就是这样的，说些漂亮话，可办事不行，没有什么用处。真正的君子则并非如此。但人们经常遇到的就是伪君子，君子的形象反而被他们破坏了。这对道德的破坏力是比较严重的。

曰："何如斯可谓之乡愿矣？"

曰："'何以是嘐嘐也？言不顾行，行不顾言，则曰：古之人，古之人。行何为踽踽凉凉？生斯世也，为斯世也，善斯可矣。'阉然媚于世也者，是乡愿也。"

万子曰："一乡皆称原人焉，无所往而不为原人，孔子以为德之贼，何哉？"

曰："非之无举也，刺之无刺也；同乎流俗，合乎汙世；居之似忠信，行之似廉洁；众皆悦之，自以为是，而不可与入尧舜之道，故曰德之贼也。孔子曰：'恶似而非者：恶莠，恐其乱苗也；恶佞，恐其乱义也；恶利口，恐其乱信也；恶郑声，恐其乱乐也；恶紫，恐其乱朱也；恶乡愿，恐其乱德也。'君子反经而已矣。经正，则庶民兴；庶民兴，斯无邪慝矣。"（尽心下）

4. 人性的表现与实现

首先，在讨论人性问题时，《孟子》注意区分了人性中不同的心理层次：欲—乐—性。

欲望，是人性低层次的心理需要；快乐，是人性比欲望高一级的心理需要；但本性，才是人性最高层次的心理需要。对人性的这种分层次，可以与现代心理学家马斯洛的需要层次理论相联系进行理解。

欲望的满足固然重要，它带来的只是手段性、工具性的满足。欲望实现之后，人就会追求更高层次的满足，这就可能是快乐的满足。正面价值目标的实现，要比仅仅满足个人的需要更积极，人们由此感受到快乐；但人真正的本性，是作为道德人格的高贵与重要性，它与这些外在的东西无关，无论是普通人，还是帝王将相，都具有高贵的道德人格。这才是人之为人最为重要的东西。当人能够意识人（道德人格）之可贵、之高尚后，一个人就能够表现出无所缺乏的充足而饱满的气质。

> 孟子曰："广土众民，君子欲之，所乐不存焉。中天下而立，定四海之民，君子乐之，所性不存焉。君子所性，虽大行不加焉，虽穷居不损焉，分定故也。君子所性，仁义礼智根于心。其生色也，睟然见于面，盎于背，施于四体，四体不言而喻。"（尽心上）

其次，区分了性与命是两个重要范畴。

所谓性，是指人共同具有的自然属性。人对于自然属性还是有一定选择性与影响力的，因此，在许多事情上，比如衣食住行、吃喝玩乐，虽然它具有人的自然属性的特点，但是人的选择对它是有影响的。

所谓命，是指人生中的必然性力量。这种力量是人所不能改变的，只能接受它。

> 孟子曰："口之于味也，目之于色也，耳之于声也，鼻之于臭也，四肢之于安佚也，性也，有命焉，君子不谓性也。仁之于父子也，义之于君臣也，礼之于宾主也，智之于贤者也，圣人之于天道也，命也，有性焉，君子不谓命也。"（尽心下）
>
> 孟子曰："尧舜，性者也；汤武，反之也。动容周旋中礼者，盛德之至也；哭死而哀，非为生者也；经德不回，非以干禄也；言语必信，非以正行也。君子行法，以俟命而已矣。"（尽心下）

命，是人不可能改变的，但人不能因为有命运，就放弃对自己人生的积极态度。人的努力与选择，虽不能改变命运，但对于什么样的命运可能实现与发生，却有影响。比如，人的自然寿命100岁左右，这是生为此物种的必然性，但人不能因此就不爱惜身体，故意糟蹋它。孟子举例说，人故意在快塌的墙下找死，这是不对的，这不是正确地对待命运的态度。正确的态度是"正命"，即接受人本性中具有的必然性与局限性，充分利用好它。

> 孟子曰："莫非命也，顺受其正。是故知命者，不立乎岩墙之下。尽其道而死者，正命也。桎梏死者，非正命也。"（尽心上）
>
> 孟子曰："求则得之，舍则失之，是求有益于得也，求在我者也。求之有道，得之有命，是求无益于得也，求在外者也。"（尽心上）

第三，人性的表现的不同层次：性、身、假。

第一层次即最高层次，自然而然地做事，符合道德价值的尺度。虽然如此，但它并不以道德尺度来指导行动，因为道德尺度已经内化在人身上。所以，一切行动自然而然地就能符合道德尺度。这一层次就称为"性之"，以人之本性来行事。

第二层次，以较强的规范约束力来约束自己的行为选择，从而尽可能做善事，成为一个善人。人是由其行动构成的，善事做多了人也就成了善人。但这与上一层次有区别：由于规范未完全内化，因而善主要是"他律性"的。不过，由于对于规范的尊重，使得行动都在规范的范围之内，能够符合善的标准。这一层次就称为"身之"，以符合规范的实践来行动。

第三层次，由于道德规范本身具有力量，为了实现功利性目标，采取对道德规范的利用态度。这一态度显然根本不承认规范自身的重要性，只是为了利用而已。但利用之而表现上尊崇之，也会对道德规范的影响形成正面的效果。如果这样做时间长了，到底是人利用了规范，还是规范利用了人？可能就有一种复杂的关系。在效果上，这未必不是一件值得肯定的事情。这一层次就是"假之"，即利用规范的态度。

> 孟子曰："尧舜，性之也；汤武，身之也；五霸，假之也。久假而不归，恶知其非有也。"（尽心上）

最后，人性的实现的次序：心—性—天—命。

孟子认为,"万物皆备于我",人达到了将我心与宇宙合而为一的境界,即"尽心"。这一层次的人,以一人之身实现了人的类本质,用心理学家的话来说,达到了人性能达的境界,这一境界就是"知性"。人是宇宙的精华、宇宙的精神,因而,知道了人的类本质,也就知道宇宙的本质了。世界为什么存在,世界存在的意义是什么,在"知性"之后就明白了,这一境界就是"知天"。

达到上述境界之后,人应该如何行动?回答是:存养其心性,保持自己作为宇宙精华的存在;尽最大可能去做事,以实现自己的价值。实现自己的价值,事实上也就是实现了世界的意义。

孟子曰:"尽其心者,知其性也。知其性,则知天矣。存其心,养其性,所以事天也。夭寿不贰,修身以俟之,所以立命也。"(尽心上)

形与色,即人的自然素质。人人都有一个自然的肉体之身,然而,这一躯体并就不是人的本质,人的本质在于精神,在于道德选择,以自然的肉体而实现伟大的理想与抱负。宇宙的秘密就在那些伟大的人身上得到体现。

孟子曰:"形色,天性也;惟圣人,然后可以践形。"(尽心上)

5. 人生成就的评价:天爵与人爵

现实中的地位与成就,有现实的符号标志,即人爵。你所取得的成就也就体现在你已经获得的那些世俗符号上面,它标志了你在社会中的地位。这是"人爵"——世俗的社会地位符号:院士、省部级干部、富豪之类。

人爵虽重要,不过对于优秀的人来说,并不以此为满足。是否获得社会成就有许多偶然因素,甚至由于现实社会存在许多漏洞,关于钻营和不择手段,有时也能获得社会地位、得到社会承认,因而具有"人爵"。

但人最不能欺骗的是自己,无论在现实社会中是否具有地位、是否获得了成功的符号(人爵),有一点对人更重要,这就是成为一个有德行的人、一个人格伟大的人,这就是"天爵":实现了自己的人性。上天赋予你人的资格,你有没有充分实现人的可能?

本来，人人潜在地都具有"天爵"——具有无限可能性的人格，但只有少数人能够把人性当中最为优秀、最为宝贵的品质实现出来，真正地获得"天爵"。"天爵"，就是天对人最高的奖赏，奖赏给那些体现出人之本性的杰出人士。你代表了人类的境界与成就！

古代与现代不同，过去的人只管往优秀的方向努力，自然而然就能获得人世间的那些标志优秀的符号（人爵）；今天的人，则只是为了获得那些世俗的功名符号，而不得不装模作样地按照优秀的标准来表现，当获得世俗的成功符号之后，就完全无顾忌地堕落了。这真是令人悲哀的事情，但也无可奈何。

> 孟子曰："有天爵者，有人爵者。仁义忠信，乐善不倦，此天爵也；公卿大夫，此人爵也。古之人修其天爵，而人爵从之。今之人修其天爵，以要人爵；既得人爵，而弃其天爵，则惑之甚者也，终亦必亡而已矣。"（告子上）

人应当做出怎样的道德选择？是成为一个伟大的道德人格，还是成为一个按照习惯行为的庸俗之人？孟子建议：不要辜负上天所赋予你的美好的人格，生而为人，生来就具有"天爵"，应努力将其由可能性变成现实性，成就一个堂堂正正的伟大人格。

在其他地方，《孟子》是用"贵"与"良贵"来区别这一对范畴的。有地位（贵），是人人都愿意追求的。但人自身之中就有一个非常宝贵的东西，即人的道德人格。外在地位，是一般的"贵"，他人能够给你地位，但也可以剥夺掉你的这个地位。只有人人自身中都有的"贵"，即"良贵"，才是最宝贵的。为与"良贵"相区别，可将普通的、世俗的"贵"称为"俗贵"。

良贵，就与"俗贵"不同，它不是因外部力量而产生，而是就在人身内部存在，当人意识到自己的人格尊严、人性的伟大，这时人就获得一种伟大的人格力量，而能够在世俗的力量面前保持一种独立与尊严。

> 孟子曰："欲贵者，人之同心也。人人有贵于己者，弗思耳。人之所贵者，非良贵也。赵孟之所贵，赵孟能贱之。《诗》云：'既醉以酒，既饱以德。'言饱乎仁义也，所以不愿人之膏粱之味也；令闻广誉施于身，所以不顾人之文绣也。"（告子上）

（四）道德实践原则：推己及人

人性虽善，但只有少数人能够选择"大者"，愿意选择成就伟大人格的道路。那么，在实践中，怎样具体地将人性的伟大体现出来，就涉及具体的行为做事的方式方法。孟子以及其他儒家的思考，都很具体而切身，即要从我做起，从身边做起。把自己的事情、自己相关的事情做好之后，行有余力，才可以考虑其他。如果每个人都把自己的事情处理好了，天下也就太平了。孟子这一关于人性实践的学说就是一种"推及"与"扩充"的学说。

1. 人的情感有不同表现

"亲""仁""爱"是三种不同的感情，孟子认为，这是人发自内心的自然情感。

亲爱（亲），是对于亲人的感情，由于与自己有血肉联系，尤其是与自己的利益有着无法割断的关系，这种心理与情感是最为亲切而深刻的。同情（仁），是对于处于同一类的人的感情，由于体认到双方都属于同一类，因此，行为做事就具有基本的同情心。爱惜（爱），是对物之有用性的一种情感，由于物上凝结着人类劳动，物具有有用性，爱惜物力是人自然的情感。

可见，孟子注意到人的情感面对不同的对象表现出的不同程度关切。对亲人，关切比较深刻；对同类，关切相对要弱；对于物品的关切，则仅仅是一种可惜的心情。这些情感都是来自人性本身的自然的反应。注意到这种人性现实，才能制定合理的制度来使人性有较好的安顿。对儒家传统来说，对于自己的身边的、亲近的人和事，人性的力量更容易调动起来；对于与自己比较疏远的人和事，则不容易调动。因此，不要违逆人性的这一特点，考虑如何对人群实现良好治理，是领导集团的重要任务。

> 孟子曰："君子之于物也，爱之而弗仁；于民也，仁之而弗亲。亲亲而仁民，仁民而爱物。"（尽心上）

2. 实践的道德意志：强为善

外部环境未必总是配合，当环境并不顺利时，怎么办？滕文公就面临这样的问题：滕国处于大国齐楚之间，无论如何作为，总是无法摆脱这一困难处境。孟子的建议是：强为善而已。尽自己最大的可能做到最好，至于其他，就不必考虑。这已经不是能力所能决定的了，人的努力之外的都交给天好了。这就是"尽人事，听天命"的精神。人总会处于一种不得已的处境，这时所能做的就是努力、努力，期望未来的形势发展可能的新机遇。

滕文公问曰："齐人将筑薛，吾甚恐。如之何则可？"

孟子对曰："昔者大王居邠，狄人侵之，去之岐山之下居焉。非择而取之，不得已也。苟为善，后世子孙必有王者矣。君子创业垂统，为可继也。若夫成功，则天也。君如彼何哉？彊为善而已矣。"（梁惠王下）

3. 理想的道德人格：大丈夫

在评价个人的成就时，孟子提出了一个独立的标准，即怎样能成就伟大人格？他提出了三条标准：坚持普世性的价值原则；无论是穷达，都不改变自己的志向；无论什么样的外在力量，都不能使人屈服。当不能屈服于任何外在力量时，这样的人就成就了伟大人格，获得了"天爵"——人在世间所能获得的最高奖赏。

"居天下之广居，立天下之正位，行天下之大道。得志与民由之，不得志独行其道。富贵不能淫，贫贱不能移，威武不能屈。此之谓大丈夫。"（滕文公下）

"推己及人"，鼓励人人将其善心推己及人，推广到更广泛的现实世界。具体做法当然是从身边的人和事做起，力量大的人做得多些，力量小的人可以做得少些，但都是对世界形成影响的最佳方式，最符合中国人的行为习惯。当然，少数杰出的人物从来不会受到任何外力影响，永远坚持自己的原则，这种人就是"大丈夫"，是值得我们仰慕的伟大人格，是我们做人的榜样。

"内圣"的核心是，要求统治集团的预备成员或"接班人"梯队，在踏上从政道路之前，全面提升自己的精神境界与人生目标，以最高的理想境界来要求自己，"保持先进性"。入仕之后，他们能够在复杂的政治现实中实现共同的政治理想，在追求理想政治的人生历程之中充分实现人生价值。今日批评儒家此说,实不了解该人性论的对象只是针对统治集团成员,而不指向众多的普通人,它类似于今天干部与党校教育而绝非普通公民教育。将它与基督教之性恶论与原罪说进行比较,虽有形式意义,但如不理解其立论指向就缺乏可比较性。

二、《孟子》外王说中的治理思想

《孟子》中关于现实政治问题的论述,与内圣说注重个人修养与学习有所区别,可以称其为论述"外王"问题的思想。

在孟子时代,"外王"问题的焦点是如何在"春秋无义战"的恶劣环境下,实行仁政与王道,救民于水火,解民之倒悬。根据当时国际政治的现实,孟子的观点是,尽量不改变各国的政治版图,各国政治家各自把自己国内的事情处理好,然后努力行仁政和行王道,就会无敌于天下。

由于孟子并未提出新的政治制度构想,他的想法在当时并未被政治人物所接纳。但《孟子》外王说长期以来在中国传统中具有广泛的影响与崇高的地位,值得进行相应的叙述。

(一)受命:政权的合法性来源

政权是为什么产生的?如何确定政权的合法性?统治者应当如何保持其统治合法性?这样的问题是现代政治学的问题。在中国传统中,这些问题同样存在,只是并不使用这些术语。《孟子》对政治统治的正当性与合法性进行了论述,在历史上具有相当强烈影响。

1. 合法性来源问题:天下—民—心—欲恶

统治者是如何获得天下的?为什么某人会成为天子而具有统治权力?这一问题在更早的时代是以神秘性的方式论述的,如《诗经》中的有关内容。人们对此问题还无力进行理性化的思考。

到了《孟子》时代,人的理性能力提高了,这一问题就需要重新回答。《孟子》使用了倒推溯源的办法,来寻找政治统治的合法性。

如何获得天下?要能够得到人民。这一"得到",是人民到自己的土地上来,他们愿意在自己的土地上生活。

如何得到人民?让人民愿意被你治理。"愿意"是一主观状态,因此,被称为得"民心"。

如何使得人民"愿意"被你统治，从而得到"民心"？答案也很简单：满足人民的需要。人民想要什么，你就提供什么。人民不想要什么，你就避免做什么。这就够了。

这类似于当代正面的公共产品理论与负面的有限政府理论。从正面来说，政府行使公共权力，进行公共管理，主要的任务是提供公共产品。人民需要什么，你满足什么之后，人民就非常"愿意"由你统治，人民也会蜂拥而来。不是为了被你治理，而是为了享受你所能提供的"公共产品"。在战国时代，孟子看到，最大的公共产品，无非是不把国家卷入战争，老百姓能够安居乐业，这样的政治领导人就会得到人民的拥护。从负面来说，你要行仁政，行王道，不要征发民力过多，要以有限政府的目标来行事，老百姓的生活就不会太坏。

"得天下有道：得其民，斯得天下矣；得其民有道：得其心，斯得民矣；得其心有道：所欲与之聚之，所恶勿施尔也。民之归仁也，犹水之就下、兽之走圹也。故为渊驱鱼者，獭也；为丛驱爵者，鹯也；为汤武驱民者，桀与纣也。今天下之君有好仁者，则诸侯皆为之驱矣。虽欲无王，不可得已。"（离娄上）

当然，孟子的劝说，当时的政治领导人是听不进去的。因为，领导人当然明白这些道理，不过普通老百姓的福利并不是政治领导人的福利，领导人有自己的"大欲"。

2. 天命说

虽然存在着统治的合法性问题，但现实中又经常看到，有的国君或天子表现并不好却仍然保持着政权。这时，天在哪里呢？究竟有没有什么天意、天命呢？

对此问题，孟子是深信不疑的。

他认为，五百年是一个大的阶段，其中必有王者兴起。当时的形势是，周代的统治已经过了七百年，还没有终结。这只能解释为天意了。天意尚没有打算平治天下。否则，天意一定会使当时的英雄人物兴起，成为一代新王者。没有天意，那就算了。

曰:"彼一时,此一时也。五百年必有王者兴,其间必有名世者。由周而来,七百有余岁矣。以其数,则过矣,以其时考之,则可矣。夫天,未欲平治天下也;如欲平治天下,当今之世,舍我其谁也?吾何为不豫哉?"(公孙丑下)

天下是如何被交到统治者的手里的呢?万章对孟子的这一说法就提出了问题。天意在哪里?如何表现与辨别?

孟子对此有一系列的回答。

"天下"不是一个东西,因此不能像东西那样给人。天是怎样把天下给人的呢?"以行与事示之"。这也要通过一定的可以验证的程序与方式来表现。

"天—天子—诸侯—大夫",形成了一系列的权力授受链条关系,其中,"天"的地位最高。天子可以向"天"推荐人选,天是否答应,那要通过实际的"行与事"来看。但更严肃的表意的表现,只能通过对"行与事"的事实判断来进行,在其中有天意被"示之",人们要从中仔细观察。

> 万章曰:"尧以天下与舜,有诸?"
> 孟子曰:"否。天子不能以天下与人。"
> "然则舜有天下也,孰与之?"
> 曰:"天与之。"
> "天与之者,谆谆然命之乎?"
> 曰:"否。天不言,以行与事示之而已矣。"
> 曰:"以行与事示之者如之何?"
> 曰:"天子能荐人于天,不能使天与之天下;诸侯能荐人于天子,不能使天子与之诸侯;大夫能荐人于诸侯,不能使诸侯与之大夫。昔者尧荐舜于天而天受之,暴之于民而民受之,故曰:天不言,以行与事示之而已矣。"(万章上)

3. 天命授受程序:民—社稷—君

按照这样的逻辑,孟子对君民关系进行了论述。人民最重要,有了人民才有政权。其次就是政权,因为传统的政权往往是一家一姓的政权,因此,以社稷代表政权。君主则是最次要的东西，只要政权存在，谁担任君主并不重要，这仅是一种偶然性因素，政权必有君主才是必然性。因此，二者的轻重地位很明显。

这里最为难得的是，把人民的地位提高到了一个后来很难接受的位置——人民高于君主。《孟子》的论述逻辑很简单：有人民，才有政府；有政府，才有元首。根据这样的逻辑顺序，元首是最晚出的，且它仅仅是一个手段与工具。人民才是政权的目的。

> 孟子曰："民为贵，社稷次之，君为轻。是故得乎丘民而为天子，得乎天子为诸侯，得乎诸侯为大夫。诸侯危社稷，则变置。牺牲既成，粢盛既洁，祭祀以时，然而旱干水溢，则变置社稷。"（尽心下）

君主的统治权力来自人民，有人民才需要统治者，而统治者与政权、政统相比，又相对地居于次要的位置。孟子的思想提高了普通人民的地位，贬低了统治者个人的地位，在中国传统思想史上具有重要的影响。

（二）土地：基本经济制度

土地是统治者最重要的财富。有土地才可以收养人民，才可以产生政事。因此，土地是一切人类生存与人类活动的基本前提。当然，围绕着土地制度的一系列制度也建立了起来。

1. 产权制度

首先，产权制度是行仁政的前提。

如何行仁政，《孟子》中有具体的论述。一是提倡追随先王之法，遵循传统的道路。二是始终以仁道的原则来执行既有法令。这样，就算是行仁政了。尤其要注意提拔仁者到领导岗位上去，而注意让不仁者到岗位上去。这样，国家的治理就走上轨道了。

> "故曰，徒善不足以为政，徒法不能以自行。《诗》云：'不愆不忘，率由旧章。'遵先王之法而过者，未之有也。圣人既竭目力焉，继之以规矩准绳，以为方员平直，不可胜用也；既竭耳力焉，

继之以六律，正五音，不可胜用也；既竭心思焉，继之以不忍人之政，而仁覆天下矣。"

"故曰，为高必因丘陵，为下必因川泽。为政不因先王之道，可谓智乎？是以惟仁者宜在高位。不仁而在高位，是播其恶于众也。上无道揆也。下无法守也，朝不信道，工不信度，君子犯义，小人犯刑，国之所存者幸也。"（离娄上）

其次，土地制度宜恢复井田制。

土地是春秋时期最重要的资源，因此，土地制度是当时最为重要的制度。如何界定土地的产权，这一观念在当时已经显得比较重要，《孟子》的表述是"仁政必自经界始"。严格地界定土地的产权，使强者无法投机取巧。然后根据传统中的井田制度，进行土地产权的安排，这样，百姓的土地所有权有稳定的保障，百姓也对自己因土地而来的义务有明确的理解，土地就得到开垦，不会荒芜，生产就会得到发展，在此基础上，就可以谋求更进一步的王道事业了。

由于井田制度荒废已久，孟子的论述也只能讲述大概，因此他说：明白大原则之后，具体的安排要由实际的执政者自己来考虑补充了。

"夫仁政，必自经界始。经界不正，井地不钧，谷禄不平。是故暴君汙吏必慢其经界。经界既正，分田制禄可坐而定也。夫滕壤地褊小，将为君子焉，将为野人焉。无君子莫治野人，无野人莫养君子。请野九一而助，国中什一使自赋。卿以下必有圭田，圭田五十亩。余夫二十五亩。死徙无出乡，乡田同井。出入相友，守望相助，疾病相扶持，则百姓亲睦。方里而井，井九百亩，其中为公田。八家皆私百亩，同养公田。公事毕，然后敢治私事，所以别野人也。此其大略也。若夫润泽之，则在君与子矣。"（滕文公上）

《孟子》对土地的论述大体包括如下方面：一是要明确土地的产权，"仁政必自经界始"，才能使人既有恒产又有恒心，为社会治理奠定一个扎实的基础。二是要恢复井田制度。早期的井田制度早已废弛，因此，孟子建议当时的领导集团自己根据大原则完善具体的细则。三是要尽可能让利于民。不要向百姓索取过多，要让他们能够通过土地获得生活保障。这样自然而然地就能确立王道政治。

2. 财政制度

在农业社会中，如何汲取财政资源来供养国家机关和军队，始终是一个非常困难的问题。因为农业生产靠天吃饭，所能积累的剩余产品相当有限，因此，孟子的建议是缓用民力，尽可能保障人民的生活。其他的想法，要等一等，往后排。

（1）三类税收。

具体到税收制度上，当时的制度是，一是布类，二是粮食类，三是体力类。基本上是实物税收与人力供给。孟子建议不要过度征发民力，保存民间的生机。

> 孟子曰："有布缕之征，粟米之征，力役之征。君子用其一，缓其二。用其二而民有殍，用其三而父子离。"（尽心下）

（2）三种税收制度：贡助彻。

贡、助、彻，分别是夏、商、周三代的税收制度，名称不一，孟子认为，其实都是十一税，即10%的税率。

> "夏后氏五十而贡，殷人七十而助，周人百亩而彻，其实皆什一也。彻者，彻也；助者，借也。"（滕文公上）

3. 关于财税问题的系统论述

土地在当时是基本的统治资源，也是基本的税收来源；因此，它在思想家心目中不同于今日的土地。与此相联系，《孟子》也讨论了土地上对于商业的税收问题。作为系统讨论政治的章节，先行论述了官员选拔制度。

行王道、行仁政的具体的做法应当是怎样的？孟子也提出了具体的措施。仁政的具体内容如下：

（1）位。第一位的是位，这是指官员选拔制度。能够有一种优良制度把最优秀的人才选拔出来从政，政治具有最优秀的人员配备。

（2）市。第二位是国内商业，商业活动要尽可能低税率，使商人有利可图，从而使得社会的商业发达，人民生活富贵。

（3）关。第三位是国际贸易，也采取低税率的办法，鼓励各国商人到本国贸易，从而使本国经济繁荣发展。

（4）耕。再次是农业。农业要鼓励农业生产，采取征用劳力而且不征用财力的方式，鼓励农民积累财富，改善农业生产的条件。

（5）廛。最后是居住税。以较低的居住成本，鼓励人民愿意选择在该地居住。

孟子曰："尊贤使能，俊杰在位，则天下之士皆悦而愿立于其朝矣。市廛而不征，法而不廛，则天下之商皆悦而愿藏于其市矣。关讥而不征，则天下之旅皆悦而愿出于其路矣。耕者助而不税，则天下之农皆悦而愿耕于其野矣。廛无夫里之布，则天下之民皆悦而愿为之氓矣。信能行此五者，则邻国之民仰之若父母矣。率其子弟，攻其父母，自生民以来，未有能济者也。如此，则无敌于天下。无敌于天下者，天吏也。然而不王者，未之有也。"（公孙丑上）

《孟子》关于仁政的具体建议，是着眼于当时的具体历史条件而谈的。今天的社会条件发生了巨大变化，这些具体的措施已不具有现实作用了，但在原则上仍有相应的借鉴意义。

（三）人民：基本社会结构

人民是指被统治者，有被统治者，统治者才有相应的地位。因此，人民对君主来说是最重要的资源。但从政权存在的目的来看，人民则具有崇高的价值地位。有人民才有政权，才有君主。这既涉及基本的政治价值判断，也涉及具体社会结构的安排与规划。

1. 人民分类

人民是一个笼统的说法，具体来看，人民可以进行不同的分类。

（1）优秀分子的分类：事君人、安社稷臣、天民、大人。

传统社会与现代社会不同，参与历史塑造与参与政治的人群是相对有限的。这主要是由于生产力水平低下，多数人不得不把相当长的时间投入到生产当中。因此，政治哲学普遍重视人民中间的那些优秀成员，他们是代表着人民的一类特殊人群。

人民当中有一批人是非常优秀的，不过，这些人也有不同的情况。《孟子》中对这些人进行了分类：一类是机会主义者，领导喜欢什么就做点什么，在这个过程中捞到好处；一类是国家主义者，以国家为上；一类是世界主义者，按照普世价值的标准来做事；一类是价值主义者，他不以任何角度来考虑问题，仅仅是道德价值标准来考虑问题。

> 孟子曰："有事君人者，事是君则为容悦者也。有安社稷臣者，以安社稷为悦者也。有天民者，达可行于天下而后行之者也。有大人者，正己而物正者也。"（尽心上）

（2）社会弱者的分类：鳏、寡、孤、独。

在人民中，有一些人民属于社会弱者，执政者要特别注意关注他们的生活，不使他们流离失所，生活无着。一切仁政，首先要从对最弱者的关心开始。

> 老而无妻曰鳏。老而无夫曰寡。老而无子曰独。幼而无父曰孤。此四者，天下之穷民而无告者。文王发政施仁，必先斯四者。（梁惠王下）

（3）人民中的精英：爵齿德。

人民中值得尊敬的人，可以分别按照不同的标准来分类。从朝廷官方的角度来看，应当以爵位为标准；从地方社区的角度来看，应当以年龄来划分，古代社会人的预期寿命都不会太长，因而年长者具有较高的威望；从治理国家的角度来看，应当以品德为标准。这里的品德包括了更为丰富的内容，而不仅仅限于道德方面。

> 天下有达尊三：爵一，齿一，德一。朝廷莫如爵，乡党莫如齿，辅世长民莫如德。（公孙丑下）

2. 理想政治秩序：周制

《孟子》的理想政治秩序也是恢复周室爵禄，即天下公侯伯子男的封建等级制度。与孔子的区别可能是，是否由姬姓继续王位在孟子心目中已并不重要。

周代的爵禄制度，是春秋时期政治人物关心的事情。周代制度已经基本废弛，尤其是诸侯觉得有规则非常不便自己的行事，可能有意使相关文献消失了。因此，《孟子》中对此进行了一个较详细的论述。具体的情况是：

封建制度：

封建五等级

（1）天子；（2）公；（3）侯；（4）伯；（5）子、男。

职位的六等

（1）君；（2）卿；（3）大夫；（4）上士；（5）中士；（6）下士。

封建制度的四等封地制度

（1）天子：方1000里；
（2）公侯：方100里，天子之卿同；
（3）伯：方70里，天子之大夫同；
（4）子、男：方50里，天子之元士同；
（5）附庸（附于诸侯）。

封建制度等级的俸禄（收入）

职位	大国	次国	小国
（1）君	320	240	160
（2）卿	32	24	16
（3）大夫	8	8	8
（4）上士	4	4	4
（5）中士	2	2	2
（6）下士	1	1	1

下士的俸禄标准为基数1，这一标准的具体内容是，能够"代耕"，即不从事农业劳动仍然能够维持生活。不同国家、不同阶层的人们生活标准又是多高，应当是与土地产出相联系的。

北宫锜问曰："周室班爵禄也，如之何？"

孟子曰："其详不可得闻也。诸侯恶其害己也，而皆去其籍。然而轲也，尝闻其略也。天子一位，公一位，侯一位，伯一位，子、男同一位，凡五等也。君一位，卿一位，大夫一位，上士一位，中士一位，下士一位，凡六等。"

"天子之制，地方千里，公侯皆方百里，伯七十里，子、男五十里，凡四等。不能五十里，不达于天子，附于诸侯，曰附庸。天子之卿受地视侯，大夫受地视伯，元士受地视子、男。"

"大国地方百里，君十卿禄，卿禄四大夫，大夫倍上士，上士倍中士，中士倍下士，下士与庶人在官者同禄，禄足以代其耕也。次国地方七十里，君十卿禄，卿禄三大夫，大夫倍上士，上士倍中士，中士倍下士，下士与庶人在官者同禄，禄足以代其耕也。小国地方五十里，君十卿禄，卿禄二大夫，大夫倍上士，上士倍中士，中士倍下士，下士与庶人在官者同禄，禄足以代其耕也。耕者之所获，一夫百亩。百亩之粪，上农夫食九人，上次食八人，中食七人，中次食六人，下食五人。庶人在官者，其禄以是为差。"（万章下）

3. 社会阶层分工：劳心者与劳力者

孟子认为，社会进入了文明阶段，出现了社会职能的基本分工，最大的分工是体力劳动与脑力劳动的分工，专门从事农业生产与其他手工业的生产者，是劳力者；而不直接从事生产但承担着更为重要的社会分工职能者，是劳心者。比较起来，孟子没有笼统地说，任何职业不分高低贵贱，它们都是平等的。而是旗帜鲜明地指出：这两种分工，一方面是社会分工所需，另一方面却有着大人与小人的社会身份差异，从事这两类不同职业者，在社会等级上是有区别的。

孟子的区分不是为了把人区分为等级，而是说，从知识的价值与劳动的贡献率来讲，劳心者的社会贡献要更大。因此，劳心阶级统治劳力阶级，这是社会运行的基本规则。

"然则治天下独可耕且为与？有大人之事，有小人之事。且一人之身，而百工之所为备。如必自为而后用之，是率天下而路也。故曰：或劳心，或劳力；劳心者治人，劳力者治于人；治于人者食

人，治人者食于人：天下之通义也。"（滕文公上）

西方著名社会学家杜尔克姆著有《社会分工论》，然而，社会分工问题在《孟子》中也已经有了初步的论述，只是没有进行系统的讨论。

4. 人的五种主要社会关系：五伦

人民有多种多样的生存形态，不过，《孟子》对人民采取的一个分类方式在中国传统中则具有长期的分析意义。这就是对人民之伦理身份的划分。

根据《孟子》的分类，人民的社会或伦理身份主要分为如下五种：父子关系、君臣关系、夫妇关系、长幼关系、朋友关系。这五种关系中，父子、夫妇、长幼三种都是非常狭窄的家庭、家族内部关系（当然，长幼关系在某种程度上可以在社会中运用），朋友关系也是一种私人之间的关系，只有君臣关系才涉及国家与政权，属于当代公法意义上的关系。

首先，家庭与家族关系在中国人社会关系中居首位。中国人的身份主要是以伦理为取向的，其社会关系方式也是以私的以家庭、家族关系为中心形成与发展的。人的基本的社会身份是他所归属的家庭与家族。因此，人之主要的事业就可以在家庭与家族中展开。与今天的核心家庭不同，家庭与家族具有非常丰富的社会意义，而不仅仅是狭小的个人生活之维持，而具有社会功能与社会意义。

> 人之有道也，饱食、煖衣、逸居而无教，则近于禽兽。圣人有忧之，使契为司徒，教以人伦：父子有亲，君臣有义，夫妇有别，长幼有序，朋友有信。（滕文公上）

尤其是"孝"得到了非常充分的讨论，因其在现代社会中的意义已经明显下降，在此不论。

其次，君臣关系是最重要的政治关系。五伦之中，君臣应当如何相处？孟子提供了一种接近于契约式的君臣关系。君主对待大臣要尊重，那么大臣对君主才有尽忠的义务；如果君主对大臣不够尊重，那么大臣对君主就同样可以忽略。更进一步，如果君主对大臣非常无视，大臣对君主则视同仇敌。这种关系与后来的君臣关系的一些观念是有明显不同的。

> 孟子告齐宣王曰:"君之视臣如手足;则臣视君如腹心;君之视臣如犬马,则臣视君如国人;君之视臣如土芥,则臣视君如寇仇。"(离娄下)

作为臣子,是如何获得治理的位置与权力呢?这就是另外一个问题了。如何让君王能够信任你呢?很简单,就是在生活中表现为一个孝义之人。

> 孟子曰:"居下位而不获于上,民不可得而治也。获于上有道:不信于友,弗获于上矣;信于友有道:事亲弗悦,弗信于友矣;悦亲有道:反身不诚,不悦于亲矣;诚身有道:不明乎善,不诚其身矣。"(离娄上)

人民是分为若干群体与层次的。各类属于不同阶层的人民与君主的关系,也是值得分别讨论的。人民自己应当如何表现自己,应当如何对其进行教化,尤其是人民在家庭中如何实践"孝友"之行,也都是非常重要的内容。

(四)政事:基本政治观念

政务活动即政事。所有的政治理想,都需要通过具体的行政予以落实。在传统社会中,这些事务并不如今日这样复杂,以政事一词可以概括。

行仁政或王道,是政治的大方向,包括了若干具体的内容。具体内容即政事,这部分内容与仁政与王道相联系。在春秋战国时代,《孟子》所重视的政事内容主要有如下方面:

1. 先别义利

《孟子》一书最引人注目的是义利之辨。原因可能在于,它是《孟子》一书的首章,因此具有特殊的重要性。由于《孟子》一书的思想并不以体系化的方式呈现,所以第一章的印象是最突出的。因此,义利之辨在《孟子》一书的解读史上具有特殊的重要性。

这样做有什么用?有什么好处?这是人们考虑问题时容易排在第一位的问题。然而,孟子反对这样的思考方式,对于统治者来说,孟子建议,你要把道义问题放在第一位。

如果人人都以功利的方式思考问题,这就不是一个统治的正确方式,而是一种做生意的方式,把政权当成个公司在办理了。

> 孟子见梁惠王。王曰:"叟不远千里而来,亦将有以利吾国乎?"
>
> 孟子对曰:"王何必曰利?亦有仁义而已矣。王曰'何以利吾国'?大夫曰'何以利吾家'?士庶人曰'何以利吾身'?上下交征利而国危矣。万乘之国弑其君者,必千乘之家;千乘之国弑其君者,必百乘之家。万取千焉,千取百焉,不为不多矣。苟为后义而先利,不夺不餍。未有仁而遗其亲者也,未有义而后其君者也。王亦曰仁义而已矣,何必曰利?"(梁惠王上)

因此,是追求道义还是追求功利,就可以作为区分人群的一个基本标准。伟大人物都是追求道义的,以价值追求为人生的最大追求。小人们是追求功利的,以利益为自己的人生目标。当然,功利未必是坏事,道义本身也并不绝对排斥功利,仅仅是反对将功利作为至上目标而已。

不可以把义利之辨中的道义内容看得过于狭窄,认为追求道义就是反对功利,道义并不简单地反对功利,而仅仅是反对将功利作为统治与人生的最高目标而已。功利在人生中有其地位,但是其地位应当服从于价值尺度,即道义目标。如果这样来理解,则道义就更容易被人接受,而不是说起来漂亮,不好意思反对,但真做起来就敬而远之了。

> 孟子曰:"鸡鸣而起,孳孳为善者,舜之徒也。鸡鸣而起,孳孳为利者,蹠之徒也。欲知舜与蹠之分,无他,利与善之间也。"
> (尽心上)

2. 次别王霸

《孟子》对各国统治者提出的建议是行仁政、行王道。那么什么是王道?王道是与霸道相区别的。

所谓王道,按照《孟子》的定义,"以德行仁"。所谓霸道,"以力假仁"。霸道并不特别坏,只是不如王道追求更符合价值尺度而已。

孟子曰:"以力假仁者霸,霸必有大国,以德行仁者王,王不待大。汤以七十里,文王以百里。以力服人者,非心服也,力不赡也;以德服人者,中心悦而诚服也,如七十子之服孔子也。"(公孙丑上)

霸道是以王道作为自己的表面文章来装饰的,这种做法其他人其实是一眼就明白其里的。因此,最好的做法当然是行王道。什么是王道呢?王道下的人民是怎样的生活状态呢?

在王道之下的人民,生活自由自在,不感受到强制与压迫,而且不断地在自由的生活状态中向最美好的方向发展。霸道之下的人民,生活快乐,但是,缺乏一个向善发展的方向。

孟子曰:"霸者之民,欢虞如也;王者之民,皞皞如也。杀之而不怨,利之而不庸,民日迁善而不知为之者。"(尽心上)

王道是与仁政密切相关的。由于实施王道仅仅需要使老百姓过得好就可以了,并不关心其他问题。具体的仁政措施是:减少刑罚,统治方式更人道一些;减少赋税,使老百姓的财政负担更轻松一些;发展生产,使百姓生活有所剩余,能够有余力把最弱者的生活搞好,提高老年人的饮食水平。在农闲时,可以组织人民进行一些基础的军事或治安训练,使其能够在平时负责治安,在战时加入军队保卫国土。

如果能够做到这样的水平,那么,就算是王道了。当然,从现在的标准来看,这一标准并不高,现在的生产力水平已远超孟子时代的想象力。

孟子对曰:"地方百里而可以王。王如施仁政于民,省刑罚,薄税敛,深耕易耨。壮者以暇日修其孝悌忠信,入以事其父兄,出以事其长上,可使制梃以挞秦楚之坚甲利兵矣。彼夺其民时,使不得耕耨以养其父母,父母冻饿,兄弟妻子离散。彼陷溺其民,王往而征之,夫谁与王敌?故曰:'仁者无敌。'王请勿疑!"(梁惠王上)

对于统治者来说,怎样的治理方式最有利于自己呢?在孟子看来,那些最基本的措施，最容易使统治者实现统一天下的目标，即：实施仁政，使得自己的国家成为世界上其他国家人民都非常羡慕的国家，然后各国人民都争相要移民本国。如此，人口就一定会增加，也一定会成为最强大的国家。

实现这一目标，具体措施如下：首先是制民之产，即保障普通百姓的基本财产权，让他们能够有基本的生产生活资料，可以进行生产。这一条特别强调要有"恒产"，要使人民能够维持基本的生活水准，能避免自然灾害，进而，有余力时，在农闲时节开展一些基本的教化。这样的国家就是王道了，这样的统治者也就是王者了。

"不违农时，谷不可胜食也；数罟不入洿池，鱼鳖不可胜食也；斧斤以时入山林，材木不可胜用也。谷与鱼鳖不可胜食，材木不可胜用，是使民养生丧死无憾也。养生丧死无憾，王道之始也。五亩之宅，树之以桑，五十者可以衣帛矣；鸡豚狗彘之畜，无失其时，七十者可以食肉矣；百亩之田，勿夺其时，数口之家可以无饥矣；谨庠序之教，申之以孝悌之养，颁白者不负戴于道路矣。七十者衣帛食肉，黎民不饥不寒，然而不王者，未之有也。"（梁惠王上）

不过，这些论述，统治者是听不进去的。他们的考虑如魏惠王一样，都是要"立中国而抚四夷"，统一中国，成为中国土地上最大的君主，因此，孟子的理想不能实现，也很自然。不过，虽然在当时孟子的王道理想不能实现，但它在中国思想史上则有其重要影响。

3. 品评政治家

春秋战国时代，礼崩乐坏，孟子面对这一时代现状甚感无奈与不满。因此，他严厉地批评当时的执政者。在这些批评中，也间接反映了相应的理想治理模式。

正常的情况下，天子拥有政治权威，维持天下秩序。然而，形势的变化则是下凌上，天子被诸侯所轻视、欺侮，再进一步的变化是大夫执掌诸侯国的政权，诸侯国君同样也不能控制政权；更有进一步者，是陪臣执国命，大夫的助手掌握政权，大夫自己也懒得处理政事了。

在这个意义上，违反应然的政治秩序原则的，当然是政治制度中的罪人了。

孟子曰:"五霸者,三王之罪人也;今之诸侯,五霸之罪人也;今之大夫,今之诸侯之罪人也。天子适诸侯曰巡狩,诸侯朝于天子曰述职。春省耕而补不足,秋省敛而助不给。入其疆,土地辟,田野治,养老尊贤,俊杰在位,则有庆,庆以地。入其疆,土地荒芜,遗老失贤,掊克在位,则有让。一不朝,则贬其爵;再不朝,则削其地;三不朝,则六师移之。是故天子讨而不伐,诸侯伐而不讨。五霸者,搂诸侯以伐诸侯者也,故曰:五霸者,三王之罪人也。"(告子下)

4. 崇礼尚义

礼义是《孟子》所强调的内容。但是,《孟子》并不将它作为一种固定与僵化的形式看待,而是更为重视它的实质性内容,并非其相关的外在形式。因此,孟子说:存在着"非礼之礼","非义之义",这种表述接近于自然法学家的"恶法非法"的观念,即"礼"有其形式要件,但更有其内容要件,如果仅仅具备形式而缺乏实质,缺乏礼之为礼的价值要素,那么这种"礼"就不能算是合格的"礼",应当将其剔除。"义"也同样如此。孟子强调说:真正有修养的人是不会不管礼义的价值内容的。

孟子曰:"非礼之礼,非义之义,大人弗为。"(离娄下)

其他的行动也应当贯彻同样的精神。比如"信",一般人讲契约精神,认为言而有信。这是不是一条必须要做到的法则?在孟子看来却未必。因为,真正有修养者,讲话是为了做事,是为了做好事,当践行承诺已经可能损害实际的正义时,那么,他是不会那么固执的。行动同样如此,一般人行动是为了达到某种目的,但当实现某种目的已经不再具有其意义时,那么,人们大可不必非要再继续追求行动的成功。这就是"行不必果"。

为什么,《孟子》回答:"惟义所在。"道义与价值是判断人们说话做事的唯一价值尺度。

孟子曰:"大人者,言不必信,行不必果,惟义所在。"(离娄下)

在诸礼仪中,丧礼在传统社会中具有重要的地位。它不仅仅承担着安葬死者的任务，而且也承担着在此礼仪活动中进行社会仪式的宣示、进行社会礼仪的练习、社会情感的培育等多项功能。它不仅仅是某一家族的私人事件，而是社会维持其自身、规范其自身，再生产其自身的重要活动方式。因此，丧礼具有比一般的其他活动更为重要的功能。死生是人生最为重大的事件，而死之严肃性、沉重性又使之具有比生更为重大的社会教化作用。

> 孟子曰："养生者不足以当大事，惟送死可以当大事。"（离娄下）

5. 通权达变

首先，领导人要重视礼—权关系。"礼"与"权"的关系是一对值得讨论的关系。在其他地方，它更适宜地表述为"经"与"权"，它接近于今天的"原则性"与"灵活性"这对概念。

"礼"（经）即是行为的正常规范，人们在正常环境下应当按照基本的规范行事。

"权"即是行为的特殊情境下的特别规范。它与正常情境下的行为规范不同，甚至可能相反，但是它事实上是符合"礼"的实质要求的。

从法律解释的角度来看，"礼"即法律规范的正常解释，"权"即法律规范在特殊情境下的特殊解释。《孟子》中以一则案例来说明这个问题：男女之间交往有严格的界限，要按照相应的规范交往，这种规范就是"礼"；然而，当遇到突发情况，处于紧急状态之下，就超出了一般规范的作用范围，规范的制定者本来就没有把这些事情考虑在内，因此，在这些特殊情况下人应当如何行为，就需要按照"权"的原则来行为。

"嫂溺"，是一个特殊情境，在此情况下，"生命权"的价值高于"男女交往规范"，人应当勇敢地拯救女性，而不是被"礼"的教条所束缚，那样反而会牺牲人的生命。如果事情真到那个极端，就大大地违背"礼"的真正目的了。

> 淳于髡曰："男女授受不亲，礼与？"
> 孟子曰："礼也。"
> 曰："嫂溺则援之以手乎？"
> 曰："嫂溺不援，是豺狼也。男女授受不亲，礼也；嫂溺援之以手者，权也。"（离娄上）

其次，行权要注意避免"执"。

"权"是在特殊情境下人对规则的一种取舍，应当如何行为，没有人来具体地给予指导，只能由自己根据当时的特定情况进行判断，最后做出自己的选择。而且，当需要人对规则做出"权"的态度时，也往往是事情比较危急和紧急的情况，只能由当事人自己来选择。

那么，如何"权"？这当然需要行为人发挥自己的实践理性精神，现实地考虑问题做出选择。

《孟子》中对"执中"的态度进行了批评，认为"权"不能陷入另一个极端。

有的人可能认为，如果面临各种对立或冲突的观点而不知所措时，那么选择一个相对不那么极端的观点，可能就算是正确的选择了。既不太左，也不太右，既不激进也不保守，大约永远就能处于最佳的选择了。然而，这并不是正确的态度，《孟子》的建议是：执中而权。一般情况下，不选择极端的态度可能是对的，然而并非永远如此。因此，无论是如何选择的，仍然是要运用你自己的头脑来思考、来判断。

这一思维方式颇接近于德沃金《法律帝国》中对不同原则的运用，不同的原则在不同的案件中地位是不同的，因此，不能始终把某一原则当作唯一原则或第一原则来使用，而是要根据具体的案件情况。但是，一旦根据具体情况来考虑问题，这就不是一个理论问题，而变成了一个实践问题。在理论上讨论它或过度讨论它，对于它仍然并无作用。

孟子曰："杨子取为我，拔一毛而利天下，不为也。墨子兼爱，摩顶放踵利天下，为之。子莫执中，执中为近之，执中无权，犹执一也。所恶执一者，为其贼道也，举一而废百也。"（尽心上）

6. 教化的政治：无政府式的治理模式

传统儒家思想，不但追求和平安定的秩序，更追求能够以不用力的方式实现此种秩序，而这种方式就是教化的政治。《孟子》中对此有相应的论述。

首先，政治与教化的关系，更重视教化。

孟子对政治有两个层次的评价。第一层次，即善政，这一层次的政治，是政权正常而有效地行使统治，老百姓对政权具有敬畏。第二层次，即善教，这一层次的政治，是政治能够对老百姓形成教化，即民众不但处于一种有秩序的政治社会中,而且在此社会中民众自己能得到发展上升的机会。善政,用今天的术语来说是正义的政治;善教,则是教化的政治、和谐的政治,是得到民众拥护的政治。

> 孟子曰:"仁言,不如仁声之入人深也。善政,不如善教之得民也。善政民畏之,善教民爱之;善政得民财,善教得民心。"(尽心上)

其次,重视教化,具体要重视发挥诗教与《春秋》的作用。"王迹—诗—春秋",是《孟子》对不同时代政治家施行教化的基本方式。

"诗"是王者之迹的反映,当王者不存在之后,"诗"也就失去了生命力,从而成为《诗》,那种凝固成为文字的篇章,被汇集成册,被刻印流传、讲授注疏,但其真正的教化与兴发功能已经失去。《诗》之后就是《春秋》的时代,通过各国史官对历史事件的记载,从而保存历史的记录,也行使着惩恶扬善的功能,当《春秋》有此功能时,就是《春秋》时代。当然,这样的时代也会结束。各国的统治者们最后会使用自己的史官伪造历史,历史就不再能够保存真实,《春秋》褒贬的历史评价作用也会消失。

当然,《春秋》时代得以开启,孔子发挥了重要作用,当天子地位下降,不再能够维持世界的和平与基本的道义规则,孔子以自己的力量,试图重建意义世界,行使规范的权力,当然,这种权力毕竟是有限的,然而,还是给世界带来了希望。所以,孔子说"其义则丘窃取之矣",这是对历史的一种深刻理解。

> 孟子曰:"王者之迹熄而《诗》亡,《诗》亡然后《春秋》作。晋之《乘》,楚之《梼杌》,鲁之《春秋》,一也。其事则齐桓、晋文,其文则史。孔子曰:'其义则丘窃取之矣。'"(离娄下)

第三,相关的教育制度的论述。早期的学校制度未能以普及全民的方式设立,但是大体上确立了基本的教育制度。早期可能是养老机构兼教育机构,后来开展了一些简单的教育内容。其内容按照孟子的说法,都是为了"明人伦",即教会学习者基本社会常识与礼仪。

"设为庠序学校以教之：庠者，养也；校者，教也；序者，射也。夏曰校，殷曰序，周曰庠，学则三代共之，皆所以明人伦也。人伦明于上，小民亲于下。有王者起，必来取法，是为王者师也。《诗》云'周虽旧邦，其命惟新'，文王之谓也。子力行之，亦以新子之国。"（滕文公上）

7. 葵丘之会确立的国际政治基本规则

春秋五霸，以齐桓公为最盛。在葵丘之会上诸侯约定了一些基本的规则以规范诸侯国间的国际秩序。这些内容在当时都非常重要，齐国的霸业也受到长期尊崇。

"五霸，桓公为盛。葵丘之会诸侯，束牲、载书而不歃血。初命曰：'诛不孝，无易树子，无以妾为妻。'再命曰：'尊贤育才，以彰有德。'三命曰：'敬老慈幼，无忘宾旅。'四命曰：'士无世官，官事无摄，取士必得，无专杀大夫。'五命曰：'无曲防，无遏籴，无有封而不告。'曰：'凡我同盟之人，既盟之后，言归于好。'今之诸侯，皆犯此五禁，故曰：今之诸侯，五霸之罪人也。"（告子下）

按照今天的概念，这些盟约对稳定当时的国际秩序，可以从以下基础性规则进行讨论。

（1）王位继承规则。"诛不孝，无易树子，无以妾为妻"，看起来是说诸侯王家庭内部的事务，事实上，因王家即国家，它关涉到最重大的事务，即诸侯国的大位继承制度。

（2）政治德性规则。"尊贤育才，以彰有德"，实际上讲的是在合法的统治之下，如何保持政治德性。只有尊贤、育才，才能彰显统治者的德性，才能充分保持其统治的合法性。

（3）社会治安规则。"敬老慈幼，无忘宾旅"，是讲基本统治秩序之维持，成本最低的是对社会弱者有所安顿，其次对来自他国的宾客与商旅给予文明的待遇。这样，国家的治安才有一个基本的秩序。

（4）政治秩序规则。"士无世官，官事无摄，取士必得，无专杀大夫"，这部分内容讲的是，要建立一个正常的官员的选拔机制，要对高级官员有一种体面的待遇。以此就保障了基本的政治秩序。

（5）国际和平规则。"无曲防，无遏籴，无有封而不告"，建立了基本的国际法规则，国家之间应当和平相处，互相协助，大小事务应当通气，对可能影响他国的重大事务保持一种谨慎态度。

国际秩序建立不易，维持它同样需要付出成本。在齐国霸业衰微之后，虽然还有其他霸主兴起，但都没能取得齐桓公这样大的成就。到战国时期，以霸主维持的国际秩序就基本解体了。这一趋势到秦始皇统一六国之后才进入到一个新阶段。

与内圣说相比，《孟子》的外王说影响力要小一些，不过，仍有许多积极因素值得发扬。《孟子》思想丰富，术语使用尤其不尽满足今日形式逻辑的要求，有些思想还需补充性的阐释，这就需要更多的深入讨论。

《孟子》自宋以后地位显赫，论家众多。面对诸多既有文献，古典学的研究资源丰富，同时负担也相当沉重。对《孟子》治理意义的阐释，既需要严肃的经典诠释能力，也需要扎实的现代政治学、法学理论训练，这对当代学者提出了有意义的挑战。目前从文史哲等传统学科的角度对《孟子》思想进行研究的已有不少，而从现代政治学、法学角度的讨论则明显不足，其原因比较复杂。随着今日中国国力的增长，自信心增强之后，传统思想得到了重新发现与阐释的机会。本文只是一个初步的工作，但至此已嫌冗长，就暂告结束，更多的工作只能俟诸来日。

（李旭东，华南理工大学法学院、广东地方法制研究中心副教授、博士。本文为华南理工大学中央高校基本科研业务费项目资助［2018WK02］）

地方权力清单法治化研究
——现实面向与路径选择

方学勇

【内容摘要】 推行政府权力清单制度，依法公开权力运行流程，是全面推进依法治国、强化政府治理能力的重要手段。但由于对权力清单的价值导向和功能定位不明，依然存在形式主义泛滥、监督制度缺失等问题。鉴此，有必要进一步明确权力清单的制度初衷、设定主体和违反清单的追责机制。

【关键词】 权力清单　目标指向　路径选择　制定主体　追责机制

近年来，政府及其部门暴露出自身权力的项目、数量、法律依据不明晰，上下级部门和同级部门之间职权不清晰、职责交叉重叠突出等问题。制定并向社会公布权力清单，进一步明确地方各级政府工作部门职责权限，是加强政府自身建设的一项基础性工程，有利于行政权运作法治化和落实行政相对人知情权和监督权。

一、权力清单促进政府治理转型

推行政府权力清单制度，依法公开权力公开运行流程，是全面深化改革、全面推进依法治国的重要内容，也是实现将权力关进制度笼子的前提和基础。一般认为，权力清单肇始于"负面清单"。1994年生效的北美自由贸易区被认为是最早采用负面清单的贸易安排。负面清单指一种外资准入模式，即东道国依据国民待遇或最惠国待遇中更优惠的条件提供完全的准入，但可以清单方式列明的除外。

权力清单在我国也有其历史源流，1979年制定的《地方组织法》要求地方各级政府必须依法行使行政职权；2005年国务院制定《关于推行行政执法责任制的若干意见》，要求各级地方政府及其部门要依法界定执法职责，包括梳理执法依据、分解执法职权和确定执法责任。由此，地方政府开始了推行权力清单制度的尝试。2005 年，邯郸市试点权力清单，公布 93 项政府权力，是已知最早公布权力清单的地级市政府；2010 年国务院《关于加强法治政府建设的意见》提出，各级行政机关要严格依照法定权限和程序行使权力、履行职责。2013 年，中央部署新一轮地方政府职能转变和机构改革工作，明确提出推行权力清单制度，要求"梳理各级政府部门的行政职权，公布权责清单，规范行政裁量权，明确责任主体和权力运行流程，严格按照法定权限和程序履行职责"；同年 12 月，河北省公布权力清单，是已知最早公布权力清单的省级政府[1]。

在肯定权力清单对推动法治、健全政府治理手段正面价值的同时，也应该看到，在落实权力清单过程中，由于对权力清单的价值导向和功能定位存在争议，个别部门依然存在形式主义泛滥、监督制度缺失等问题，如本应纳入权力清单的事项未纳入、上位法已经调整而权力清单未同步修改、权力清单未实现动态调整等问题，这在某种意义上可能消解设定权力清单制度的初衷，可能陷入制度空转的窘境。鉴此，有必要对权力清单的制度初衷、设定主体和违反清单的追责机制进行进一步探讨。

二、权力清单目标指向——权力设定还是权力公示

对权力清单的目标指向，有不同的争论。有人认为权力清单是对权力的设定，"清单之外无权力"；有人认为权力清单是对权力的公示，权力清单梳理的价值在于公布权力项目、数量和家底。

权力清单设定论者认为，权力清单制度是对政府权力的明确界定、清单之外不得行使任何权力，权力清单的目标要实现"行政权力进清单、清单之外无权力"，即未列入清单目录的权力不得再行使[2]。实践中，各地政府在发布权力清单的公告中，都明确要求政府部门"不得在权力清单之外行使权力"。甚至有学者提出"只有权力清单里规定的才是合法的权力，超出了权

---

[1] 罗亚仓：《行政审批权力清单制度评析及完善》，《中国行政管理》2014 年第 8 期。
[2] 参见：《行政权力进清单清单之外无权力》，http://news.163.com/14/1023/09/A97U16IH00014AED.html，访问日期：2016 年 7 月 20 日。

力清单的范围，都是违法的"①。

一方面，权力清单设定论者希望通过权力清单制度控制权力滥用，将权力关进制度的笼子，遏制行政机关"法外设权"，用心良苦。但这同社会治理法治化的目标是相背离的，社会治理的法治化要求权力法定，法律之外无权力；对政府权力而言，权由法定、权从法出、权依法使，设定依据只能是法律法规规章；权力行使奉行的原则是法无授权不可为。这要求政府权力必须在宪法和法律范围内活动，遵循法定的主体、权限、条件和程序。而从各地实践看，行政权力清单普遍以行政规范性文件的形式发布，不属于法律法规或规章，不能作为行政权力的设定依据②。从法律效力位阶来看，作为规范性文件的权力清单位阶明显低于法律法规规章等的位阶。另一方面，由于梳理遗漏以及执法依据的变化，清单上确定的权力很难与法定权力保持完全一致。同时，在权力清单确定后，仍可通过立法授予行政机关权力。如将权力清单理解为权力的设定，将会出现权力清单中的权力项目与法律新设权力的冲突。即便是纳入权力清单的权力，如果源于层级较低的法律规范，不排除经法定程序审查被认定为违法的可能。法无授权不可为，法定职责必须为，通过清单对法定职责做出"排他"规定，将权力清单理解为对权力的设定，将给政府治理带来违法风险。

权力清单制度是推进行政权力公开、透明运行的一项基础性工作，初衷是解决社会公众不清楚政府有哪些权力的问题，着力点在政务公开。权力清单对政府及其各个部门权力的种类、数量、适用条件和法律依据的统计和公示，本身不是对政府权力的设定或确认，设定或确认职能应由法律承担。因此，权力清单的核心功能是向社会公众公示权力，便于公民确定履行职责的主体，监督行政机关依法行政。故而在行政执法和司法审判中，确定政府权力有无、大小及运行机制等，不能看权力清单，而必须依据清单背后的法律、法规和规章，这是权力法定的内在要求。有鉴于此，应当将权力清单制度的功能限定在公示权力、提升行政效率、保障行政相对人知情权和监督权等方面。

一是通过权力清单揭示政府权力的运行边界和行使条件。制定权力清

---

① 参见：《专家：列权力清单超出即违法》，http://news.takungpao.com/paper/q/2014/0731/2641358.html，访问日期：2016 年 7 月 20 日。
② 周庆智：《控制权力：一个功利主义视角》，《哈尔滨工业大学学报》2014 年第 3 期。

单,对权力主体、权力项目、权力流程进行梳理集中,将隐含在法律、法规、规章和规范性文件之中的政府权力揭示出来,将政府权力行使的条件、程序、后果披露出来,等于为政府权力画了一个圈,在政府与社会之间划出边界。界内是政府治理的范围,界外是社会自我调节、居民自治的领域[①]。二是通过权力清单公开政府权力信息。既包括静态的、制度层面的权力信息,例如权力目录、权力主体、权力依据、权力运行流程、行使条件、办理程序、法定时限等;也包括动态的权力信息,例如项目实施情况、审核审批信息、案件办理数量、过程、结果等。理想状态下的权力清单制度,应该明确不同行政层级、不同行政单位的权力,确立清晰的政府治理边界,实现权力运行状况的公开透明,从而最大限度压缩因信息不对称造成的权力异化空间[②]。三是通过权力清单提升行政效率。虽然我国各级政府治理能力不断提升,但一些基础性的制度建设仍有待进一步完备,特别是政府及其部门对自身职权的"家底"并不十分清楚,不同层级政府、政府与部门以及部门之间的职责权限不够明确,甚至存在职权交叉重叠的现象。推行权力清单制度,有利于厘清政府职权,使之更好地行使权力、履行职责,提升行政效率。四是通过权力清单保障行政相对人监督权。公开权力清单是建立阳光政府的重要步骤,能够让公众知道政府的权力边界。通过建立和推行权力清单制度,将权力运行的过程、条件向权力的服务对象公开公布,让权力的缺位、错位、越位得到制约,接受社会监督[③]。

三、权力清单制订——政府主导还是人大主导

理论上,权力清单的制订和推行中,存在着政府主导和行政主导的不同可能。实践中,清单制订工作一般先由政府职权部门自行梳理本部门的权力事项,报相关牵头部门汇总审核后向社会公开发布;在这过程中,地方各级人大及其常委会作用未得以充分发挥。

应该说,各级政府主导权力清单制定能够提高清单制定的效率,保障改

[①] 陈向芳、邓薇:《行政权力清单制度评析及完善》,《广东行政学院学报》2015 年第 3 期。
[②] 王春业:《论地方行政权力清单制度及其法制化》,《政法论丛》2014 年第 6 期。
[③] 王垚:《地方政府推行权力清单的现实困境》,《人民论坛》2015 年第 36 期。

革的快速推进，具有现实正当性和改革合理性，但仍存在一些问题[①]。一是行政机关主导权力清单制定，亟须法理支撑。《宪法》规定，国家的"一切权力属于人民"。政府权力来源于人民的授予，并由法律设定，不可任意增加或者放弃，这是法治社会的基本逻辑。法理上，能开出权力清单的，不是政府自身，而是权力机关即各级人大及其常委会。二是由行政机关自行制定权力清单，难以达到限制权力运行的后果。政府主导的权力清单制定，只会是行政机关对自身的自我设限，这种仅由行政机关自身推动设立的制度，不可避免地会产生"趋利避害"的后果。在制定清单时，会出现有选择地将权力纳入的冲动，即对扩张部门权力的事项都纳入清单，限制部门权力的事项不纳入或少纳入；会出现个别机关借机把不在法定范围内的行政权力揽进来，把法定范围内的自身职责推出去。三是可能形成人大监督权被空置的困境。政府与人大是产生与被产生的关系，政府由人大产生，对人大负责，接受人大监督。人大履行监督职能的重要方面就是法律监督，即人大对同级政府制定的规章和做出的决议、决定或者发布的决定、命令进行审查，撤销违法的或者不当的规范性文件。将人大排除在制定"权力清单"工作之外，将形成人大监督权在一定程度上的空置[②]。

"权力清单制订的行政主导"具有改革的正当性，但按照"在法治下推进改革"要求，应当将改革的正当性过渡为治理的合法性，即在权力清单制定过程中不断强化各级人大及其常委会的作用。逐步建立由各级人大及其常委会依照宪法和法律审核地方政府和部门的权力内容和边界，特别是加强对各部门间交叉区域的权力勘定，避免出现权力与部门职责、岗位职责不相符，与宪法和法律相违背的情况，确保政府的"权力清单"制定过程合法。

四、违反权力清单后果——内部追责还是外部监督

制定权力清单的首要目的是通过清单公示政府权力、约束权力行使。要使权力清单的公示作用和监督效果落实，就必须对违反清单行使权力等行为予以追责。如果不能很好地对违反权力清单行使权行为进行追责，必然会影

[①] 参见：《区级人大在推动政府"权力清单"进程方面的几点思考》，http://www.zjfzb.gov.cn/n134/n143/c128521/content.html，访问日期：2016年7月20日。
[②] 刘云亮：《权力清单视野下规制政府有形之手的导向研究》，《政法论丛》2015年第1期。

响权力清单运行，制约权力清单实施效果，造成清单的虚置。从各地制定的权力清单来看，大多都笼统规定"要建立健全问责机制，对违规行使或者不当行使行政权力，以及行政不作为的，要依法依规追究相关责任"，但并未对清单外行使权等行为如何追责进行明确规定，未明确具体的监督主体、监督方式、责任后果①。监督机制的不健全将消解权力清单的应有功能和价值，使权力清单形式意义大于实质意义。鉴此，必须完善对违反权力清单行为的追责②。

对行政机关行为的监督包括外部监督和内部监督。外部监督包括权力监督、民主监督、新闻舆论监督和行政相对人的监督；行政相对人的监督又有提起行政复议或行政诉讼等方式，是最直接有效的监督方式。内部监督则包括层级监督和专门监督等方式③。就外部监督中的权力监督、民主监督、新闻舆论监督而言，可以通过聘请人大代表、政协委员、企业代表、媒体记者、专家学者等担任社会监督员，定期听取意见建议来开展对权力清单履行情况进行监督。

就行政相对人的监督而言，行政相对人是否有权对行政机关违反权力清单行使权的行为提起行政复议或行政诉讼，即行政相对人能否以行政机关超出权力清单行使权力为由，要求复议机关或司法机关依据权力清单进行监督？行政复议是公民、法人或者其他组织不服行政主体做出的具体行政行为，认为行政主体的具体行政行为侵犯了其合法权益，依法向法定的行政复议机关提出复议申请，行政复议机关依法对该具体行政行为进行合法性、适当性审查，并作出行政复议决定的行政行为。行政诉讼是个人、法人或其他组织认为国家机关做出的行政行为侵犯其合法权益而向法院提起的诉讼。在行政复议、行政诉讼审查过程中，遵循"审查具体行政行为合法性原则"，即"责任法定"原则，判定行政机关是否承担责任，要看其是否违反了法律、法规、规章的相关规定。如前所述，权力清单的性质不属于法律、法规、规章的任何一种，功能定位属于规范性文件。因此，对超出权力清单行使权力的行为行政相对人无权提起诉讼或复议；行政主体就违反权力清单的

---

① 参见：《清单之外不得履行任何权力》，http://news.sina.com.cn/o/2015-01-14/104031397825.shtml，访问日期：2016年7月20日。
② 周庆智：《控制权力：一个功利主义视角》，《哈尔滨工业大学学报》2015年第3期。
③ 参见：《云南：10部门划出权力和责任清单2440种情形可追责》，http://www.hbxzzx.gov.cn/viewType.action? oid=788，访问日期：2016年7月20日。

行为，也无法承担败诉或复议的责任。

从内部监督看，大部分省份规定"省级政府部门公布的权力清单，具有刚性约束力，省级部门不得擅自变更行政职权，不得变相行使已取消、下放的行政职权，原行使的直接面对行政相对人的行政职权未列入权力清单的，不得继续实施"。但并未对违反清单应当承担的法律责任明确，内部监督机制有待健全。鉴于此，可以通过指定具体机构承担举报受理工作，建立与执法监督部门的工作协作机制，确保部门或个人发生超越清单擅权、违法违规行使权力、不作为等问题时，能够受到及时查处和追责。同时，更需以法治化的路径，尽快通过立法形式明确行政机关违反权力清单行为应当承担的法律后果，对行政机关清单外行使权、不将权力事项纳入清单的责任后果进行明确规定，以法治化方式保障权力清单制度的有效落实。

（方学勇，西南政法大学法学硕士，系广东省政府法制办公室公务员，兼任广东省法学会行政法研究会理事、省检察院人民监督员、研究生实践导师。本文系2018年度司法部理论研究规划课题一般项目"珠三角法治政府示范区创建研究［18GH041］"的阶段性成果）

中华民国央地关系的宪法设计之路

刘盈辛　沈玮玮

【内容摘要】 清末以降，央地关系的重构成为制宪的关键议题。在1912年《中华民国临时约法》到1923年《中华民国宪法》的十多年间，这一议题曾引发了激烈讨论。1923年《中华民国宪法》增加"国权"与"地方制度"两章，央地关系之争才宣告结束。该宪法巧妙地调和了在当时局势下中央集权与地方分权的关系，是直系军阀集权愿望与联省自治主张相互妥协的结果。然而，这一央地关系的新模式竟在无意间促成了一个新集权政治体的形成。"地方制度"的设计乃巧思明智之举，尽管其因曹锟政权的倒台未能真正实施，但绝不能忽视其宪法价值。

【关键词】 央地关系　1923年《中华民国宪法》　中央集权　地方分权

一、引论：传统中国央地格局的变化与地方主义的兴起

近代以来对于央地关系的探索早在清末就已出现：维新变法时期对于央地权力关系的构想主要是希望利用地方来助中央更好地实现集权、解决中央面临的危机。清廷在预备立宪时就将中央与地方的权力划分作为极为重要的事务来处理，且曾一度秉持"废现行之督抚，各省新设之督抚其权限仅与日本府县知事相当，财政、军事权悉收回于中央政府"[①]的方针试图处理央地关系，以解决当时面临的中央权力危机，结果是危机暂时度过，却未能建构一个真正合理可靠的央地权力模式。

辛亥革命让清王朝迅速土崩瓦解，这一时期的革命党人面临的重要问题

[①] 蒋碧昆：《中国近代宪政史略》，法律出版社1988年版，第60页。

之一同样是协调央地关系，谋求构建一个平衡稳定的中央与地方权力模式。最初，以孙中山为代表的革命党人倾向于联邦制，侧重加强地方权力。孙中山在筹建临时政府时曾表示："政治上万不宜于中央集权，倘用北美联邦制度最为相宜"①。宋教仁也曾提出过十分明确的协调央地关系及地方自治的论说："吾人谓今日之中国，中央集权制固不宜，偏重地方官制之地方分制亦不宜，谓宜折中，以对外的消极的各政务归之中央，以对内的积极的各政务归之地方。其地方政治中，则尤注重于地方自治一途，使人民直接参与施政，以重民权，如是庶合轻重适当之道也。"② 这种地方自治的主张是在民权保障基础之上对央地关系重构的构想，但最终并未付诸实践。实际上自《鄂州约法》后，革命党人颁布的宪法性文件的重心皆在建设中央政权，重点是配置中央政府权力，并未关注央地关系的具体处理办法。不难看出，这不是立法者的疏忽，倒是更像有意回避：彼时，稳固中央权力、消散地方离心力是当务之急，即便当时独立省份已然呈现出强烈的分权自治倾向，有些省份甚至明确要求宪法注明中国为联邦政体。亦有制定省宪的意图，宣称"咨议局章程，即为本身宪法，得自由改定之"③，但在革命党人之间，中央集权的风头一时间仍压倒性地盖过了地方分权的呼声。

　　清末民初之际，即便地方分权的呼声很大，各地方势力颇为强大，但对地方权力的确认和调整一直未被掌权者重视，地方主义基本上处于一种夹缝求生的状态。以袁世凯为代表的北洋系控制中央后，地方分权的主张更是遭到强势打压。袁氏极度追求中央集权，地方主义几无发展机会。袁氏之后，中央政府更是风雨飘摇、几经更替。当时甚至已无真正意义上的中央，各方武人势力粉墨登场，地方离心力不断加强，割据局面形成。把持中国政权核心的北洋军阀只能凭借单一的军事势力短暂地挟取政权，而不能从根本上解除全国分散的局面，无力消弭各方利益集团之间的冲突摩擦并满足各方意愿。为了挽救国家于水火之中，各省制定省宪法并进一步制定联省宪法的联省自治运动兴起，地方主义在政治实践中逐渐演变成为联省自治，地方主义才逐渐兴盛。

---

① 孙中山：《孙中山全集》（第一卷），中华书局1981年版，第562页。
② 宋教仁：《中央与地方行政分化之大政见》，载陈旭麓：《宋教仁集》，中华书局1981年版，第472页。
③ 郭孝成：《山东独立状况》，载中国史学会：《辛亥革命资料丛刊》（第7卷），上海人民出版社1957年版，第323页。

从联省自治的兴起到最终落幕,以及地方主义从萌芽、被压制到再次兴起的过程皆是各方出于对自己利益最大化考虑的结果。以各地军阀对央地权力关系的主张为例,蔡和森曾透彻地分析过:譬如曹、吴等势力强大且能积极进攻的军阀,就会主张武力统一或倡导实现强有力的中央政府;而如川、滇等实力较弱的军阀往往仅求自保,便会倡导省自治、制定省宪;甚至同一军阀前后的态度也会完全相反,其进攻时试图武力统一,退守时又倾向联省自治(如奉张);等等①。因此,此时主张联省自治的各地军阀都有各自的盘算,其中不乏通过加强省自治来阻碍北洋系中央政府的武力统一,从而巩固己方割据势力的野心者。轰轰烈烈的联省自治最终也只是发展到省宪这一层而未及于联治,央地关系的确认和调整也在这反复不断的局面中迟迟得不到落实。

二、中华民国初年央地关系的宪法设计

(一)民初宪法讨论会:央地关系是否入宪的争议

1913年4月的国会因党派纷争和党见不一无法顺利召开,国民党、共和党、民主党、统一党这四大在国会内部占席比重最大的政党召开了时长近两个月的讨论会,主要围绕制宪过程中所涉及的政府组织形式、国家领土、地方制度、选举制度等在内的各项议题展开了激烈讨论。讨论会是在这四党主导下进行的,但参与讨论会的并不局限于这四党要员、国会议员,还有社会各界名流、民间学者、立宪人士。不仅参与主体范围广泛,而且新闻界的关注度极高,诸如《宪法新闻》等当时具有很大影响力的杂志都对这一宪法讨论会有过大的篇幅报道及评论。可以看出,在制宪过程中,社会力量作为一方参与主体表现出了极大的热情并给予了很大的支持,官方与民间、各党派与学界、新闻界在宪法讨论会中进行着罕见的友好互动。

地方制度和央地关系处理是此间召开的一系列宪法讨论会中极为重要的内容。在北半截胡同江苏公会召开的宪法讨论会第一次常会中,临时主席伍朝枢提出此次讨论会第一道议题即为宪法是否应该规定地方权限的问题,张耀曾、汪荣宝、朱颐锐、饶孟任等四党代表人士一致认为地方权限无需规定

---

① 蔡和森:《武力统一与联省自治——军阀专政与军阀割据》,载《向导》周报第2期,1922年9月20日。

在宪法中。在后期的讨论中，民主党更是态度坚定地对宪法上不应规定地方之权限做了说明，认为"地方"的含义可以从两方面来理解：一方面是与"中央"相对应，此时的地方权限则为地方官署之行政权限，对此设定应"别以官制规定"而不属于宪法规定的范围；另一方面是与"国家"相对应，此时地方权限即为地方团体之权限，国家允许各地方自治实为"各国共通之原则"，自治权限大小"视各地方文化发达之程度以为等差"，宪法无法穷尽各地不同情况而做出十分详尽的规定，因此以法律来详细规定更为妥当。可以看出，对于地方制度入宪的问题，宪法讨论会基本是以反对观点为主的。他们反对的原因是认为地方制度等内容因其自身属性问题而无需由宪法规定，这种观点显然没有看到央地关系明确化、宪法化的重要性。进步党的代表人物梁启超在其所拟的宪法草案中还做出了特别说明："不别立地方制度一章者，认地方制度以法律定之而已足，不必以入宪法也。"[①]

反对地方制度、央地关系入宪在其他一些私拟宪法草案中也有体现。曾为宪法起草委员的李庆芳在其私拟宪法草案中就没有关于地方制度及省制的相关规定。李庆芳重视"国权"，在集权、分权与自治方面亦有独到的见解。他将地方制度、省制的规定看作是中央集权的对立面，在其所拟的宪法草案中是以废除省制为前提的，认为省制是集权障碍之流毒。在李庆芳看来，宪法着手第一大难关为国权民权的问题，"主张国权者，必欲稍予大统领以节制权；主张民权者，则欲厚予国会以节制权"。由此推之，主张国权说往往"着眼于统一方面，注重政府"，而主张民权说则往往"着眼于地方方面，注重自治"。在针对集权与分权的问题上，李庆芳称自治乃分权方法之一，并非实施自治就一定要分权。因此，他反对在宪法中明确地方权力，认为各地方自治区域的大小、范围、层次等可以由政治家根据社会程度及政治潮流灵活调整。《庸言》的主要撰稿人吴贯因曾撰文对国权民权及央地关系的宪法问题发表过论说，其同样主张主权在国，倡导建立强势的中央政府，认为应"先伸国权"以强化中央权力。他们都过分强调中央政府的权力和地位，忽视了央地间相互关系在宪法中明确化和具体化的必要性。

在一片反对声中，不乏其他不同的声音。曾在临时政府、北洋政府和南京国民政府都任过要职的法学家王宠惠认为"省制一章，所以定中央及地方之权限，而为吾国特种之制度"，是有必要规定在宪法之内的。"迩来政治问题竞争最激烈者，非中央集权与地方分权之二说"，绝对的集权和绝对的分

[①] 夏新华：《近代中国宪政历程：史料荟萃》，中国政法大学出版社2004年版，第251页。

权都昧于政治之原理,乃"断断乎不可"。因此,解决央地关系问题的核心不在乎是采用集权还是分权,而在于集权与分权的界限及方法,具体的界限和方法则应依据其"相沿之历史及必要之情形"来酌情考虑。若是能合理地运用这种方法,则集权与分权就不会是相互对立的两端了。因此,他在央地权力设置上是既非集权主义者也非分权主义者的"共和联邦折中主义"者。他主张以省为单位的地方自治而不是联邦制,对于各省的权限采取列举主义,并在其所拟宪法草案中将各省权限限定在行政权范围内,明确规定各省不能自制省内宪法。据以上观点来看,王宠惠是赞同将地方制度在宪法中明确规定的,但各省没有制定省宪的权力,只能掌握行政权力。

从整体上而言,1912年前后,关于央地关系的宪法设计还不够明朗,地方制度入宪仍要面临重重考验。

(二)民初央地关系争议的文本考察

具体到央地关系是否入宪以及如何具体处理的争论,要比宪法讨论会激烈的多。这些争论和意见对整个制宪影响很大,从各方在宪法文本中对央地关系所作的构想和设置均有体现。现将1912—1925年官颁的宪法性文件、所拟宪法草案以及私人所拟宪法草案中关于地方制度的规定归纳如下表①:

宪法草案及宪法文本	时间及制定者概况	所属章节	内容
《中华民国临时政府组织大纲》	1911年10月13日	无	无
《临时政府组织大纲修正案》	1912年1月2日	无	无
《中华民国临时约法》	1912年3月11日	无	无

---

① 该表格是对夏新华等整理的《近代中国宪政历程:史料荟萃》中所载内容的重新整理归纳,并有所删减。因资料所限,部分内容可能有所欠缺。该表主要为了还原1923年《中华民国宪法》制定前各种宪法文本对央地关系的设置以此来反映当时各方意见分歧之大。为了整体的连贯性和系统性,故将1923年《中华民国宪法》及1925年《中华民国宪法案》的内容归纳在内。

续表

宪法草案及宪法文本	时间及制定者概况	所属章节	内容
《中华民国宪法草案（天坛宪草）》	1913年10月31日	无	无
《梁启超拟宪法草案》	进步党代表人士	无	特别说明：不别立地方制度一章者，认地方制度以法律定之而已足，不必以入宪法也
《王宠惠拟宪法草案》	国民党议员、先后在北洋政府和南京国民政府中任过要职	第七章省制	①各省对于下列事项有权办理……②各省对于下列事项，得按照政府划一法令办理……③各省对于下列事项，应得政府之允许，始可办理……④各省不能自定省内宪法，而悉以中央所定之省制法划一之……
《康有为拟宪法草案》	保皇党领袖	第十二章（无章名）	凡各地方以道、府、州为上级行政区，其下级以县、市、邑、乡为政区。其职权及议会以法律随时定之
《李庆芳拟宪法草案》	曾主办《民宪日报》《宪法新闻》	无	无
《汪荣宝拟宪法草案》	曾任国会众议院议员	无	无

续表

宪法草案及宪法文本	时间及制定者概况	所属章节	内容
《何震彝拟宪法草案》	于1913年撰写《何震彝宪法草案》并刊登于《法政杂志》第3卷第1号	第七章 地方制度	①各地方权限：各地方行政区无立法权，自治范围以法律规定之；各地方统治权由中央政府委托行政官行使之；各地方行政区得自定条例但不得与法律抵触；……。②各地方行政区互争权限，由各参议院议决之
《席聘臣拟宪法草案》	与范熙壬、张耀曾等合组《新译界》杂志社，从事译述	第六章 地方权限	各地方无立法权；各地方统治权由中央赋予；各地方自治范围以法律定之；各地方因统治及自治，得制定规则、发布命令，但不得与法律相抵触
《王登乂拟宪法草案》	《宪法新闻》主力	无	无
《彭世躬拟宪法草案》	载《宪法新闻》第二十一期	第八章 地方制度	地方制度之编制及其官吏、议会、参事会之职权，以法律定之；地方最高级之官吏，由大总统任命；其他由中央或地方任命，以法律定之
《吴贯因拟宪法草案》	进步党议员	无	无

续表

宪法草案及宪法文本	时间及制定者概况	所属章节	内容
《姜廷荣拟宪法草案》	载《宪法新闻》第二十三期	第九章 各行省	①地方权限：各行省之立法权在省会。省会之组织，别以法律定之；各行省之行政权，委诸中央政府所任命之长官；各行省可自制条例，但不得抵触法律；……②省与省争议权限，由参议院议决之
《古德诺拟宪法草案》	袁世凯宪法顾问	第四章（无章名）	国会得以法律规定各省之权力，及其职务，并决定各省之编制；各省之权力，国会未规定以前，每省应享有国会所有之立法权，制定法律行于各本省。惟行使此项立法权所制定之法律，应于未施行之前，得大总统之认可，民国国会亦得随时废止之
《巴鲁拟宪法草案》	袁世凯宪法顾问	第二条	中央政府之权力无他限止，惟视宪法及法律所制定而已。区域及地方之权力，无他政柄，惟视宪法及法律所确然付与而已

续表

宪法草案及宪法文本	时间及制定者概况	所属章节	内容
《毕葛德拟宪法草案》	袁世凯宪法顾问	第一章总纲，第八节省治；第七章行省制度	①各行省之立法权、行政权、司法权皆受中央政府之节制，及本宪法各条之制定，以省议会、行政部及法官行之。②各省立法权以省议会行使之；各省议会得以通过省法；不论何种省法，如与议院制定法律之关于本省者相歧异，或相违背，行省委员会得否认之，并得由立法部宣布无效。各省议会权力之限制：省议会之立法权不得涉及以下所列各事宜……各省行政权以下列之省长及分部长行使之；民国大法院以法院行使司法权于各省境内。其地点及方法，由司法总长定之，但须经大总统之许可
《中华民国宪法案》	1913年10月31日国会宪法起草委员会拟定	无	无
《民国五年地方制度修正案》	1916年由起草委员会续行提出，未经二读	无	地方最大区域为省；省设省议会，省议会以不抵触中央法令为限，有下列职权：决议本省单行条例、决议本省预算、决算……

续表

宪法草案及宪法文本	时间及制定者概况	所属章节	内容
《中华民国宪法草案》	1919年8月12日宪法委员会决议	无	无
《民国十二年地方制度修正案》	1922年国会恢复后提出	第四章地方制度；第五章国权	①地方划分为省县两级；地方权限：省得制定省宪法，但不得与本宪法及国家法律相抵触；②中华民国之国权，属于国家事项，依本宪法之规定行使；属于地方事项，依本宪法及各省宪法之规定行使之……第五条：除第二条、第三条、第四条所列各事项外，皆为省之事权。第六条：省法律与国家法律抵触者无效……
《中华民国宪法》	1923年10月10日颁布	第五章国权、第十二章地方制度	①中华民国之国权，属于国家事项，依本宪法之规定行使之；属于地方事项，依本宪法之规定及各省自治法之规定行使之。②地方划分为省县两级；省得自制定省自治法，但不得与本宪法及国家法律相抵触；……

续表

宪法草案及宪法文本	时间及制定者概况	所属章节	内容
《中华民国宪法案》	1925年由段祺瑞指派组成的国宪起草委员会拟定	第三章国家于地方事权之分配、第四章国家与地方之关系、第九章地方制度	①国家与地方权力划分采取列举主义,第九条规定:凡未经列举之事项,其性质属于全国者,由国家立法;属于一省区者,由各省区立法。②省区各得制定宪法,但不得与本宪法抵触

由以上归纳可见,央地关系入宪经历了一个十分艰难的过程。对于宪法中是否需要明确央地关系、规定地方制度,以及所规定具体为何等问题,各方意见分歧极大。民国初建,革命党人在宪法文本中不考虑央地关系是有其道理的。当时革命党人恐"临时政府根本不稳,既没有固定的财政来源,也不能控制其治下的各省财政"①,这难免使一些重要决策受到影响,故他们的主要精力是筹建一个强有力的中央政府、强化中央力量,"欲以中央之权而维持各省"而无暇顾及地方,这使得央地权力划分无从确定。《天坛宪草》也因各种原因而未能明确央地权力划分,使得央地权力分配处于一个无法可依的状态,导致"中央与地方每多自由行动,于是中央责地方之跋扈,地方责中央之专横,此皆无法律之为限制,故发生此中问题耳"②。

此后,北京政府时期的央地关系构建置于各方利益团体和政治力量的激烈角逐之下,各方利益团体对于央地关系的争论愈演愈烈:有认为地方制度就不应规定于宪法之内;有认为地方制度应该归于宪法之内,但是各省只享有行政权而没有立法权等。在北京政府时期,这些争论的整个趋势已基本向明确央地关系、地方制度入宪方向发展。北京政府中后期,央地关系开始以地方制度修正案的形式逐渐明确并最终呈现在宪法文本之中。而这种结果无不与当时军阀割据局面下当权者与军阀共同的利益导向有关。

---

① 胡绳武、金冲及:《辛亥革命史稿》(第四卷),上海人民出版社1991年版,第153页。
② 《审议中华民国宪法草案报告书》,载《宪法会议公报》第二十五册,转引自张晋藩:《中国宪法史》,中国政法大学出版社2016年版,第257页。

三、1923 年《中华民国宪法》央地关系的设计

(一)"央地关系"专章的制定及其属性

1923 年制宪之前,即在《临时约法》《天坛宪草》阶段,宪法性文件及草案均未规定央地关系。从北京政府中后期开始,央地关系的认知开始积极化,官方明显注意到了地方制度入宪的重要性,例如 1917 年的《审议中华民国宪法草案报告书》讲道:"若使省宪制定入宪法,则中央与地方皆有所遵守,跋扈者无从跋扈,专横者无从专横。"① 自民初宪法讨论会以后,1916—1917 年地方制度入宪的讨论进入了一个高峰,其间召开的多次宪法会议表明,当时对此争论之复杂、各方利益博弈之激烈。

1916 年 9 月 8 日,国会召开宪法会议,讨论是否将省制问题和省长民选问题入宪。1916 年 10 月 20 日,审议会继续讨论省制是否入宪,讨论的结果是"众以此项问题关系众大,当详细讨论,遂继续讨论";23 日依然是讨论该主题,但反对者对表决方案提出质疑,认为应以"省制加入宪法不加入宪法付表决,双方相持不下,秩序打乱,遂延会";25 日,双方又因表决方案及人数问题不欢而散。11 月 7 日再次因为表决方案问题而散会。11 月 29 日和 12 月 4 日,皆因省制案投票表决中票数不符合要求而延会。12 月 8 日,两院宪法会议继续讨论,研究派议员主张实行中央集权主义,反对入宪;益友派议员倡导地方自治,力主入宪。双方争论激烈,甚至发生斗殴事件。这足以表明地方制度入宪分歧之大、过程之艰难。而后争论各方终于取得一致意见,拟定了地方制度修正案草案,将地方制度纳入宪法,可惜的是,地方制度部分的内容还未经二读通过,国会便被迫解散了。

1922 年 8 月,国会恢复,制宪再次提上日程。此时,最为首要的议程便是对遗留尚未二读的地方制度部分进行审议,此外再增加国权一章,包括国权和地方制度两专章以明确央地权力关系。然而,地方制度修正案还未正式审议完毕,北京政变发生,国会又被迫中断,此次审议不了了之。而后,曹锟贿选成为总统,为掩盖其丑闻,加紧制定宪法,此次制宪的重点之一仍是

---

① 《审议中华民国宪法草案报告书》,载《宪法会议公报》第二十五册,转引自张晋藩:《中国宪法史》,中国政法大学出版社 2016 年版,第 257 页。

审议地方制度。1923 年 10 月 4 日，宪法会议通过地方制度二读，之后很快便正式颁布宪法①。于是这部宪法又称"贿选宪法"。

1923 年的这部贿选宪法对于央地关系的构建主要体现在"国权"与"地方制度"两章。该宪法首先在第一章"国体"通过"中华民国为统一民主国"的规定确认了单一制的国家结构形式。第五章"国权"明确了国家与地方（这里的"地方"主要指省一级地方，北京政府时期央地关系的焦点主要集中在中央与省之间）的权力划分，主要原则是第二十二条确定的"中华民国之国权，属于国家事项，依本宪法之规定行使之；属于地方事项的，依本宪法及各省自治法之规定行使之"②。除此之外，"国权"一章还对国家和地方的具体权限作了详细的列举。另外，第十七章"地方制度"将地方划分为省、县两级，并规定各省"得自制定省自治法，但不得与本宪法及国家法律相抵触"。通过以上内容可以看出，1923 年《中华民国宪法》不仅明确了央地关系，而且赋予地方极大的权力。在当时各地军阀割据势力已如此壮大的情形下，这样的做法让许多人不解，于是引发了许多批评。

学界通常谈及 1923 年《中华民国宪法》，多是负面评价而少有称赞，他们往往从其制定者的合法性、制宪者宪法工具主义的价值取向方面对这部宪法加以质疑。一方面，曹锟的贿选丑闻和以宪法为媒介谋求外界认可的制宪动机使得这部宪法在当时就遭到了各界反对；另一方面，为满足曹锟急于证明其政权合法性的需求，整个制宪过程过于草率，仅用了短短数日就将一部宪法公布于世，实在是置宪法尊严于不顾。杨幼炯对此评价道："计此次宪法会议之开会，不过三次，为时不及七日，遂举十二年来久孕不产之大法，全部完成，六七载争论不绝之问题，仓卒作表面之解决。进行之速，实属惊人。其最大原因，乃由'贿选'议员急欲完成宪法，以图掩盖彼等之罪恶，动机既恶，岂能计及宪法之尊严。"③ 这部宪法虽在仓促之下公布，却未曾真正实施，有学者认为"直系军阀虽以宪法为号召，但无行宪之诚意，所以这个宪法虽经公布，亦未实施，不过等于一纸具文而已"④。

就这部宪法对于央地关系的处理方式来说，批评者不在少数。他们大都

---

① 吴宗慈：《中华民国宪法史》，于明等点校，法律出版社 2013 年版，第 332 - 334 页。张晋藩：《中国宪法史》，中国法制出版社 2016 年版，第 425 页。
② 夏新华：《近代中国宪政历程：史料荟萃》，中国政法大学出版社 2004 年版，第 522 页。
③ 杨幼炯：《近代中国立法史》，商务印书馆 1923 年版，第 311 页。
④ 吴经熊：《中国制宪史》（上），商务印书馆 1937 年版，第 70 页。

承认其将央地关系确认于宪法文本中的合理性,却否认其实践价值,认为宪法规定了一套,而在具体政治实践中则是另一回事,宪法文本与实践脱节。在地方权力极度膨胀且分散的现实情况下,宪法规定各省得自制定省自治法,实际上加剧了地方权力的扩张。而地方权力的过多扩张,不仅损害中央权威,亦有损于国家利益。地方权力过大却还要在文本中赋予地方过大的权力,与加强统一、集权中央的目的相背,阻碍了国家统一进程,是谓理论与实践的背离①。杨幼炯也就这部宪法关于央地权力划分的不合理性发表了评论,他认为"主张联邦者,则去其联邦之名称,而以统一字样加之于国体;主张统一者,则听其以省权国权之分配,规定于宪法以内。彼以为如是既可以免裂统一为联邦,又可以防中央凌迫地方之弊。岂知宪法本身既造成前后之矛盾,其精神已不能一贯"②。表面上看来1923年《中华民国宪法》这样的规定确实是双方的妥协产物,形式上既规定了单一制,却又像极了联邦制下的地方分权,似乎有前后矛盾之处。其实,这并不是联邦派或分权派占了上风,此间的矛盾是制宪者有意而为。规定地方制度不仅不是无限纵容军阀割据的地方权力扩张,反而是对地方无限扩张权力的一种宪法约束。单一制的国家并不只是字面上作的文章,制宪者不是庸碌无知,当权者都希望权力尽可能集中以稳定政府及统治秩序,这种规定更适应当时中央对统一的迫切要求现实。

总之,这部宪法关于央地关系的规定蕴含了制宪者的巧思和策略,体现了地方制度入宪的两面性:既是军阀政治的副产品,又包含了反对军阀独裁集权政治的积极因素③。时至今日,我们对这部宪法仍有诸多质疑,但不能否认其文本与实践互动结果的合理性。

(二)"以退为进"的效果:与袁世凯时期的对比

有学者对央地关系在宪法性文本中的缺失提出了批评:"约法无省制之规定,以助中国统一,俾各省得自发展,此其缺点之所及,乃使中国不幸而有分裂内乱之危险"④,不幸被其言中。袁世凯窃取革命成果以后,大权独

---

① 张敏:《民国初期央地权力聚散关系研究(1912—1928)》,西南政法大学2016年博士论文,第126-138页。
② 杨幼炯:《近代中国立法史》,台湾商务印书馆1966年版,第312-313页。
③ 夏新华:《近代中国宪政历程:史料荟萃》,中国政法大学出版社2004年版,第7页。
④ 鲍明钤:《中国民治论》,商务印书馆2010年版,第51页。

揽，其企图通过加强中央集权以行专制独裁之心昭然若揭，这与为防止袁氏一人大权独揽而极力主张地方分权的国民党分处两端。袁世凯认为实行地方分权制乃破坏整个国家统一和政局重塑之良好秩序，他曾对主张地方分权的主要人士国民党江西都督李烈钧公开指责道："此等破坏大局之端一开，后患无穷，何堪设想。我做总统一日，决不能一日不谋统一。"① 而在宋教仁被刺杀一案发生后，袁氏更是对前来调和南北矛盾的人士称："今日并非调和南北问题，乃系地方不服从中央，中央宜如何统一问题。宋案自有法院，借款自有议会，我与岑君等皆不能说话……至李烈钧等为地方长官，于行政之系统上，中央不能不求统一之法。"② 袁氏将这一系列事件归结于地方对中央服从的问题而非南北对峙问题，其强化集权的渴望可见一斑。

中央权力集中的确有利于管理力量的协调和资源的有效征用，抛却袁氏欲独裁专制的目的不看，其意图加强中央权力以实现整个国家一元化的政治目的是无可厚非的。然而，袁氏追崇的集权主义未曾真正带来中央大权独揽的结果。首先，醉心于中央权力分配而疏于央地关系的处理，没有将央地关系放在首要位置，建立在这样一个完全不可靠的央地关系之上的中央政权无疑是脆弱的；其次，与革命党人在中央权力模式设计上的博弈使得中央权力的设置极度混乱且多有反复，这让中央政权变得更加不堪一击；最后，急于追求集权而强势打击地方分权，用军民分治、缩省、废省、虚省等手段一味弱化地方权力，反而引起了地方政治势力的强烈反弹，地方反抗之势愈烈，其结果自然适得其反。

对央地关系处理的重要程度认识不足、解决方式不够谨慎，以至于之后袁世凯强化集权的目标不仅没有达成，而且加剧了地方势力的膨胀，地方主义一步步演变为军阀割据主义，进而走向集权与统一的反面。中央权力极弱，可以说"虽号中央"，却只能对外交或对一些无足轻重的行政官吏任免有一定决定权，其他如用人权、财政权、军政权等皆掌握在南方各省都督手中，甚至时人一度认为此时中央权力与实行联邦制的美国联邦政府相比都是相差极远的③。面对壮大的地方势力，袁世凯不慎走错了方向，未能清晰地划分央地权力，因而丧失了一个调整央地关系从而巩固中央权力的大好

---

① 望齐：《波澜险恶之内政》，载《时报》1913年2月16日。
② 李剑农：《中国近百年政治史（1840—1926）》，复旦大学出版社2002年版，第350页。
③ 罗文干：《狱中人语》，载沈云龙：《近代中国史料丛刊》正编（16），文海出版社1970年版，第4-5页。此处引用张君劢的评价。

机会。

曹锟政府在制宪之时面临的处境与袁世凯极其相似，同样是地方势力坐大而中央权力式微，甚至有过之而无不及。若说让袁氏头疼的主要还是同把持南方诸省的国民党间的矛盾的话，那么曹锟政权面临的则是势力更大、盘踞一方的军阀以及浩浩荡荡的联省自治浪潮。在这种局面下，当时的袁世凯十分警惕，而此时的曹锟政府亦十分警惕。央地关系的处理会影响整个国家政治制度的稳定及运行，曹锟政府对此显然是慎之又慎。

袁世凯认为，能否削弱南方各省份势力即是能否稳固统治并增强中央权力的关键。与袁世凯有所区别的是，曹锟政府并未将分权置于集权的完全对立面，而是将中央与地方关系的处理作为稳固中央权力的关键，在中央与地方的权力划分方面有所妥协，以牺牲一定程度的中央权力为代价将央地关系正式以宪法文本的形式规定出来，将各方割据势力渴望的分权精神通过宪法传递出来，是对分裂状态下地方权力的法律确认。这种操作虽然会削弱中央政府的权势，但"以退为进"的手段反而能够将各方势力牢牢地控制在宪法文本之中，形成中央主导下的地方分权，如此稳定了局势，或者在某种程度上迅速解除了当时的分裂状态。

四、1923 年之后央地关系宪法设计的模板继承

1923 年的贿选宪法设计的"地方制度"与"国权"两个专章是掌握中央政权的直系军阀与主张联省自治的地方割据势力互相妥协的产物，体现了中央意欲稳定局势、避免地方军阀割据并巩固中央权力之目的。同时，期望通过央地关系的宪法化、法定化来有效利用地方资源为集权国家服务。即使贿选宪法仅存在了一年就以失效告终，但其文本涉及央地权力划分的影响犹在，这种影响一直持续到下一任军阀政府乃至南京国民政府时期。

（一）段祺瑞政府时期的继承

1923 年贿选宪法颁布后不久，冯玉祥发动了"北京政变"，直奉军阀第二次大战爆发，曹锟被监禁，冯玉祥同奉系张作霖等五人共同拥戴段祺瑞为"中华民国临时总执政"，直系军阀大权旁落，这部宪法自然就失效了。1925 年 8 月，北洋军阀的最后一次制宪活动开始，由段祺瑞指派组成的国宪起草

委员会开始着手制宪，此时制宪的情况与曹锟时期基本相似，故其欲通过制宪来达到的目的与先前军阀政府无二：一方面是将战后政治格局和统治秩序以法律形式正式规定下来；另一方面则是实现"法统"重建，确立段祺瑞政府的合法地位，并进一步取得更强势的权势①。为了尽快确立政权的合法性，势必需要加快制宪进程，而欲重塑并稳定统治秩序，则需要继续对央地关系和地方制度做出必要规定。因此，1925年宪法草案基本承继了1923年贿选宪法关于地方制度以及国权方面的规定，将央地权力划分以宪法文本形式确立下来，以便尽快安排好战后政治格局和统治秩序。因而，贿选宪法虽未来得及进入实践，可其关于央地关系的设置却成为下一任军阀政府尽快平衡中央与地方权力关系的模板。

遗憾的是，1925年宪法草案完成后不久，段祺瑞政府便垮台了，国民代表会议未来得及召开，宪法就未能正式颁行。因此，我们不能非常直观地看到这部宪法设定的央地关系在当时为维护时局和恢复秩序起到的作用，但却可以在此后的政治实践中发现其被继承的价值。

（二）南京国民政府时期的继承

南京国民政府的央地关系模式继承了1923年贿选宪法所构建的框架。1931年《中华民国训政时期约法》在第六章规定了中央与地方之权限，依《建国大纲》第十七条采取均权制，"凡事物有全民一致之性质者，划归中央；有因地制宜之性质者，划归地方；不偏于中央集权制或地方分权制"，"各地方于其事权范围内，得制定地方法规；但与中央法规抵触者无效"。这里虽然明确了央地关系，但对于央地各自的权限范围并没有详细列举，中央与地方的权限开始富有伸缩性，可随时以法律定之，省一级地方的权力逐步缩小而中央政府权力正在逐步集中。至1936年的"五五宪草"，在第五章设计了"地方制度"专章，但其规定的地方自治是以县为单位，省仅为监督地方自治的一级机构，没有制定省宪的权力，可见省一级地方的权力在持续缩小。直到1946年《中华民国宪法》，才对央地的权限范围作了明确的列举，并且确立了省、县自治，看似地方权力有所扩大，但这也仅是因为此次制宪的基础和主体具有了一定广泛性才做出的表面文章。对法律的评价不仅要从

---

① 夏新华：《近代中国宪政历程：史料荟萃》，中国政法大学出版社2004年版，第16页。

法律表达的层面去考察评价，更要关注其实践层面①。从实践层面看，这部宪法不仅追求集权的本质没有变，反而借助前述一系列央地关系在宪法中的铺垫而朝着高度中央集权的方向发展。

尽管1923年贿选宪法随着曹锟政权的倒塌而破灭，但正是这部宪法首次正式将央地关系和地方制度明确而详细地规定在内，奠定了央地关系模式的基本框架，才成为建构稳定政治结构和重构统治秩序的"良药"。自此，地方权限被牢牢控制在宪法文本内，此后，便于根据中央政权状况和时局影响有所调整。南京国民政府时期的一系列宪法性文件、宪法草案等依然对央地关系做出了规定，并借助地方制度的宪法规定来进一步加强对地方的控制，地方各省在宪法中的地位和享受的权力逐渐减弱，省的地位基本向中央与县之间"以收联络之效"的、具有转达性质的机构转变。我们很难说南京国民政府时期宪法关于地方制度的规定没有受到军阀政府末期所制宪法的影响，也很难说党国政府这一新的高度集权的政治统一体之形成与1923年曹锟的贿选宪法之间没有某种联系。

五、结论：贿选宪法与中华民国央地关系的宪法设计

权力分立是近代宪法的基本原则之一，其中即包含了中央与地方之间的权力分配。为了确保国家权力的有效运转，寻求中央与地方之间恰当的权力划分关系是必然且关键的。任何国家的宪法都必须对地方制度做出基本的规范②。然而，民初的《中华民国临时约法》并未对央地关系和地方制度做出明确规定，孙中山在1923年总结经验教训时曾提到："临时约法既知规定人民权利义务，而于地方制度付之阙如，徒沾沾于国家机关，此所谓合九州之铁，铸成大错者也。"③ 此后，央地关系成为制宪过程中最具争议的话题之一，但此后一系列宪法文本一直未对地方制度和央地关系做出合理的规定。

直到1923年《中华民国宪法》，央地关系才被正式明确于宪法文本内。其中"国体"一章规定中华民国为统一民主国，再加上"国权"与"地方制度"两章，确立了单一制前提下的中央与地方分权制，开央地关系宪法化

---

① 张晋藩：《中国宪法史》，中国政法大学出版社2016年版，第280页。
② 张晋藩：《中国宪法史》，中国政法大学出版社2016年版，第217页。
③ 中山大学历史系孙中山研究室：《孙中山全集》（第七卷），中华书局1990年版，第777页。

之先河。"国体"一章中加上的"统一"二字并非只是文字游戏,将"统一"的单一制与地方分权制共同入宪,反映了当权的直系军阀为协调与各地方军阀的关系,巩固中央政府权力并进一步加强其控制的心理。以宪法文本形式将这种协调结果法定化,通过宪法的规定调和集权与分权的关系,以形式上的分权追求实质的集权,形成集权与分权的统一体。这样的规定显然符合当时形势,有着实际政治运作的背景而非只是文本的、理论的阐述。在错综复杂的政治环境下,其所设定的分权并非真的分权,而是将地方割据势力对中央权力的侵蚀控制在宪法之中,反而是国家走向统一的必要之举,甚至成为此后国民党集权体制构建的基本框架。

特殊时期的政治整合需要集权,而不是不符合历史和现实的分权民主。要实现政治体制和国家机构的良性运转,必须要在单一制的中央集权下才能完成。否则,中央权力衰弱则无法承担大任。不过,中央权力的加强不是片面或莽撞地追求权力集中,也不是对地方过度打压,而是需要正确地处理好央地关系。1923 年的《中华民国宪法》首次将央地关系宪法化,其构建的央地关系模式深刻地影响了当时及之后的政治实践。虽然这是无奈的妥协,却也不失为一项明智之举。因此,1923 年《中华民国宪法》极具学术研究和参考价值,即使其未根本上解决央地关系这个时代难题,但将之置于特定的政治语境下来看并非"失败"之策,尽管 1923 年《中华民国宪法》常因曹锟的贿选而背上了"贿选宪法"之名。对于这部首次规范央地关系的宪法来说,我们应该关注其作为文本的成就及其对政治实践的价值,而不只是将眼光放在其效力和合法性基础上。总之,1923 年《中华民国宪法》处理央地关系的策略和构建的模式是值得尊重的,其本身的价值不会失去,也不应失去。

(刘盈辛,中国人民大学法学院 2018 级博士研究生;沈玮玮,华南理工大学法学院副教授、博士)

实践探索

从私法人到公法人
——对地方高校"法人治理结构建设试点"的思考

卢 鹏

一、问题的提出

就高校体制机制改革而言,一方面,中央直属高校和地方所属高校[①]面临着一个共同问题,即中国特色现代大学制度的完善问题。例如,《国家中长期教育改革和发展规划纲要(2010—2020年)》第十三章,对现代学校制度的基本要求主要有三:一是政校分开、管办分离;二是自主办学;三是中国特色现代大学制度。而对中国特色现代大学制度的基本要求又主要有四:第一,完善治理结构;第二,加强章程建设;第三,扩大社会合作;第四,推进专业评价。从法学上说,其中最为核心的是两条:一是治理结构,特别是法人治理结构;二是大学章程。这两条,在教育部《高等学校章程制定暂

[①] 按:我国高校(大学)主要分两种:第一种是由国家举办的高等学校(即公办高校),第二种是由社会力量举办的高等学校(即民办高校)。参见:《中华人民共和国高等教育法》第六条、第三十九条。其中,公办高校,由于设立审批者及行政主管部门的不同,又分为中央直属高校和地方所属高校。前者"由国务院教育行政部门审批"设立;后者"由省、自治区、直辖市人民政府审批"设立,报国务院教育行政部门备案。参见:《中华人民共和国高等教育法》第二十九条。前者的行政主管部门是教育部;后者的是教育厅(教委)。另可参见教育部《高等学校章程制定暂行办法(2012)》第二十三条:"地方政府举办的高等学校的章程由省级教育行政部门核准,其中本科以上高等学校的章程核准后,应当报教育部备案;教育部直属高等学校的章程由教育部核准;其他中央部门所属高校的章程,经主管部门同意,报教育部核准。"

行办法（2012）》第四条的规定中得到集中体现①。

但另一方面，地方高校还可能面临一些更为复杂和特殊的问题，即"法人治理结构建设试点"问题。例如，《事业单位法人治理结构建设试点实施方案（2012）》要求：为落实《中共中央国务院关于分类推进事业单位改革的指导意见》，各省、自治区、直辖市应"以促进公益事业的发展为目的，以深化体制机制改革为核心，以落实事业单位法人自主权和加强事业单位监管为重要内容，指导有关部门和地方积极稳妥推进事业单位法人建设试点工作，探索建立和完善法人治理结构"。"指导建立和完善以理事会领导下的管理层为主要构架的事业单位法人治理结构；也可根据事业单位职责任务、服务对象和举办主体的不同，探索董事会、管委会等多种形式；还可探索单设监事会作为监督机构"。

这两个方面的要求，都提到"法人治理结构"，但前者对中央直属高校和地方高校的共同要求是："依法完善内部法人治理结构"；而后者对地方高校的特殊要求，则是"法人治理结构建设试点"。表面看似乎没有区别，后者有什么特殊性呢？关键就在"试点"二字。所谓"试点"，在《事业单位法人治理结构建设试点实施方案》中，地方高校是可以尝试"以理事会领导下的管理层为主要构架的事业单位法人治理结构"的，而在《高等学校章程制定暂行办法》中，其所谓"依法完善内部法人治理结构"，则是在我国《高等教育法》第三十九条，即"高校基层党委领导下的校长负责制"这一法律规定之下的"法人治理结构"。两者显著不同：就理事会或董事会的地位而言，一个是"决策机构"，另一个则是"咨议机构"。

可见，在大学法治建设工作中，地方高校可能面临着一项双重任务，第一是形式方面的，即"大学章程的制定或修订"；第二是实质方面的，即"法人治理结构建设的试点"。就其"试点"任务来说，又主要关涉四个方面的法学问题：从外部关系上说，第一，在作为高校举办者的地方政府与作为办学者的地方高校之间，究竟存在何种法律关系？第二，在作为地方教育行政主管部门与作为被管理者的地方高校之间，究竟存在何种法律关系？再

---

① 参见教育部《高等学校章程制定暂行办法（2012）》第四条："高等学校制定章程应当以中国特色社会主义理论体系为指导，以宪法、法律法规为依据，坚持社会主义办学方向，遵循高等教育规律，推进高等学校科学发展；应当促进改革创新，围绕人才培养、科学研究、服务社会、推进文化传承创新的任务，依法完善内部法人治理结构，体现和保护学校改革创新的成功经验与制度成果；应当着重完善学校自主管理、自我约束的体制、机制，反映学校的办学特色。"

从内部关系上说,第三,在地方高校基层党委与地方高校理事会或董事会之间,究竟是何种法律关系?而由这些问题引发的大学章程的问题,也就不仅仅是一个制定或修订的形式问题了,它同样是一个实质性的问题,即第四个方面,大学章程及其内部规则的法学性质问题(或大学章程究竟属于法还是不属于法的问题)。以上四个问题,归根到底,其实是一个问题,即在地方高校的"法人治理结构建设的试点"中,其所谓的"法人",是"私法人"还是"公法人"的问题。

地方高校法治建设问题,不仅是一个教育行政法制研究的重要课题(关涉与教育行政主管部门之间的关系),同样也是地方法制研究的一个重要问题(关涉与地方政府部门之间的关系)。笔者在某省地方高校(师范学院)挂职工作期间,实际参加了该校"章程修订"和"事业单位法人治理结构建设试点"工作①。下面就结合该项工作中的一些经历和体会,谈谈对上述问题的一些探索和思考。

二、某省师范学院"法人治理结构建设试点"的基本情况

(一)某省《师范学院章程》的修订

某省《师范学院章程》(以下简称《章程》)的修订是在"建立和完善事业单位法人治理结构建设试点"工作的背景下进行的。该校参加这一"试点"工作,主要动因有二:一是省机构编制委员会的鼓励和选定(该校被省编办选定为事业单位法人治理结构建设试点单位,也是全国此类试点中唯一的一家普通本科高等学校试点单位);二是想借此机会更好地探索和建立"自主办学、依法治校"的中国特色现代大学制度。2012年8月,该校全面启动和推进该项"试点"工作。其具体的工作步骤和主要成果如下:

---

① 按:2012年5月7日,该校被选定为省事业单位法人治理结构建设试点单位。为加快推进这一工作,省机构编制委员会组织包括该校的五家试点单位,赴广州以及江浙地区考察(2012年7月2—8日)。本文作者作为该校代表参加了这次考察,并向学校提交了《粤江浙地区法人治理结构建设的考察报告》。报告中提出了学校进行此项试点工作的基本思路:"我校'法人治理结构建设'试点应与'大学章程和相关规章制度的修订'以及'办学指导思想和定位'等工作联动进行"。这一思路被校领导采纳,2012年8月16日,校党委决定由本文作者负责该校大学章程的修订和法人治理结构试点工作;同时成立了学校法人治理结构建设领导小组和办公室,并由本文作者担任该领导小组副组长兼办公室主任,具体主持该项工作的设计、推进和实施。

（1）成立了学校法人治理结构建设试点工作领导小组和试点工作办公室。

（2）组织了相关的学习、考察和研究。主要是到广州、温州、湛江等地的该项试点的先进单位（包括职校、中学、剧院、医院等）学习考察。

（3）对现代大学制度的本质和特征进行研究，特别是就"大学章程"和"法人治理结构"两个问题进行了教育学和法律学上的跨国比较研究。研究的基本结论是：第一，从形式和内容上说，没有大学章程、没有法人治理结构、没有自主办学、没有师生共同体，就没有现代大学制度。第二，从实质上说，即便有了大学章程，如果章程不具法的约束力，不能建立具有决策权的理事会或董事会，也不能算真正意义的现代大学制度。据此，该校在法人治理结构建设试点工作上，统一了两个基本认识：第一，从形式上说，大学《章程》是"法人治理结构"的基本载体，而"法人治理结构"又是大学《章程》的基本内容。第二，从实质上说，现代大学制度的本质是"依法自主办学"。而就完善中国特色的现代大学制度来说，其关键就是做到两个"统一"，即：将"以理事会领导下的管理层为主要构架的事业单位法人治理结构"与"中国共产党高校基层党委领导下的校长负责制"有机地统一起来①。

（二）起草制订实施方案

在上述三项工作（建立工作机构、考察调研借鉴、制度比较研究）的基础上，该校起草制订了一系列实施方案，并取得了初步成果。成果主要包括：①某省《师范学院法人治理结构建设试点工作实施方案》；②某省《师范学院理事会组建运行方案》；③某省《师范学院监事会组建运行方案》；④某省《师范学院关于申请扩大自主办学权限的报告》；⑤某省师范学院的"决策失误责任追究""年度报告""信息公开"和"绩效评估"四个配套制度；⑥某省《师范学院章程（建议稿）》（以下简称《章程（建议稿）》）。

---

① 参见：《中华人民共和国高等教育法》第三十九条。另可参见两办《关于深化教育体制机制改革的意见（2017）》："要完善依法自主办学机制。依法落实高等学校办学自主权，完善中国特色现代大学制度，坚持和完善党委领导下的校长负责制，发挥党委领导核心作用。"

三、《章程》的结构、性质

（一）《章程》的结构

1.《章程》结构形式

该《章程》的结构，是根据中央编办《事业单位章程示范文本》（2012年）和教育部《高等学校章程制定暂行办法》（2012年）的规定要求的基础上形成的。

中央编办《事业单位章程示范文本》的结构要求是：

第一章　总则
第二章　宗旨与业务
第三章　举办单位
第四章　理事会
第五章　内部管理体制和管理层
第六章　资产管理
第七章　信息披露
第八章　法人终止
第九章　章程修改
第十章　附则

该《示范文本》在结构上的优点，是将事业单位法人的外部关系（举办者与办事者之间的关系）与内部关系（理事会与管理层之间的关系）分开。某省《师范学院章程》的结构，便是在这一《示范文本》基础上，再根据教育部《高等学校章程制定暂行办法》的要求以及学校自身的特点，并在比较借鉴了中外多所大学章程结构后，最终确立的。主要包括六章、八个部分：

序言
第一章　大学法人
第二章　办学自主权
第三章　法人内部治理结构
第四章　师生共同体

第五章　大学的象征（符号）
第六章　章程的制定、修改、保障
附则

其中，中央编办《事业单位章程示范文本》所要求的"第六章资产管理、第七章信息披露、第八章法人终止"等内容，均被包含在《章程》"第一章大学法人、第二章办学自主权、第六章章程的制定、修改、保障"的相关条款中。

2.《章程》结构的特点

该《章程（建议稿）》在结构上的特点，主要有三个方面：第一，将大学外部关系与内部关系分开，并将外部关系置于内部关系之前。外部关系主要规定大学举办者与大学之间的关系（即《章程（建议稿）》之第二章，其核心是办学自主权），内部关系主要规定大学内部权力结构关系（即《章程（建议稿）》之第三章，其核心是大学理事会的性质和地位）。第二，将教师的权利义务与学生的权利义务合为一章，即"师生共同体"（即《章程（建议稿）》之第四章）。第三，在章程的自身规则一章（即《章程（建议稿）》之第六章）中，专门规定了大学章程的保障制度。

（二）《章程》的性质

1. 章程的性质

高校章程的性质问题，主要是指大学章程在我国法律体系中的地位问题，即大学章程究竟属于法律、法规、规章还是属于大学内部的规范文件？或仅仅属于契约（行政契约、民事契约）？大学章程与法律、行政法规、行政规章、行政规范性文件的关系究竟如何？[①] 一般来说，大学章程的性质是由大学的举办方式以及大学章程所依据的文件和程序决定的。就我国而言，关于大学章程的性质问题，目前主要有两种定位：

---

① 按：关于大学章程的性质或地位问题，主要有以下两种不同的认识：第一，令状说。第二，契约说（包括民事契约说与行政契约说）。在本文看来，上述两种观点都有不妥之处：就我国公办高校而言，第一，大学章程显然不是一状由政府向高校单方发布的命令或授权，而是政府与高校之间的一项在高等教育公益目的方面的合作。第二，大学章程也不是一项交易性的契约（【1】既非平等主体之间就某项私益达成的民事交易，【2】也非政府为完成某项公益目的而与高校之间达成的行政交易），而是一项举办者与办学者之间的旨在高教公益的共同行动纲领。因此，大学章程具有公法上的"共和"性、"立法"性。

第一种：明确承认部门规章的地位高于大学《章程》。例如《清华大学章程》（2014年）第一条规定："为保障学校依法办学和自主管理，根据《中华人民共和国宪法》《中华人民共和国教育法》《中华人民共和国高等教育法》等法律、法规和规章，制定本章程。"再如《同济大学章程》（2014年）第一条规定："依据《中华人民共和国教育法》《中华人民共和国高等教育法》《中华人民共和国教师法》《高等学校章程制定暂行办法》等有关法律、法规与规章，结合学校实际情况，制定本章程。"再如《吉林大学章程》（2014年）第一条也规定："为保障学校依法自主办学，完善现代大学制度，实现学校的奋斗目标，根据法律、法规和规章，制定本章程。"在其《章程》的制定依据中，明确包括"规章"。再如《武汉大学章程》（2014年）第一条规定："为实现学校发展目标，完善内部治理结构，推进依法办学，规范办学行为，根据《中华人民共和国教育法》《中华人民共和国高等教育法》《中华人民共和国教师法》《高等学校章程制定暂行办法》等法律、法规以及其他有关规定，制定本章程。"该条虽未出现"规章"一词，但作为其《章程》制定依据的《高等学校章程制定暂行办法》，仍属于教育行政主管部门的规章。

第二种：未明确承认规章的地位高于大学《章程》。例如《北京大学章程》（2014年）第一条规定："根据宪法、教育法和高等教育法，制定本章程。"在其《章程》的制定依据中，不但未包括"规章"，甚至未包括国务院的"行政法规"。再如《复旦大学章程》（2014年）第一条规定："本章程根据教育法、高等教育法制定。"这就是说，高校《章程》的直接"上位"依据是法律，并不包括行政法规和规章。上述章程均已被教育部核准。

2.《章程》的定位

在上述两种定位中，该省《师范学院章程》属于第一种，即明确承认部门规章的地位高于大学《章程》。

关于《章程》修订的依据，在该《章程（建议稿）》的序言中列举了两种：一是《中华人民共和国高等教育法》（1999年）、国务院《事业单位登记暂行条例》及其实施细则（2006年）、《高等学校章程制定暂行办法》（2012年）等法律、法规和规章；二是中共中央国务院《关于分类推进事业单位改革的指导意见》和国务院办公厅《关于建立和完善事业单位法人治理结构的意见》以及该省《事业单位法人治理结构建设试点工作实施方案》

(2012年)等政策精神。

需要指出的是,这两个依据(法律依据和政策依据)在法人治理结构的要求上存在一个表面上的冲突:前一个依据(法律依据)强调高校作为事业单位的特殊性,明确规定"党委领导下的校长负责制";而后一个依据(政策依据)因其主要针对的是地方性的一般事业单位(例如学校、医院、剧院、图书馆、研究所等,当然也包括地方所属高校),所以在法人治理结构上,强调的是"理事会"或"董事会"的独立决策地位。该校《章程》之所以将这两个看似冲突的依据并列地放在一起,不仅是为了客观地呈现章程修订时事业单位法人治理结构建设"试点"的特殊历史背景,更主要的是为了将"党委领导下的校长负责制"与"以理事会领导下的管理层为主要构架的事业单位法人治理结构"这二者,在《章程》中有机地统一起来。

四、《章程》的基本内容

该校《章程(建议稿)》在内容上主要有两个亮点:一是"大学法人";二是"师生共同体"。

(一)大学法人

该《章程》紧扣两个基本关系或问题:一是外部关系,即大学的举办者与大学的办学者之间的关系,其核心是高校的办学自主权问题;二是内部关系,即大学内部的决策层、管理层、监督层三者之间的关系,其核心是高校理事会的性质或地位问题。

1. 外部关系或办学自主权

按照教育部《高等学校章程制定暂行办法》第八条中"关于健全学校办学自主权的行使与监督机制"的要求,该校:(1)首先,在两个方面做了调研:一方面,召开了一系列"办学自主权"的专题会,系统梳理了地方高校在组织、人事、招生、教学、财务和资产管理等方面的"自主权"的要求和建议;另一方面,广泛搜集了国内外其他高校办学自主权方面的经验和做法。(2)在此基础上,起草了高校《申请办学自主权情况说明的报告》;并以汇报会的形式向省编委、省教育厅做了汇报。(3)在听取了省编委、省教育厅的专家意见后,又形成了该校《申请扩大自主办学权限的报告》。(4)

在报告提交后,又由省编办牵头,在该校召开了"省直事业单位法人治理结构试点工作恳谈会"(省委组织部、省人社厅、财政厅、物价局、教育厅、卫生厅、文化厅以及省直其他各试点单位的领导参加了会议)。在此次会议上,学校就编制、组织、人事、财物、招生、教学等方面22项自主权做了系统汇报(详见附件2:《某省师范学院关于申请扩大自主办学权限的报告》)。各相关部门,特别是省编办和教育厅,对"办学自主权"问题也提出了许多建设性修改意见。(5)最后,经过与相关部门的反复沟通、协商、修改,最终确定了《章程》中所列的12项"办学自主权"(详见附件1:《章程(建议稿)》之第二章)。

2. 内部关系或法人内部治理结构

(1)高校理事会的性质。该《章程》将大学理事会规定为高校"最高决策机构"(注:既非"决策监督机构"也非"咨议机构",见《章程(建议稿)》第二十一条)。这一定位的依据主要有三:第一,国务院《关于建立和完善事业单位法人治理结构的意见》(2011年)之"总体要求"和"主要内容",将理事会定为"决策监督机构"——"建立和完善以决策层及其领导下的管理层为主要构架的事业单位法人治理结构……""决策监督机构的主要形式是理事会……。"既然是"决策监督机构",当然也就包含"决策机构"。第二,中央编办《事业单位章程示范文本》(2012年)第十一条,将理事会定义为"决策机构和监督机构"——"本单位设立理事会作为决策机构和监督机构,理事会向举办单位报告工作。"第三,教育部《高等学校章程制定暂行办法》(2012年)第十三条规定:"学校自主设置有政府、行业、企事业单位以及其他社会组织代表参加的理事会或者董事会的,应当在章程中明确理事会或者董事会的地位作用、组成和议事规则。"这就是说,该《暂行办法》并未明确规定理事会的地位(究竟是决策机构、监督机构,还是咨议机构)而是将其授权给了高校,即可以由高校在自己的章程中具体地加以明确。因此,无论大学将其理事会定性"决策机构""决策监督机构"还是"咨询机构",都应算是一种"明确"。

然而,必须指出,前两个依据与教育部《暂行办法》存在一个明显的冲突,即如果将大学理事会定性为大学的"最高决策机构",那么,其如何与《高等教育法》第三十九条以及《高等学校章程制定暂行办法》第九条的规定——"高校基层党委领导下的校长负责制"——相协调?因为,作为

"决策机构"理事会,势必会与高校党委会的决策地位相重叠[①]。如何解决这一矛盾或难题?该校《章程(建议稿)》的创造性做法是——"双向进入、交叉任职"。其具体如下:

第一,《章程》在将理事会规定为"决策机构"的同时,又在理事会之下,设立了常务理事会,并规定学校党委委员全部担任常务理事会的理事。即所谓"双向进入、交叉任职"。这样规定,既有利于理事会闭会期间学校工作的开展,又利于理事会与党委会关系的协调。常务理事会下设办公室,作为理事会的办事机构,并与学校党委办公室合署办公。

第二,为保证学校理事会作为"决策机构"和学校管理层作为"执行机构"的运行符合国家法律、法规、规章以及学校章程的规定,该校《章程》还专门设立监事会,对学校决策层和管理层人员及其行为进行监督。

其法人治理结构,如图1所示。

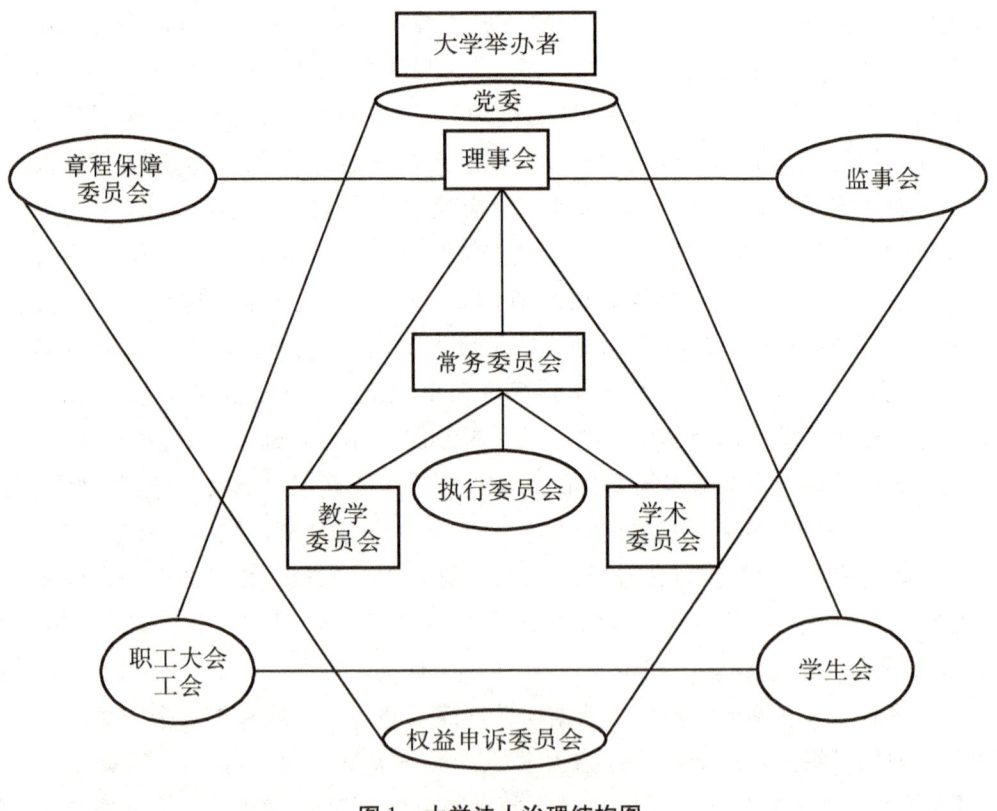

图1 大学法人治理结构图

---

① 另可参见:《中华人民共和国民法总则》第八十九条。

(2) 高校内部其他主要机构的性质。另外，该校《章程（建议稿）》还有一些显著的规定：①将学校执行委员会规定为"学校行政事务最高管理机构"；②将学术和教学委员会规定为"学校学术事务的最高决策和评议机构"和"学校教学工作的最高决策和评议机构"；③将师生权益申诉委员会①和章程保障委员会定性为校内"法院"。

(二) "师生共同体"②

此部分内容详见《章程（建议稿）》之第四章。

五、该项"试点"的结果

(一) 结果

该项"试点"的结果，并不理想。在《章程》最后的送审稿中，原《章程（建议稿）》的结构和内容，做了较大幅度的调整或改变。《章程（送审稿）》的结构如下：

第一章　序言
第二章　学校法人
第三章　举办者与学校的关系
第四章　理事会与监事会
第五章　内部管理体制和管理层
第六章　教职员工

---

① 按：《国家中长期教育改革和发展规划纲要（2010—2020年）》第六十四条提出"大力推进依法治校"的基本要求，即：学校要建立完善符合法律规定、体现自身特色的学校章程和制度，依法办学，从严治校，认真履行教育教学和管理职责。尊重教师权利，加强教师管理。保障学生的受教育权，对学生实施的奖励与处分要符合公平、公正原则。健全符合法治原则的教育救济制度。

② 按：对于大学尤其是师范类高校而言，"师生共同体"的理念尤为重要。伍德罗·威尔逊在提到"大学生活的一个重要方面"时说：应当把大学生活组织得使学生和教师都参与其中，使师生之间产生自然的日常交流，只有这样的学术生活共同体，才充满朝气，才使学习成为生活本身的组成部分。学生只有在与学者的自然交往中，才易感受知识的生动蓬勃。正是基于这一理念，该校《章程》规定：(1) 将"为人师表"定为"校训"——希望建立一种知行合一、师生互动的德育机制；(2) 将教师的权利义务与学生的权利义务合为一章"师生共同体"——旨在建立一个统一的师生权利救济机制：师生权益申诉委员会。限于篇幅和主题，此处从略。

第七章　学生
第八章　校徽、校旗、校歌
第九章　章程的制定、修改、保障
第十章　附则

在该《章程（送审稿）》中，虽然保留了《章程（建议稿）》的基本框架、大部分条款和一些重要成果（特别是大部分的办学自主权），但也放弃了一些关键的"试点"努力：

(1) 在举办者与高校的关系方面，放弃了高校摆脱对教育行政部门的隶属关系进而获得公法人地位的努力。

(2) 在法人内部治理结构方面，放弃了理事会、学术委员会、教学委员会突破"咨议机构"的属性进而成为"决策机构"的努力。

(3) 在大学章程的地位方面，放弃了大学章程突破校内规则的属性进而取得法律地位的努力。

(4) 在结构上，也放弃了《章程（建议稿）》中"师生共同体"的做法。

（二）原因

对于"试点"结果不理想的原因，主要有两种观点：

第一种观点认为，教育部《高等学校章程制定暂行办法》主导下的"高校章程制订"与中央编委（办）主导下的"法人治理结构建设试点"这两项工作（两条线）存在一定的冲突。两项工作都要求"法人治理"，但一个强调"依法治校"，一个强调"管办分离"。其实，两条线原本也不会发生瓜葛，一个是对高校的要求，一个是对地方事业单位的要求。然而，一旦涉及地方高校（高校＋地方事业单位），两条线便发生了交集并产生冲突。因此，在这一观点看来，我国"地方高校法人治理结构建设试点"，是在涉嫌违背《中华人民共和国高等教育法》第三十九条"高校基层党委领导下的校长负责制"的规定的情况下进行的。所以，按照编委（办）思路制定的高校《章程（建议稿）》，是不可能在教育行政主管部门（教育厅）获得核准的。

这一观点，看似有理，其实并未抓住问题的关键。首先，"管办分离"也好，"理事会决策"也罢，与"高校基层党委领导下的校长负责制"之间，并不存在不可调和的矛盾；至少，在前述《章程（建议稿）》所规定的

"双向进入、交叉任职"模式中,两者的关系就得到了有机的"统一";就像在《宪法》上,作为"最高权力机关"的全国人大与作为执政党的"党的领导"是有机"统一"的一样①。其次,实际上,地方高校在由编委(办)主导下进行"法人治理结构建设试点"工作,恰恰有其特有的积极意义,特别是有利于地方高校在一个中立第三者所主导的格局中,理顺它与地方教育主管部门之间的关系。当然,由编委一家推动的"试点"模式,也确实不易兼顾到地方高校在高等教育方面的诉求。所以,权衡利弊,如果能将"高校法人治理结构建设试点"与"高校章程修订"工作结合起来,由中央"事业单位分类改革领导小组"统一牵头,并组织党政两个系统的机构编制部门、党委组织部门、教育行政部门、"人社"部门、财政部门等相关单位,与大学(直属高校与地方高校)共同推进这项改革工作,"试点"效果可能会更好。

第二种观点认为,"试点"工作的不理想,主要不是因其"与法律的冲突",而是由于未能区分"私法人"与"公法人",即,未能搞清:所谓的"法人治理结构"建设试点,究竟是要试点什么样的治理结构——是"私法人的"还是"公法人的"?我们知道,在法学上,私法行为与公法行为不同,私法章程与公法章程亦有别。首先,对于一个具有公益目的和公权力的公法主体而言,它所实施的那些同样可以由其他私法或公法主体实施的行为,与它以其职权中的公益目的和公权主体身份实施的行为,这二者之间有着本质的不同:前者受私法管辖,后者却受公法管辖。其次,由于公法人的公共属性(由国家所创立、以公益为目的、主要由公共财政所支持并由公务人员进行管理等),使其章程与私法人的相比,也具有不同的法律性质。就大学章程与公司章程的不同而言,前者是举办者与大学之间的共同行动纲领,而后者则是出资者与公司之间的利益分配方案;前者规范的是学术取向的一个师生共同体,后者约束的则是利益取向的一种"合伙"关系②。所以,就改变或取消法人章程的政府行为而言,公法人不会像私法人那样无能为力。因此,公法人的治理结构也就会有一些独特的要求:第一,就它与其他公法主体的关系而言,它应具有平等性或对等性。第二,就其对公共事务

---

① 参见:《中华人民共和国宪法》第一条、第二条、第五十七条。
② 按:在拉丁语中,合伙(societas)关系有二义:一是共同行动意义上的合伙(即英文的fellowship),一是交换意义上的合伙(即英文的partnership)。为了某种共同目标而采取共同行动的"合伙"不同于为了某项收益而进行交换的"合伙"。

的权力行为而言,它应具有自主性和独立承担公法责任的能力①。因此,高校作为公益属性的事业单位("公益目的"+"公共权力"),其所谓"法人治理机构建设试点",就显然不是要进行私法上"公司"式的治理结构建设②,而是应该探索建立中国特色的"公法人"治理结构;即在高等学校中,将"基层党委领导下的校长负责制"与高校公法人的内部治理结构,有机地统一起来。而从这个意义上说,该校的"试点",在"私法人"的框架下,是不可能完成"公法人"治理结构的建设任务的。

六、该项"试点"的启示

最后,就笔者全程参加的这项地方高校"法人治理结构建设试点"而言,其在法学上的最大启示,或许可以概括为一句话——"从私法人到公法人",即为了更好地落实高校办学自主、实现高校的公益目的(人才培养、科学研究、服务社会、文化传承创新),应当积极探索建立中国特色的大学公法人制度。其要点有二:

第一,高等学校应具有公法人的身份或地位(及其内部治理结构)。高校不仅应当具有私法人格,还应具有公法人格③。高校在其完成公益任务时,

---

① 按:就"法人治理结构"而言,私法人与公法人应有共同的要求(例如章程和理事会等),但公法人又有其特殊的要求。
② 按:根据我国《民法总则》第三章之规定,我国民法上的法人主要有三种:一是营利法人(例如公司等企业单位法人),二是非营利法人(例如事业单位等社会服务机构法人),三是特别法人(例如机关及群众自治组织法人等)。其中,高校既属民法上的非营利法人或事业单位法人。从这一意义上说,所谓大学的法人治理结构,只是一个在私法上如何进一步完善的问题,无所谓公法上探索性的"试点"问题。
③ 例如《慕尼黑路德维希-马克西利安大学基本章程(2009)》总则&1. 规定:"(1)慕尼黑大学(全称路德维希-马克西利安-慕尼黑大学)是依法享有自治权的独立法人,属于联邦机构。"再如《耶路撒冷希伯来大学宪章与基本章程》(2006)导言规定:大学依法为公认机构和法人,是"自主管理其学术和行政事务的机构";"因此,大学需制定一份宪章,该宪章应对大学学术和行政事务的管理做出规定",并表达以色列人民在"大学建立和成长中所应共同承担的责任"。参见张国有:《大学章程(第二卷)》,北京大学出版社2011年版。

不仅应具有公权性、高权性[1]；还应具有自主性、独立性[2]。换句话说，作为公法人的大学，当它面对权力相对人时，它是行使高权行为的公法人；而在面对其他公法主体（特别是大学举办者）时，它又是具有独立性和对等性的公法人。从而使高校的公权行为，完全处于我国公法的管辖之下。

第二，高校章程应具有法的地位和效力。高校章程，不仅应在校内规则体系中处于最高的层级（即大学内部的"宪法"[3]），而且还应成为国家法律体系中的一个有机组成部分：在校内，能够统摄其内部规则体系；而在校外，又能与国家的其他立法层级保持效力上的明确等级关系。从而将高校章程，纳入我国《立法法》的序列。

（卢鹏，同济大学法学院副教授）

---

[1] 例如《柏林洪堡大学宪章》(2013) 第 A 章（大学的原则和目标）§1. a. 规定："大学的人事、经济、预算和财政管理，学费征收以及健康医疗属于国家事务，但由大学统一的管理机构和学术事务一起实施。柏林州对此拥有业务监督权；在下达指令前，校董会可发表意见。若无其他规定，校董会可在关于国家事务的授权责任范围内对其他机构发出具有约束力的指令。"再如《加州大学董事会章程与常规》(2008) 第 5.1 规定："法人的形式、组成、责任和权力根据《加利福尼亚州宪法》第 9 款第 9 条规定如下：a. 加州大学应组建一个公益信托组织且该信托由现有的法人'加州大学董事会'管理，该董事会有充分的组织和治理权力，且只在必要的情况下接受法律监督，如……。"参见张国有：《大学章程（第二卷）》，北京大学出版社 2011 年版。

[2] 例如《香港大学条例（1997）》第 7 条规定："校董会为大学的最高管治团体。""校务委员会为大学的行政团体。""教务委员会得规管大学的一切与教育有关的事宜……。"参见张国有：《大学章程（第一卷）》，北京大学出版社 2011 年版。

[3] 参见卢鹏：《大学章程——大学的"宪法"》，载周祖翼、裴钢：《探索中国大学治理之道》，同济大学出版社 2015 年版，第 69 页。

附件1：

《某师范学院章程（建议稿）》

序言
第一章　大学法人
第二章　办学自主权
第三章　法人内部治理结构
第四章　师生共同体
第五章　大学象征
第六章　章程的制定、修改、保障
附则

序言

第一条 为了更好地确保自主办学，实现政事分开、管办分离，建立和完善中国特色现代大学制度，根据《中华人民共和国教育法》《中华人民共和国高等教育法》《高等学校章程制定暂行办法》等相关规定，并遵照中共中央国务院《关于分类推进事业单位改革的指导意见》（中发〔2011〕5号）和国务院办公厅《关于建立和完善事业单位法人治理结构的意见》（国办发〔2011〕37号）精神以及省《事业单位法人治理结构建设试点工作实施方案》的要求，制定本章程。

第一章　大学法人

第二条 学校由省人民政府举办、归省教育厅监督管理。学校的分立、合并、变更、终止，由学校理事会提出申请，报省人民政府通过后实施，报国家教育行政主管部门备案。

第三条　学校名称：（略）；学校地址：（略）。

第四条　学校属公益事业单位，具有法人资格，享有以下法人权利：

1. 对学校资产（不动产和动产、有形资产和无形资产）的使用、收益和管理权；

2. 接受政府拨款和社会捐赠权；

3. 签订合同权；

4. 代理委任权；

5. 起诉和应诉权。

第五条　学校属全日制普通高等学校，全日制在校生规模13000人左右。

第六条　学校的主要任务：

1. 以本科教育为中心，开展高等职业技术教育、继续教育、远程教育，积极发展研究生教育；

2. 承担全省教育行政干部、中小学校长和骨干教师培训。

第七条　学校发展定位：

1. 人才培养：重点培养基础教育师资的同时，积极培养社会需要的各类人才；

2. 科学研究：重点发展师范类学科的同时，积极鼓励各种学科综合发展；

3. 服务社会：大力服务基础教育，特别是乡村基础教育事业发展的同时，积极服务社会各项事业的发展；

4. 文化传承创新：大力推进贵州本土文化的传承创新的同时，积极推进国内外各种先进文化的学习和研究。

第八条　校训：为人师表。

第二章　办学自主权

（一）编制、人事自主权

第九条　编制使用和岗位设置自主权。

1. 在省编制部门核定的编制内，学校有权根据自身发展需要，自主设置内设机构，自主确定机构名称及干部职数；

2. 学校有权自主设置岗位，自主确定不同类型岗位（管理、专业技术、工勤）职数的结构比例和不同等级岗位内部职数的结构比例（报省编制部门、人社厅备案）。

第十条　人员聘用自主权。学校有权自主考核聘用工作人员，包括高层次人才引进、人员调动和公开招聘（报省委组织部、省教育厅、人社厅备案）。

第十一条　干部选拔任用自主权。学校有权自主按照有关规定和程序选拔任用干部，包括对高层次人才破格提拔和越级提拔（报省委组织部备案）。

第十二条　职称评聘自主权。对申报的不同系列专业技术职称，学校有权根据办学需要，自主组织专家进行单独评审（需参加社会考评的除外）和聘任，对引进人才的职称转换自主进行评定（报省教育厅和省人社厅备案）。

第十三条　工资福利考核分配自主权。学校有权根据教职工聘用岗位、履行岗位职责、完成工作的质和量、产生效益等情况，自主核定和调整岗位基本工资和绩效工资，自主考核分配和实行奖惩（报省教育厅和省人社厅备案）。

（二）招生自主权

第十四条　学校根据社会需求、办学条件和国家核定的办学规模，制定招生方案，自主调节系科招生比例。

第十五条　学校有权以当年招生计划 30% 的比例采用基于高考的综合测评模式（综合成绩＝高考成绩＋平时成绩＋面试成绩）自主招生。每年从中学直接选拔优秀高中毕业生面试入学（高考成绩占 40%，平时成绩占 30%，面试成绩占 30%，即"433 模式"）。学校自主确定对有特长专长的考生进行适当的降分录取。

（三）教学、科研自主权

第十六条　学校依法自主设置和调整学科、专业。

第十七条　学校根据教学需要，自主制定教学计划、选编教材、组织实施教学活动。

第十八条　学校有权根据专业培养方案要求，自主实施学分与学费相挂钩的制度。

第十九条　学校根据自身条件，自主开展科学研究、技术开发和社会服务。

第二十条　学校按照国家有关规定，自主开展与境外高等学校之间的科学技术文化交流与合作。

第三章　法人内部治理结构

（一）　理事会

第二十一条　理事会为学校最高决策机构。

第二十二条　理事会的职责：

1. 审定学校章程、理事会章程、理事会议事规则；
2. 审定学校发展规划；
3. 审定学校规章制度；
4. 审定学校年度工作计划和用人计划；
5. 审定学校年度财务预算报告、薪酬分配方案；
6. 审议学校年度工作报告、财务报告；
7. 负责学校重要人事任免，主要包括：

（1）理事会委员；

（2）执行委员会委员；

（3）教务委员会主席、副主席；

（4）学术委员会主席、副主席；

8. 对执行委员会执行理事会决议的情况进行监督。
9. 审定学校其他重大事项。

第二十三条　学校经费主要来自政府拨款和购买服务以及自收学费和社会融资。学校理事会应多渠道筹集经费，改善办学条件，提高教职工福利待遇，增强办学实力。

第二十四条　理事会由内部理事和外部理事构成。

1. 内部理事包括：党委书记、校长、副书记、副校长、教职工代表、学生代表。

2. 外部理事包括：举办单位、政府相关部门、合作单位、服务对象的代表等。

第二十五条　理事长由学校党委书记担任，每届任期3年，可连任，但不得超过3届。

第二十六条　执行理事长由校长担任，每届任期3年，可连任，但不得超过3届。

第二十七条　副理事长由学校党委副书记和副校长担任，每届任期3年，可连任，但不得超过3届。

第二十八条　理事会下设适合相应目标的专门委员会。专门委员会主席、副主席，从理事中选举产生。

第二十九条　理事会的产生方式有两种：当然理事和委任理事。

1. 当然理事：

理事长（党委书记）、执行理事长（校长）、副理事长（党委副书记、副校长）。

2. 聘任理事：

（1）省教育厅1名代表；

（2）省财政厅1名代表；

（3）省科技厅1名代表；

（4）省文化厅1名代表；

（5）省人社厅1名代表；

（6）省物价局1名代表；

（7）基础教育在岗校长至少1名代表；

（8）教职工至少1名代表；

（9）在籍学生至少1名代表；

（10）校友至少1名代表；

（11）理事单位至少1名代表。

第三十条　理事会理事中，至少1/3应具有5年以上从事教育教学工作的经历。

第三十一条　理事每届任期3年，可连任，但最多不超过3届。

第三十二条　连续两次缺席理事会例会的理事，即失去继续担任理事的资格；但理事会认定其有缺席理由的除外。

第三十三条　理事会可在某位理事不再担任理事的当次例会上填补其空缺。

第三十四条 理事的权利与义务

1. 对本单位财务状况的检查权；

2. 理事会会议提案权；

3. 理事会决议执行情况的监督权；

4. 在非会议期间，理事有权以信函等形式，过问和讨论属于理事会权限内事务；

5. 理事有参加理事会会议的权利和义务；有发言权、表决权、选举和被选举权。

6. 理事会决议违反法律法规或学校章程，致使学校遭受严重损失或造成严重后果的，在表决中投赞成票的理事，应承担相应责任。

7. 除当然理事外，其他理事均不应从大学领取任何薪金；理事行使职责所实际支出经费的报销，不属于薪金。

第三十五条 理事单位的权利与义务

1. 理事单位通过代表自己的理事对学校重大事项提出意见和建议；

2. 理事单位与本校之间应在招生、就业、人才培养、学术研究以及信息分享等方面，有更加紧密互惠的合作。

第三十六条 理事会会议

1. 理事会至少每年举行两次例会。

2. 理事会例会由理事长主持；特别会议的召开，应在（1）理事长认为必要并征得执行理事长及多数副理事长同意后或（2）在不少于1/4理事提出书面请求后进行。

3. 理事会采取会议制和票决制；每位理事一个投票权。

4. 任何理事会会议的法定人数，不得少于全体理事的2/3，且其中至少应有3名外部理事。

5. 理事会会议应由理事本人出席，因故不能出席的，应以书面形式委托他人代理出席。

6. 理事会投票采取简单多数通过制。

7. 理事会会议应在召开前2周书面通知理事，载明会议内容、时间、地点，并附上会议相关材料。

8. 理事会会议应有会议记录，并由出席会议的理事签字；根据会议记录整理的会议纪要，应向理事报告，并向执行委员会传达；会议纪要不具有理事会决议的性质，但对学校执行委员会具有指导意义。

（二）常务理事会

第三十七条　在理事会闭会期间，学校理事会的常务理事会代行理事会职权；但理事会有权对常务理事会议决事项重新讨论决定。

第三十八条　常务理事会的构成：

1. 理事长；
2. 执行理事长；
3. 副理事长。

第三十九条　常务理事会主席由理事长担任，副主席由执行理事长担任。

第四十条　常务理事会下设办公室，办公室主任由理事长提名，常务理事会任命。办公室主任有权列席常务理事会会议，有发言权，但无表决权。

第四十一条　常务理事会职责

1. 审定学校发展规划、年度工作计划、用人计划；
2. 审定学校年度财务预算及重大金额使用、薪酬分配方案；
3. 审定大学内部管理规定；
4. 任命学校各职能部门和二级学院行政管理人员；
5. 设置或撤并内设机构。

（三）执行委员会

第四十二条　学校执行委员会为学校行政事务最高管理机构。

第四十三条　学校执行委员会的构成：

1. 校长；
2. 副校长；
3. 各职能部门行政负责人；
4. 各学院行政负责人。

第四十四条　执行委员会职责

1. 拟订学校年度工作计划和用人计划；
2. 拟订学校年度财务预算报告、薪酬分配方案；
3. 拟订学校年度工作报告、财务报告；
4. 拟订、执行学校管理规定；
5. 管理学校财务和资产；

6. 负责学校日常管理事项；

7. 组织开展教学科研、学科建设、教师发展、国际交流与合作；

8. 保障学校安全和稳定；

9. 理事会赋予的其他职责。

第四十五条　学校执行委员会主席由校长担任；校长办公会为学校执行委员会的常务机构。

第四十六条　校长办公会负责学校的教学、科学研究和其他行政管理工作，行使下列职权：

1. 拟订发展规划，制定具体规章制度和年度工作计划并组织实施；

2. 组织教学活动、科学研究和思想品德教育；

3. 聘任与解聘教师以及内部其他工作人员，对学生进行学籍管理并实施奖励或者处分；

4. 拟订和执行年度经费预算方案，保护和管理校产，维护学校的合法权益；

5. 组织实施学校理事会、常务理事会、执行委员会的决议。

第四十七条　学校执行委员会和校长办公会就教学、科研事务做出决定时，应当充分听取学校教学和学术委员会的意见。

第四十八条　学校实行校、院两级管理体制。校长履行职责，实行校长统一领导、副校长分工负责、职能部门组织实施的工作机制。二级学院采取党政联席会议的工作机制。

第四十九条　学校执行委员会下设办公室，与学校常务理事会办公室合署办公；办公室主任由学校常务理事会办公室主任兼任；办公室副主任由校长提名，学校执行委员会任命；学校执行委员会办公室副主任有权列席执行委员会和校长办公会会议。

（四）学术委员会

第五十条　学校设立学术委员会。学术委员会是学校科研学术事务的最高决策和评议机构。

第五十一条　学术委员会的工作原则是：1. 学术自由；2. 学术创新。

第五十二条　学术委员会委员由选举产生的学者组成。学校在岗教师与研究人员，有选举权；学校在岗教授、研究员、副教授、副研究员，有被选举权。

第五十三条　选举前,学校应全面展示申报竞选的候选人的学术德行与成就,通过演讲会形式,由候选人陈述自己的学术理念和准则,在选举权人充分了解被选举人的情况后投票。

第五十四条　在学校学术委员会中,兼任党政管理职务者的人数不得超过委员总人数的1/2;学校党政负责人,不得兼任学术委员会主席、副主席。

第五十五条　在学校学术委员会中,每个二级学院(部门)的当选委员人数不少于1人,但不超过3人。

第五十六条　学术委员会主席、副主席,由理事会在选举产生的学术委员会委员中任命。学术委员会委员每届任期3年,可连任,但不得超过3届。

第五十七条　学术委员会下设办公室,与科研管理部门合署办公。

第五十八条　学术委员会的职权:

1. 制定学术委员会议事规则;
2. 拟订学校科研发展规划和学术政策;
3. 论证和评议科研项目和科研合作合同;
4. 验收、鉴定、评定、推荐科研成果;
5. 管理学校科研基金;
6. 监督、规范学术行为,端正学术风气,加强学术道德建设;
7. 审议教师职务职称资格;
8. 评定学位;
9. 受理违反学术规范、学术道德方面的争议。

第五十九条　讨论重大学术问题时,学术委员会可邀请校外专家学者参加会议,充分听取意见。

第六十条　学校学术委员会可下设学术指导委员会、学术评价委员会、学位评定委员会、学术道德委员会等专门委员会。

(五) 教学委员会

第六十一条　学校设立教学委员会。教学委员会是学校教学工作的最高决策和评议机构。

第六十二条　教学委员会主要职责:

1. 制定教学委员会议事规则;
2. 审议学校教学工作的规划、改革措施和管理制度;

3. 审议教学实验室建设规划和设置；

4. 制定教学奖的评定标准和办法，评审教学成果奖、教学名师奖等教学奖励；

5. 评审教学团队、精品课程和重大教学改革项目。

第六十三条 教学委员会的构成和选任办法，由学校理事会另行制订。

（六）监事会

第六十四条 学校监事会是学校监督机构。

第六十五条 监事会的主要职责：

1. 制订、修改监事会议事规则。

2. 对学校教学、科研、管理、财务、人事等重要事项进行监督、检查。

3. 对学校理事会、执行委员会以及其他决策和管理人员履职情况进行监督；对违反法律法规或学校章程的人员，提出处理建议。

4. 学校理事会、执行委员会、教学委员会、学术委员会通过的决议或规定，如果违反法律法规或学校章程，学校教职工和在籍学生均可向监事会提出申诉；监事会有权组织章程保障委员会，对该项申诉进行审理。

5. 受理因学校行政管理而引起的教职工权利争议问题的申诉，特别是涉及教职工职务职称、福利待遇、评优评奖、纪律处分等争议问题的申诉。监事会有权组织教职工权利申诉委员会，对该项申诉进行审理。

6. 受理因学校行政管理而引起的学生权利争议问题的申诉，特别是涉及学籍、学位管理，违纪处分，奖励等争议问题的申诉。监事会有权组织学生权利申诉委员会，对该项申诉进行审理。

7. 受理并审查涉及学校信息公开问题的举报。

第六十六条 监事会成员不得少于5人，由学校纪检、监察、审计、法制等部门负责人组成；监事会主席由纪委书记担任。

第六十七条 监事每届任期3年，可连任，但最多不超过3届。

第六十八条 监事会成员列席学校理事会、常务理事会、执行委员会、常务执行委员会、校长办公会会议。

（七）学校党组织

第六十九条 中国共产党学校基层党委是学校的领导核心。

第七十条 学校党委支持理事会、执行委员会、监事会、学术委员会、教学委员会等组织依法行使决策、管理、监督、学术、教学方面的职权。

第七十一条　学校党委领导学校工会、妇委会、共青团和学生会等组织，对校内民主党派基层组织实行政治领导，支持校内各类群众组织发挥民主监督作用。

第七十二条　学校中国共产党纪律检查委员会受学校党委和上级纪委双重领导，协助党委搞好党风廉政建设工作，协助有权机关查处违法违纪案件。

第四章　师生共同体

（一）教职员工权利义务

第七十三条　学校对教职员工实行下列任用制度：
1. 教师的资格认证和职务聘任制度；
2. 其他专业技术人员的专业技术职务聘任制度；
3. 管理人员的聘任制度；
4. 工勤人员的劳动合同制度。

第七十四条　学校实行人事聘任制、目标责任制、岗位责任制、检查评估制、民主监督制和责任追究制。学校对教职员工定期进行目标绩效考核，考核结果作为对各类人员任用、晋升和奖惩的依据。

第七十五条　学校教职员工享有下列权利：
1. 公平使用学校的公共资源、享受福利待遇权；
2. 公平获得自身发展所需的相应工作机会和条件权；
3. 在品德、能力和业绩等方面获得公正评价权；
4. 公平获得各种奖励和荣誉称号权；
5. 对学校改革、建设和发展及关系切身利益的重大事项的知情权；
6. 对学校工作提出意见和建议，通过教职工代表大会或者其他形式参与学校民主管理权；
7. 对学校涉及教职工的职务、福利待遇、评优评奖、纪律处分以及其他利益决定的申诉权；
8. 法律、法规、规章及学校规定的其他权利。

第七十六条　教师享有下列教学科研权利：

1. 进行教育教学活动，开展教育教学改革和实验权；

2. 从事科学研究、学术交流权，参加学术团体权，在学术活动中充分发表意见权；

3. 指导学生的学习和发展，评定学生的品行和学业成绩权。

第七十七条　学校教职员工履行下列义务：

1. 遵守法律、法规、规章，遵守学校规章制度；

2. 贯彻国家的教育方针；

3. 尊重和爱护学生；

4. 维护学校声誉；

5. 遵守职业道德，恪尽职守，为人师表；

6. 宪法、法律、法规、规章及学校规定的其他义务。

第七十八条　学校建立教职工权利申诉委员会，以保障教职工合法权益。

第七十九条　学校通过以教师为主体的教职工代表大会等组织形式，依法保障教职工参与民主管理和监督，维护教职工合法权益。

(二) 学生权利义务

第八十条　学生在校期间依法享有下列权利：

1. 参加学校教育教学计划安排的各项活动，使用学校提供的教育教学资源的权利；

2. 参加社会服务、勤工助学，参加校内、学生团体组织之文体育活动的权利；

3. 申请奖学金、助学金、助学贷款的权利；

4. 在思想品德、学业成绩等方面获得公正评价，完成学校规定学业后获得相应的学历证书、学位证书的权利；

5. 对学校给予的处分或者处理有异议，向学校、教育行政部门提出申诉的权利；对学校、教职员工侵犯其人身权、财产权等合法权益，提出申诉或者依法提起诉讼的权利；

6. 宪法、法律、法规、规章以及学校规定的其他权利。

第八十一条　学生在校期间依法履行下列义务：

1. 遵守宪法、法律、法规和规章；

2. 遵守学校管理制度；
3. 努力学习，完成规定学业；
4. 按规定缴纳学费及有关费用，履行获得贷学金及助学金的相应义务；
5. 遵守学生行为规范，尊敬师长，养成良好的思想品德和行为习惯；
6. 修心修德，完善人格；
7. 宪法、法律、法规、规章以及学校规定的其他义务。

第八十二条　学校建立学生权利申诉委员会，以维护学生合法权益。

第八十三条　学校通过学生代表大会等组织形式，依法保障学生参与民主管理和监督，维护学生合法权益。

第五章　大学象征

第八十四条　校徽包括徽志和徽章。（略）

第八十五条　校旗。（略）

第八十六条　校歌。（略）

第六章　章程的制定、修改、保障

第八十七条　学校章程的制定或修改，由学校章程制定或修改委员会，在广泛征求教职工和学生意见的基础上，拟订草案，经教职工代表大会讨论，并由学校理事会审议通过，报省教育厅核准、教育部备案。

第八十八条　学校章程与国家法律法规冲突时，以国家法律法规为准。

第八十九条　学校内部管理制度或规范性文件、具体管理行为或办学活动，应以学校章程为依据。

第九十条　学校章程授权监事会监督章程的执行并受理对违反章程的内部管理制度、规范性文件、具体管理行为或办学活动的举报和投诉。经监事会初审后认为必要的，由监事会组织章程保障委员会对该举报或投诉进行审查，对违反学校章程的行为，由章程保障委员会宣布无效。

第九十一条　章程保障委员会的构成：

1. 省编制管理部门 1 名代表；
2. 省教育主管部门 1 名代表；

3. 学校外部理事 1 名代表（不得是省编制管理部门或省教育主管部门人员）；

4. 学校教职员工 1 名代表（不得是内部理事）；

5. 学校在籍学生 1 名代表（不得是内部理事）；

6. 学校监事会 2 名代表。

章程保障委员会中至少有 2 名委员应是法律专业人士。

章程保障委员会委员由监事会聘任。

第九十二条　学校建立和完善决策失误责任追究、年度报告、信息公开和绩效评价制度，作为章程的配套制度，保障章程目的的充分实现。

附　则

第九十三条　本章程自某年某月某日开始施行。

附件2：

《某师范学院关于申请扩大自主办学权限的报告》

为建立现代大学制度，实行政事分开，管办分离，建设法人治理结构，扩大办学自主权，根据《高等学校章程制定暂行办法》和《省事业单位法人治理结构建设试点工作实施方案》的相关要求，结合我校具体情况，特提出以下四个方面办学自主权的具体要求，提请主管部门审批：

一、组织、人事自主权

（一）简化人才引进、调动、人员招聘审批程序（包括：聘用材料的审核及认定、拟聘用人员能力和素质的考察及聘用）或改为仅向上级主管部门备案。

（二）简化高层次人才引进程序。希望高层次人才引进不再报省委组织部、省教育厅、省人社厅审批，交由学校自主考核决定，报省委组织部、省教育厅、省人社厅备案。

（三）高层次人才破格提拔和越级提拔不再报省委组织部审批，交由学校自主按照有关规定和程序选拔任用，报省委组织部备案。

（四）学校内设管理机构的设置和人员配备，交由学校自主决定，报省编委备案。

（五）在省编委核定的编制内，学校有权根据自身发展需要，自主设置岗位和聘用人员，取消岗位类型比例和岗位等级比例等限制性规定。

（六）学校有权自行组织专家对各系列申报的职称进行评审（需参加社会考评的除外）；自行评聘教师和其他专业技术人员的职务。

（七）根据岗位职责、教职工工作的质和量、产生的效益等因素，由学校自主核定基本工资和奖励性工资，调整工资及津贴分配，对教师及其他职工实施奖励或处分。

二、财、物自主权

（一）在财政经费不能满足学校办学成本需要时，学校有权根据办学成本，自主调整学费收费标准。

（二）学校在使用经费过程中，上级行政管理部门应简化经费下拨程序，减少财政支付流程。

（三）在学校基础设施建设项目的审批上，教育行政主管部门应减少项目审批的环节和时间，加快项目实施，提高办事效率。

（四）学校作为改革试点单位，财政应加大经费支持力度。

三、招生自主权

（一）学校有权根据社会需求、办学条件和国家规定的办学规模自主拟定招生方案，调整学科专业招生比例。

（二）准予学校的职业技术学院及一些生源数量广，质量好且师资力量强的专业开展自主招生。

（三）准予学校从中学直接选拔优秀高中毕业生面试入学。

（四）准予学校自主确定对有特长专长的考生进行适当的降分录取。

（五）准予学校与有关单位、企业联办独立学院。

四、教学自主权

（一）学校可根据经济社会发展实际需要，在教学资源条件允许的情况下，自主设立硕士点和本、专科专业，并对符合条件的本科学生进行相应学位授予。

（二）依法设置和调整学科专业。

（三）增加自主转专业学生的比例。

（四）学校根据专业培养方案要求，自主实施学分制。

（五）结合教学实际，自主制定教学计划，选编教材，组织实施教育教学活动。

（六）根据教育部和省教育厅原则要求，学校自主进行在校生的学籍管理。

青岛西海岸新区推进社会治理现代化的探索与经验

姜福东　赵　辉

【内容摘要】 社会治理现代化是指以（广义）政府为代表的各类社会主体，运用现代科技、法律等手段对社会关系和社会事务进行规范和管理，以保障公共安全、维护社会公平、改善公共服务、促进社会自治、推动社会发展的文明进程之统称。社会治理现代化的必备构成要素至少包括科学化、民主化、法治化、专业化等。近年来，青岛西海岸新区大胆进行社会治理体制机制创新，积极推进治理体系与治理能力现代化，初步取得了社会治理科学化、法治化、专业化的重要进步，收到了良好的社会效果。下一步，新区社会治理应在民主化等方面实现新的重要突破，要着力构建多元化社会治理体系，发展壮大社会组织，提升公众参与水平，促进基层自治，强化公共产品服务，加大社会保障力度，最终达到全民共享共治。

【关键词】 社会治理现代化　科学化　民主化　法治化　专业化

一、讨论的前提和本文的主张

地方的发展离不开良好的社会治理。中国的崛起绕不开社会治理现代化。"社会治理现代化是国家治理体系和能力现代化的关键内涵，也是经济社会发展进入新阶段后提出的新命题。"[①] 那么，究竟什么是社会治理现代化呢？首先必须厘清社会治理现代化的内涵和外延，剖析社会治理现代化的基本构成要素，这是展开讨论的前提。

[①] 宋晓梧：《构建共享型社会：中国社会体制改革40年》，广东经济出版社2017年版，第302页。

(一) 关于社会治理现代化的概念

笔者在前人的研究基础上，尝试做出如下表述：社会治理现代化是指以（广义）政府为代表的各类社会主体，运用现代科技、法律等手段对社会关系和社会事务进行规范和管理，以保障公共安全、维护社会公平、改善公共服务、促进社会自治、推动社会发展的文明进程之统称。

这一概念具有广义和狭义两个维度。首先，从狭义上讲，社会治理现代化主要集中在社会治安、信访稳定、公共安全等传统"社会管理"之现代化转型的范畴。其次，从广义上讲，则不仅仅指向传统的"社会管理"现代化转型，而且还包括了社会组织发展、基层自治、社会保障、公共产品服务等内容，这些内容大体上可以被另外一个词所涵盖，亦即"社会建设"。当然，"社会建设"一词的最大文义范围，有可能已经超出了本文所欲探究的论域，因为"社会建设"更加强调建设与发展的维度，而"社会管理"和"社会治理"则更加侧重管理和参与的维度。但也不是不可以说，"社会治理"的广义范畴涵盖了"社会建设"的某些重要内容。因为，无论是器物层面（如公共服务），也无论是制度层面（如社会组织），还是精神层面（如社会和谐），社会管理（社会治理）与社会建设都不过是一个事物的不同侧面而已①。这也从一个侧面证明了"社会治理"概念的复杂性。不同语境下，社会治理现代化既可能指向传统"社会管理"的现代化转型，也可能指向某种意义上的"社会建设"与传统"社会管理"现代化转型两者的结合。殷昭举则主张用社会管理、社会自治和社会基础三个方面来指涉及社会治理现代化的主要内容②。在这三个术语中，"社会基础"的含义也是较为宽泛的，比前述"社会建设"的含义甚至还要模糊一些。

总的来说，本文是在相对广义的范畴上探讨社会治理现代化的，同时注重区分具体语境下广义和狭义两个维度。

(二) 关于社会治理现代化的构成要素

谈到社会治理现代化，就不得不涉及其构成要素的分析。社会治理现代

---

① 杨红娟等：《社会管理创新25题——社会学与社会管理》，中共中央党校出版社2011年版，代序第4页。
② 殷昭举：《社会治理学（第1卷）：社会治理导论》，广东高等教育出版社2014年版，第193页。

化都包括哪些基本特征或者说不可缺少的要素呢？殷昭举在学界较为系统地提出，社会治理现代化"需要抓好五个关键环节，即社会治理保健化、社会治理法治化、社会治理系统化、社会治理社会化和社会治理信息化"。其中，社会治理保健化，可以解释为"维护群众合法权益，保障百姓基本生活"；社会治理法治化，意指要"使法治成为解决社会矛盾和公共危机的长效、制度化手段"；社会治理系统化，主要是指要"形成一套完整的治理体系"；社会治理社会化，强调要"在治理中调动全社会的积极性"；社会治理信息化，指的是"要注重运用现代科技手段尤其是信息化手段加强创新社会治理"[①]。笔者则主张，社会治理现代化的必备构成要素至少包括科学化、民主化、法治化、专业化。理由如下。

第一，众所周知，现代化的首要标准是科学化或者说科技化，因为我们通常所言的现代化，首先就是从科技创新与产业革命的角度来切入的。"现代化主要是一个在经济学与社会学层面上谈论的范畴，表明社会从农业文明进入工业文明，表明社会在这一文明变化过程中在生产力、生产方式、经济增长、社会发展上与传统农业社会相比的根本变化，以及社会在城市化、信息化、教育普及、知识程度提高等方面的巨大进步。"[②] 就此而言，社会治理现代化的第一要素，当然应指科学化（科技化），当今社会突出表现在信息化、网络化，用更为时髦的词来说，叫作"智能化"。第二，社会治理现代化的核心要素是民主化，因为民主是现代化的客观要求和必然结果。按照民主的现代定义，其主要有两层含义，一个是人民对政治和社会事务的广泛参与，另一个是公民的自由权利得到广泛的保护。前者就是通常所说的人民当家做主，后者就是保障公民社会的发展。用萨托利的说法，亦即"人民的统治"和"对人民的保护"[③]。而这两个方面，恰恰被包含于西方学者所概括的现代化的"八项标准"[④]之中。第三，现代社会区别于传统社会的本质特征之一就是法治，亦即一种以法律作为主要治理手段的社会文明秩序。根据联合国的界定，"法治是指一个治理原则，在这个原则下所有个人、机构和单位、公有和私有、包括国家本身都对法律负责，该法律公开颁布，平等实

---

① 殷昭举：《社会治理学（第 1 卷）：社会治理导论》，广东高等教育出版社 2014 年版，第 257 – 259 页。
② 陈嘉明：《现代性与后现代性十五讲》，北京大学出版社 2006 年版，第 37 页。
③ 燕继荣等：《中国治理：东方大国的复兴之道》，中国人民大学出版社 2017 年版，第 69 页。
④ 陈嘉明：《现代性与后现代性十五讲》，北京大学出版社 2006 年版，第 38 页。

施和独立裁决，符合国际人权规范和标准"①。因此，法治化理应成为社会治理现代化的必备要素。第四，专业化。现代社会有两个特点，一是社会化大生产带来的社会分工日益专业化，二是社会主体利益日益多元化带来的人们对于精细化的需求。因此，社会治理现代化一定会表现在专业化上，同时也一定会体现在对治理精细化的需求上。

（三）关于青岛西海岸新区社会治理现代化的概括性评价

下面，笔者尝试以上述概念含义及其特征为标准，对近年来青岛西海岸新区社会治理现代化的探索实践进行学理分析，以期获得宝贵的样本经验，为全面推进青岛的城市治理体系和治理能力现代化提供参考和借鉴。

自2014年起至今，青岛西海岸新区深入贯彻落实中央精神和省市委决策部署，按照国家级经济新区的高标准，坚持以"统筹兼顾、全域治理、突出重点、因地制宜"为原则，大胆进行社会治理体制机制创新，积极推进治理体系与治理能力现代化，在短短三年多时间里，取得了较为显著的业绩，获得了良好的社会效果。2014年12月10日，青岛市社会治理工作现场会在新区召开，新区社会治理的建设成果获得市里高度评价。2015年5月7日，山东省委全面深化改革领导小组办公室印发了《青岛西海岸新区社会治理创新的实践与启示》。2015年10月9日，青岛西海岸新区网格化治理体系建设获评"全国创新社会治理最佳案例奖"。2016年12月13日，新区荣膺"2016全国创新社会治理优秀城市"称号。2017年1月18日，新区被民政部确认为"2016年全国社区治理和服务创新实验区"。2017年10月24日，《法制日报》以"青岛西海岸新区构建社会治理新模式"为题，专版刊载了新区社会治理所取得的成功经验。

依笔者之见，青岛西海岸新区在社会治理现代化领域所取得的进展，可以暂且概括为：在社会治理科学化、法治化、专业化等方面迈出重要步伐。而截至目前，青岛西海岸新区在社会治理现代化领域也存在着一些不足之处，突出问题是社会治理民主化进程有待加强。接下来，要进一步实现从"社会管理"向"社会治理"的现代转型，着力构建多元化社会治理体系，发展社会组织，提升社会参与水平，促进基层自治，强化社会公共产品服务，加大社会保障力度，最终达到全民共享共治的理想状态。

---

① 於兴中：《法治东西》，法律出版社2014年版，第15页。

二、新区社会治理现代化的重要标志：科学化

当今时代处于云计算、大数据、互联网的信息时代，城市治理必须确立一种适应新时代需求的、全新的技术思维模式，这就是"互联网＋社会治理模式"。诚如齐延平教授所指出的，城市治理必须"从神经上"进行治理，即青岛市可借助大数据、云计算思维，"发挥社会治理现代化的后发优势"，"实现低成本的数据集成"，"实现政府服务的高水平优化和均等化"，以及"搭建起城市治理的低成本的、高效的公众参与平台"[①]。青岛西海岸新区社会治理现代化的重要标志之一便是科学化，集中表现在治理手段的信息化、网格化。

（一）信息化

新区社会治理科学化高度重视治理手段的信息化。在信息化支撑上，新区建设了区、部门和镇街、管区三级社会治理信息支撑平台，并全部接入区级平台，全面整合基础地理信息数据、人口、房屋、企事业单位等相关数据资源，推进社会治理大数据中心建设，全面实现部门业务集成联动和数据资源互通共享。做到三个注重。

1. 注重提升社会治理信息支撑平台硬件设施建设水平

加强区级平台建设力度，建设国内领先的云计算中心和云储存中心，满足大数据、云计算、无线接入等新技术应用需要。持续加强镇街（园区）、管区社会治理信息平台硬件设施建设，在镇街相关科室和所有村居建立信息平台，提高事项处置能力。

2. 注重提升社会治理信息支撑平台运行质量

加强区级信息平台与综合行政执法、安监等相关部门的业务系统对接，全面实现业务集成联动和信息资源共享。加强视频监控资源整合，快速准确定位地理位置，有效监控重点路段、重点场所和重点部位。提高网格员视频通话系统稳定性，确保随时通过手机终端对网格员进行调度。进一步明确相

---

① 齐延平：《基于大数据思维的青岛社会治理法治化》，载青岛市社会科学界联合会：《社会治理法治化》，中国海洋大学出版社 2015 年版，第 11－12 页。

关职能部门和镇街（园区）的职责权限和处置规范，建立精细、高效的数字化社会治理业务办理系统。

3. 注重完善大数据中心

制定全区统一的基本信息采集标准和数据动态更新机制，加强相关信息资料的采集工作，全面整合各类数据资源，逐步建成大数据中心。依托大数据提供的信息，进一步增强数据分析研判能力，及时掌握苗头性、倾向性、群体性重大社会矛盾和信访问题，发现潜在风险和安全隐患，定期形成《社会治理信息专报》，为区委区政府决策服务。

（二）网格化

新区社会治理科学化高度重视治理手段的网格化。出台《社会治理网格管理办法》，着重围绕安全生产、城市管理、社会治安和信访稳定四大治理领域，实现网络覆盖无缝隙、网格巡查无盲点、社情联系无遗漏，最大限度地发现、排除和减少隐患、防范风险，化解矛盾。在网格化管理服务上，新区把全区 27 个镇街、1221 个村居，科学合理地划分为 201 个管区，1549 个网格，实现了全域覆盖。在每个城市社区、村改居社区和农村社区网格，原则上配备不少于 5 名专职网格员，其中 1 人为网格长，1 人为专职社区工作人员，3 人为安监、城管、治安联防等专业力量。网格员每日巡查本网格内各类动态情况，做到有事报情况、无事报平安，并将巡查情况及时整理，填写工作台账。

三、新区社会治理现代化的重要进展：法治化

社会治理现代化必然是法治化和制度化的。刘作翔教授认为，"社会治理是国家治理体系和治理能力现代化的重要一环。社会治理应该走法治化的道路，这已经成为一种社会共识"[1]。笔者注意到，党的十九大报告在加强和创新社会治理这一部分，讲到了如下内容："加强预防和化解社会矛盾机制建设，正确处理人民内部矛盾。树立安全发展理念，弘扬生命至上、安全第

---

[1] 刘作翔：《关于社会治理法治化的几点思考——"新法治十六字方针"对社会治理法治化的意义》，参见青岛市社会科学界联合会：《社会治理法治化》，中国海洋大学出版社 2015 年版，第 1 页。

一的思想，健全公共安全体系，完善安全生产责任制，坚决遏制重特大安全事故，提升防灾减灾救灾能力。加快社会治安防控体系建设，依法打击和惩治黄赌毒黑拐骗等违法犯罪活动，保护人民人身权、财产权、人格权。"这些内容基本上就是指向传统社会管理的范畴。社会治理法治化和制度化，首先就是要在传统社会管理领域实现现代转型，也就是实现从"法制"向"法治"的转型。如果做不到这一点，其他的社会治理现代化指标就更谈不上了。青岛西海岸新区社会治理创新，可谓抓住了这一"要害"。

青岛西海岸新区社会治理现代化的重要进展之一是法治化。新区注重运用法治思维和法治方式进行社会治理，努力把各项工作纳入法治化轨道，推动形成办事依法、遇事找法、解决问题用法、化解矛盾靠法的法治生态环境。新区社会治理法治化的成果主要表现在：四大治理领域法治体系建设、将综合行政执法改革与社会治理相结合的行政执法体制改革重大举措、将司法纳入社会治理体系等几个方面。

（一）加强法治体系建设

青岛西海岸新区社会治理工作启动之初，便高度重视在安全生产、城市管理、社会治安和信访稳定四大治理领域推进法治体系建设，初步搭建起"大安全、大城管、大信访、大稳定"的社会治理新体系，不断深化部门和行业依法治理。

一是对于安全生产，新区制定了《安全生产法治体系建设意见》，严格落实安全生产事故隐患排查办法，全面排查处置各类安全生产隐患；二是对于城市管理，新区推进了综合行政执法改革重大举措，成立了综合行政执法局，进一步完善城市管理体制机制，提升城管执法水平；三是对于社会治安和信访稳定，新区研究制定《依法处理社会治安、信访事件的意见》，进一步落实省市关于创新立体化社会治安防控体系建设的要求，加快构筑地面、地下、空中、海域、网络"五位一体"的立体化社会治安防控体系，确保公共安全，提升群众满意度。

（二）创新行政执法体制

新区行政执法体制改革重大举措是，建立了整合性的综合行政执法局，并将综合行政执法与社会治理相结合，形成了社会治理法治化的新模式。

2015年6月，省政府批复相对集中行政处罚权，获得综合执法主体资格。新区按照"权责统一、集中管理、统筹推进"原则，组建区综合行政执法局，集中行使城市管理、国土资源、文化市场、海洋渔业、交通运输、环境保护等六大领域的全部或部分行政执法权，着力解决权责交叉、多头执法等难题。通过这一重大法治化体制创新，厘清综合行政执法局与职能部门、镇街的权责边界，并设立公安派驻大队、巡回法庭、人民检察室，创新了综合行政执法与公检法的"三方衔接"机制，初步形成了"指挥在机关、执法在大队、管理在基层"的法治化工作体系。

新区还在综合行政执法局建立综合执法信息平台，将综合执法体制与社会治理体系捆绑，与社会治理大数据中心对接，实现了各相关部门以及全区1549个社会治理网格的实时联动，及时排查处置各类社会问题，构建起崭新的大社会治理体系，极大地提高了新区社会治理的效能，大大减少了安全生产事故、重大越级上访案件和信访积案。

（三）完善司法服务体系

青岛西海岸新区社会治理法治化的又一亮点是将司法纳入社会治理体系，推动公共法律服务向基层延伸，构建起覆盖城乡的公共法律服务体系。新区加强基层司法机构和法律服务窗口建设，完善法律援助制度，推动司法干部和法律工作者向镇街（园区）、管区和社区下沉，为基层人民群众提供更加方便、更加到位的司法援助和法律服务。新区在区一级成立调解中心，并要求镇街把司法调解作为联勤联动力量，推动律师进社区，建立人民调解、司法调解、行政调解衔接的多元化解矛盾机制，及时有效化解社会矛盾纠纷，努力实现便民利民服务"零距离"。

四、新区社会治理现代化的重要措施：专业化

专业化也是社会治理现代化的必备要素。现代社会有两个特点，一是社会化大生产带来的社会分工日益专业化，二是社会主体利益日益多元化带来的人们对于精细化的需求。因此，社会治理现代化一定会表现在专业化上，也一定会体现在对治理的精细化的需求上。而且二者是相互促进、相辅相成的。在社会分工深化和利益取向多样化的今天，政府社会管理从粗放到精细的转变，成为推动社会治理转型的重要"机制性"策略。从定位来看，精细

化社会治理是政府职能转变和社会治理转型两个层面的统一。以此为出发点，应当结合技术和服务两个维度来理解精细化社会治理的内涵[①]。在俞可平团队提出的中国治理评估框架中，至少有四大治理指标（评估维度）与社会治理精细化有关，分别是行政效益、政府责任、政务公开和廉政。其中，"行政效益包括行政效率和行政效能两个方面，它直接体现着政府的治理绩效"；政府责任强调"政府机关对公民必须履行的法定职责，它包括政府依法主动尽职和及时对公民的请求做出负责任的反应"；政务公开和廉政则强调政治透明与政府公信力，其"直接关系政府官员的廉洁和政治腐败的状况"，注重"权力的相互制约、公民对政府权力的制约、新闻舆论监督、公众举报等社会监督，以及党和政府的自律"[②]。可以说，社会治理现代化的重要表征就是行政行为的高效、负责任和有效监督。而一个高效、负责任和受到有效监督的行政行为一定是精细化的。

青岛西海岸新区社会治理现代化的重要措施之一是专业化，集中表现在"三专"规范化、工作内容的精细化。首先，"三专"规范化是指专门机构、专职干部队伍和专业力量的规范化。新区社会治理现代化按照"整合资源、重心下沉、部门协调、社会参与"原则，注重大胆进行专业化治理机构改革创新，注重加强社会治理专职干部队伍建设，注重网格员队伍专业力量下沉至各网格，形成人数达到上万名的三支队伍，辅之以兼职网格员队伍和社会广泛参与，建构起专业化、规范化的社会治理新结构，有力推动了新区社会治理事业的进步。其次，工作内容的精细化是指社会治理的"三大精细化"，亦即责任精细化、处置精细化、监督精细化，以此实现信息采集及时全面、任务指挥准确权威、事项处置快速高效、公众参与积极主动，为区委区政府科学决策服务，为镇街、部门工作提速增效服务，为广大群众民生诉求服务。此举收到了良好的治理绩效，展现了新区行政行为的高效、负责任和受到有效监督的特点。

[①] 蒋源：《从粗放式管理到精细化治理：社会治理转型的机制性转换》，载《云南社会科学》2015年第5期。
[②] 俞可平：《论国家治理现代化》，社会科学文献出版社2014年版，第234–236页。

(一)"三专"规范化

1. 专业化治理机构改革创新

完善区、镇街社会治理体制,大胆进行专业化治理机构改革创新,切实加强和改进党对全面推进依法治区的领导,使新区形成一种党委专门机构领导下的社会治理新格局。具体做法是,在区一级构建"一委一办一中心",成立工委区委社会治理工作委员会,负责统筹领导全区社会治理创新工作;工委区委社会治理工作委员会下设办公室,办公室设在区社会治理中心,具体承担落实工委区委社会治理工作委员会日常工作,负责指挥、调度、监督、考核、指导各部门和镇街开展社会治理工作。在镇街一级参照新区街道体制改革做法,设立社会治理办公室,整合社会治理、综治维稳、矛盾调解等职能开展工作。

2. 加强社会治理专职干部队伍建设

抓住干部这个干事创业的关键因素,加强社会治理专职干部队伍建设。专职干部队伍主要包括各镇街(园区)结合实际安排的专职干部和招聘的专职人员,以及从区直部门专门选派到镇街和管区挂职担任领导职务的机关干部。新区注重理顺区直部门选派街道(园区)管区社会治理专职干部管理体制,完善社会治理专职干部考核激励机制,让专职干部安心基层、服务基层,干事创业在基层。

3. 注重网格员队伍专业力量下沉

新区专业网格员队伍主要包括安监、城管、综治、信访等部门的安监员、城管执法队员、社区民警、治安联防队员等专业力量,这些专业力量统一下沉至各网格,由部门和镇街(园区)实行双重管理。新区严格落实区社会治理网格管理办法,加强对网格员工作的督查考核,建立健全网格员考核激励淘汰机制,探索设立网格员奖励基金,对于做出突出贡献的网格员实行重奖,较好地调动了专业网格员队伍的积极性,形成了专业力量的现实战斗力。

(二)工作内容的精细化

青岛西海岸新区社会治理现代化的重要表现之一是精细化,集中表现在工作内容的精细化。青岛西海岸新区在2016年3月正式出台了《关于率先推进社会治理精细化的实施意见》，明确要求在全区深入推进社会治理的"三大精细化"，亦即责任精细化、处置精细化、监督精细化。

首先，新区社会治理精细化的关键是责任具体化、明晰化。具体内容包括"四个压实"：压实事项处置责任、压实网格管理责任、压实联勤联动责任、压实协同共建责任。其次，新区社会治理精细化强调事项受理处置要关注细节、注重过程、加强落实、保证实效，建立规范化、标准化工作体系。该环节要做到"四化"：事项受理多元化、事项办理规范化、事项督办科学化、信息预警常态化。第三，新区社会治理精细化突出考核问责的导向性，发挥好社会各界的监督作用，建立健全科学的社会治理监督考核问责体系。注重"发挥五个作用"：发挥考核导向作用，发挥效能监察作用，发挥人大、政协监督作用，发挥媒体监督作用，发挥公众监督作用。

五、新区社会治理现代化的重要发展目标：民主化

党的十九大报告强调，要加强社区治理体系建设，推动社会治理重心向基层下移，发挥社会组织作用，实现政府治理和社会调节、居民自治良性互动。这就必然要求实现社会治理体系的现代化。现代化的社会治理格外强调，要遵循现代理念，亦即"强调政治－社会地位的平等与合作伙伴关系"，强调"服务与被服务的关系而不是统治（管制）与被统治（被管制）的关系"①。多元共治是现代治理的必然趋势和结果。俞可平强调，"民主是现代国家治理体系的本质特征，是区别于传统国家治理体系的根本所在"②。直言之，治理体系和治理能力现代化不可或缺的核心要素就是民主治理，缺少了民主要素的治理不能被冠之以"现代化"之名。据欧盟驻华使团副大使叶森介绍，现在，"欧盟各成员国的治理方式已经从最初局限在经济过程和行政有效性方面转换成了对民主、公正和参与问题的更大关注"③。青岛西海岸新区社会治理现代化的重要发展目标是民主化。

青岛西海岸新区社会治理工作从 2014 年启动，一开始主要聚焦于安全

---

① 陈光金、谢尔盖鲁德恩科：《丝路发展与治理创新："一带一路"沿线国家社会发展国际学术会议论丛》，社会科学文献出版社 2017 年版，第 5 页。
② 俞可平：《论国家治理现代化》，社会科学文献出版社 2014 年版，第 5 页。
③ 叶森：《欧盟的社会治理》，载唐铁汉、袁曙宏：《社会治理创新》，国家行政学院出版社 2007 年版，第 31 页。

生产、城市管理、社会治安和信访稳定四大领域。为什么会有这样的问题导向？因为，最初考虑启动这项工作，主要是深刻汲取当年发生的"11·22"输油管道爆燃事故。该起重大事故损失惨重，在国内造成严重影响，血的教训促使新区痛下决心，深入研究、部署和推进好社会治理工作。矛盾的焦点自然而然主要指向以安全生产为代表的传统社会管理领域，迅速构建了"大安全、大城管、大信访、大稳定"的社会治理体系，并在较短的时间内，取得了不俗的治理绩效，产生了良好的社会效果。但其局限性也正在于此。因为，社会治理是一个涵盖广泛、构成要素众多的现代化系统工程，并不仅仅局限于一般意义上的公共安全领域，除此之外还应囊括现代化的诸多面向，如科学化、法治化、专业化、民主化等。尤其是民主化要素，更是现阶段新区社会治理工作的薄弱环节。

新区上下显然也意识到了这一点。在 2017 年 8 月 30 日印发的中共青岛西海岸新区工委和青岛西海岸新区管委《关于深化社会治理体制机制创新的实施意见》中，就明确指出，新区存在着社会治理工作的"三个不够"问题，有待进一步解决。一是着力解决社会治理统筹力度不够，尚未形成合力问题；二是着力解决社会治理主体单一、多元参与不够、尚未形成群团组织、社会组织、村居组织等共同参与的工作机制问题；三是着力解决社会治理内容拓展不够，尚未形成社会矛盾纠纷多元化解、信访稳定和社会风险有效预防预警的运行机制问题。在这"三个不够"问题里，合力不够问题和有效预防预警不够问题是传统公共安全观下的治理现代化转型问题，第二个问题即民主化不够问题，则真正触及社会治理现代化的要害之处。下一阶段，如何进行新区社会治理民主化？这是最值得关注的问题，也是新区社会治理现代化能否真正实现的重要试金石和不可或缺的评估指标。

接下来，青岛西海岸新区要在社会治理现代化的征程上百尺竿头，更进一步。要尽快实现从"社会管理"向"社会治理"的现代转型，不断加强社会治理科学化、法治化、专业化的同时，还要下更大力气推进社会治理民主化，着力构建多元化社会治理体系，发展社会组织，提升社会参与水平，促进基层自治，强化社会公共产品服务，加大社会保障力度，最终达到全民共享共治的理想状态。要强化社区自治功能，推进社区去行政化，实现自我管理、自我服务。要更好地发挥群团组织的桥梁和纽带作用，加强社工队伍、志愿者队伍等社会化工作队伍建设，加强社会组织的培育和发展，深入推进政府购买社会组织服务工作。要加快推进基层社会治理站建设，依法有序承接政府转移的公共服务职能，在社区便民服务、纠纷调解、扶危济困、应急救助等领域发挥重要作用。

六、结语

党的十九大报告明确提出，要加强和创新社会治理，特别强调要加强社会治理制度建设，完善党委领导、政府负责、社会协同、公众参与、法治保障的社会治理体制，提高社会治理社会化、法治化、智能化、专业化水平，打造共建、共治、共享的社会治理格局。

依笔者之见，十九大报告的这种表述，基本上可以用一个词——"社会治理现代化"来概括。而且，从该表述内容来看，其揭示出了社会治理现代化的诸构成要素：科学化、民主化、法治化、专业化。科学化主要就是智能化，民主化与社会化相比能更好地体现出现代治理的本质特征。笔者认为还应加上一个"精细化"作为社会治理专业化的重要内涵，以凸显社会治理过程中的政府效率和效能。科学化、民主化、法治化、专业化，是实现社会治理现代化的必修课，也是衡量一个国家、一个地区、一个城市社会治理水平是否达到现代化的基本指标。

2017年12月1日，山东省第十二届人大常委会第三十三次会议审议通过了《山东省青岛西海岸新区条例》。该条例明确赋予新区省级权限，最大限度下放行政管理权限，其中要求新区"加强和创新社会治理，完善区域法治环境，依法推进西海岸新区开发开放"。新区将深入贯彻党的十九大精神，充分用好《山东省青岛西海岸新区条例》，继续大胆探索，改革创新，全面推进社会治理的科学化、民主化、法治化、专业化，走出一条全民参与、共享共治的城市社会治理现代化道路。

（姜福东，山东省青岛市社会科学院研究员；赵辉，青岛西海岸新区社会治理办公室副主任）

浙江"网上枫桥经验"的实践与特色

褚宸舸 史凯强

【内容摘要】 2018 年中央政法委工作会议首次明确提出"网上枫桥经验"的概念。"网上枫桥经验"是新时代互联网治理的产物,是基层社会治理的重要手段和方式。"网上枫桥经验"在浙江省特别是"枫桥经验"的发源地浙江省诸暨市,广泛实践于普法、问政、舆情治理、预防和打击违法犯罪、金融风险防控、矛盾纠纷化解等领域。"网上枫桥经验"鲜明的时代特色在于,它同平安建设紧密结合,实现了治理手段的科学化、治理方式的智慧化、公共服务模式的全新化。"网上枫桥经验"积极探索"互联网+社会治理"新的领域、机制和手段,为新时代互联网安全服务管理以及网上矛盾纠纷解决提供了典型样板。

【关键词】 "网上枫桥经验" 网络治理 基层社会治理 "互联网+社会治理"

一、"网上枫桥经验"概念的提出

"网上枫桥经验"是"治网"的经验,具体而言,是以网络上的矛盾纠纷为治理对象,综合运用互联网、大数据、云计算等智能化、信息化手段和方式,通过依靠和发动群众,搭建网络平台、整合信息资源、创新工作载体,实现网上网下无缝对接、矛盾纠纷网上解决、正面力量网上凝聚、消极因素网上消解的基层社会网络治理经验。

中央政法委首次明确提出"网上枫桥经验"是 2018 年 1 月的中央政法工作会议。会议指出,"要总结推广'网上枫桥经验',推动社情民意在网上了解、矛盾纠纷在网上解决,努力使社会治理从单向管理向双向互动、线下向线上线下融合、单纯部门监督向社会协同转变"。

"网上枫桥经验"概念的产生,源于互联网治理的现实需要。信息化时代背景下,互联网、大数据等信息技术手段以其高速度、大容量、交互性和开放性的优势和特点,成为基层治理现代化的重要手段和方式。为有效地推动基层社会治理信息化、智能化、精准化、高效化。党的十八届五中全会上习近平总书记强调,要充分利用互联网、大数据、云计算等信息化技术手段和方式,有效发挥其在国家社会治理中的积极作用。"互联网+"行动计划由李克强总理在十二届全国人大三次会议上的政府工作报告中首次提出。2015年7月,国务院印发《关于积极推进"互联网+"行动的指导意见》,从国家战略高度将互联网与大数据的运用和管理纳入国家治理体系之中。但是,受暴利驱动,"网络黑灰产"随之衍生并不断膨胀,如何防治互联网行业的负面因素,成为互联网行业、政府部门以及社会各方都普遍关注并力争解决的难题。与此同时,网络舆情、金融风险等消极因素及网络诈骗等违法犯罪活动也应运而生,网络安全治理面临严峻挑战。2016年开始,由阿里巴巴集团和官方机构召开过两次会议,曾提出网络"新枫桥经验"的概念。同时,中央政法委聚焦网络发展与安全、管理与服务,强调善用法治思维和法治方式治理互联网空间,深入推动互联网治理与法治协调发展,从而实现依法治网、依法办网、依法上网,营造良好的网络环境。

在上述时代背景下,2016年浙江省政府出台《浙江省"互联网+"行动计划》,提出"网上浙江"的口号,明确了十六项重点任务,新增了"互联网+社会治理"。诸暨市委市政府响应号召,制定了《坚持发展"枫桥经验"三年规划(2016—2018)》,提出打造全国县域"互联网+"社会治理体系建设示范区,不断深化社会治理"两网融合",全力打开"互联网+"背景下社会治理转型新通道,探索形成上下打通信息化、内外打通扁平化、条块打通一体化的"互联网+"社会治理新模式。党的十九大报告提出,要"加强互联网内容建设,建立网络综合治理体系,营造清朗的网络空间"。新时代,网上枫桥经验不断深化其治理内涵和理念,创新其治理手段和方式,优化其治理模式和机制,成为新形势下网络治理的典型样板。

二、浙江"网上枫桥经验"的主要实践

(一) 普法

在公众眼里,法律表现为国家法律、生活经验和利益诉求的综合体。因为不同群体所处的社会环境不同,受教育程度不同,社会习惯不同,所追求的利益诉求也大大不同。针对不同群体利益诉求的差异化,浙江省实施精准普法,深入推进普法宣传"法律六进"活动。重点加强对领导干部、公务员、企业职工、外来务工人员、农民、青少年的普法工作,有针对性地提供法律援助服务,并接受公众"点单式"法律咨询预约。如浙江省以民主法治村(社区)三年行动计划为契机,在全省范围内开展"法治村里话宪法"系列视频网络普法直播活动,并现场为村民提供法律咨询服务,实现线上线下同步展开宪法知识宣传和互动。

新时代,公众法治意识、法治观念不断更新,公众接受普法信息的渠道也发生根本性转变。新媒体的表现形式和表达内容迎合了公众法律服务需求。目前,浙江省已形成了包括门户网站、网群、微博、微信等多种载体在内的浙江普法宣传新体系。如开通"浙江普法"官方微博和"浙江省普法系统资料共享库"专栏,免费提供省普法办设计、创作、编写的各类法制宣传资料电子版,实现资源共享。诸暨市在充分发挥传统媒体作用的同时,全面搭建多维普法阵地平台,不断加强法制宣传,提供法律公共服务。如搭建"诸暨普法"微信、"诸暨司法"官方微博、诸暨普法网站"两微一网"平台。拓展运用公共电子显示屏、服务窗口触摸屏、公交移动电视屏等,集中开展公益性法制宣传工作,营造良好的法治氛围。普法不是简单意义上的填鸭式"灌输",它是一个双向、互动、交流的过程。诸暨市整合公安、司法、法院、检院、律所等法治资源,建立"1963法润"直播平台,开设"民警说法、法官说法、检察官说法、律师说法"等直播栏目。通过典型案例以案释法,与网民实时互动交流,解答法律疑惑,并联合基层社会调解组织,将线上复杂问题引导至线上线下解决,取得了良好的普法效果。

浙江其他各地市也注重互联网技术的运用,不断丰富普法宣传载体和形式。如杭州市西湖区重点推出"普法数字虚拟展厅",通过把普法内容与数

字虚拟展厅系统相融合,实现了普法宣传和公共法律服务一体化。金华市充分发挥"电商式"普法平台优势,全面整合各方职能和资源,提供线上点课下单的服务,实现了法治信息资源发布、网络在线学法考试、网络普法工作指导交流、线上法律公共服务等功能一体化。普法的重点在于帮助各级领导干部树立现代法治观念,领导干部的法治素养在一定程度上决定着普法的真实水平。浙江丽水建立"我的壹家"1355社会协同管理网络平台,全市机关企事业单位干部(职工)通过该平台的网上普法自主考试系统统一参加学法用法知识考试。此外,不定时向部门班子成员、规模企业负责人、村两委干部等发送普法短信,在实现精准普法的同时,有效提升了领导干部法治素养和执法能力。

(二) 问政

在帝制中国,"问政"主要是指统治者向知识分子询问政事,民众对政府事务问政的传统比较匮乏,主要多的表现为知识分子的议政。"问政"一词最早可追溯于《礼记·中庸》中鲁哀公对孔子有关政事的询问。现代"问政"是一个双向互动的过程,一方面是政府问计于民,从而制定出更为合理的政策。另一方面,则是公众过问政府事务,参与政务,监督、规范乃至制约政府的权力和行为。

"网络问政"是政府与网民以网络为平台、以沟通为手段、以共识为目的而进行互动的一种政治活动。网络问政不仅是政府工作的重要组成部分,还是网民参政议政,行使监督权的重要渠道。它极大地拓宽了公民参政议政的空间,有效地实现了政府和社会的良性互动。2014年浙江省"阳光工程网"正式上线运行,网站主要包含"阳光工程"动态信息、行政权力目录、重点公开事项、审批结果信息公开、决策信息公开、网络问政等板块。通过将政府事务置于阳光之下,有效地保障了公民的知情权和监督权。之后,又开通浙江政务服务网,网络涵盖全省市县(区)政府,开发区服务平台和省级部门服务窗口,实现了省市县网上政务服务集导航、认证、申报、查询、互动、支付、评价一体化,有效提高了政务服务的规范化、系统化、高效化。网站还引入"淘宝"评价机制,群众可以政务服务质量为评价标准,并结合自身满意程度,或点赞,或差评,充分发挥了社会监督作用。

网络问政的本质是通过双向沟通以达成某种政治共识,问题的有效解决是关键。网络作为政府与网民政治互动的线上平台,必须依赖于线下问题的有效处置。诸暨市创新实施网络发言人制度，并在此基础上整合论坛、微博等功能，推出了集部门发布、政务互动、记者追踪等于一体的"政民 e 线诸暨市网络问政和民生服务互动平台"。建立主动发布、网络留言、问题处置、结果反馈和监督考评"五位一体"运行机制，深化"3 小时网上回应，24 小时不下班，48 小时限时办理"工作机制。通过线上线下的有机结合，真正实现了网络问政的价值和功能。如在"五水共治""三改一拆"等环境问题上，诸暨市准确把握动态，第一时间介入，积极回应民意、畅通民意。并实时追踪、反馈、解决网民提出的实际问题，及时纾解了网民的困惑和疑虑，有效控制了网络问政的"高压态势"。

网络问政是信息化时代背景下党政工作的重要方式和手段，政府通过网络宣传、政策解读、党员干部回应等方式，真正实现了基础信息不漏项、社情民意不滞后、问题隐患全掌控。如浙江龙游县以"党建＋""互联网＋"推广运用融"村情通""社情通""企情通"于一体的"龙游通"。通过将村（居）民、企事业单位等信息资源进行系统整合，积极打造"互联网＋"政务服务超市，真正实现了人民群众"最多跑一次，跑也不出村"。推动网上和网下深度融合，线上建立"村情通"民情信息库，实现村务信息资源实时共享；线下建立党员干部回应制度，实时加强村务动态化管理和监测，发挥党员干部积极回应民意，解决民众诉求的模范作用。宁波市搭建网络民生服务平台——"民生 e 点通"，多部门重点关注民生热点、追踪调查网络舆论、及时进行政策解读，有效纾解网民疑虑和诉求。

（三）舆情

网络在拓宽民众表达渠道的同时，也出现了民意虚假、民意审判等一系列突出的问题和弊端。网络舆情作为社会舆情发展的新样态，其所内含的特性考验着政府的法治能力和水平。2015 年 12 月，中共中央、国务院出台《法治政府建设实施纲要（2015—2020 年）》，将健全网络舆情监测、收集、研判、处置作为法治政府建设的重要手段和目标。在这一时代背景下，浙江舆情网——浙江在线舆情推出"浙江舆情"APP，内容涵盖"舆情定制报告""突发舆情推送""重大舆情专报""舆情大讲堂"等浙江在线独家舆情增值内容，定位于让用户获取舆情信息，及时有效、方便快捷，以"帮领导看网"为特色，成为政企领导、舆情领域决策人士的贴身参谋。

网络舆情体系是政府实施网络舆情管控和治理的重要手段和方式，在影响和控制网络舆情的发展进程中发挥着关键作用。目前绍兴市已形成一个覆盖全市、协调有力、规范有序的舆情调控体系。如诸暨的"政民e线"，绍兴县的"民生直通车"，上虞的"微上虞"公务微博，嵊州"民情微群"、新昌网络发言人平台。作为"枫桥经验"的发源地，诸暨市不断深化网上枫桥经验，建立了"事前、事中、事后"严密的网络舆情导控体系。在事前环节，建立健全舆情发现、预警机制，依托网站、版主、信息员和公安网警，对网上各类不稳定信息先期介入、先期预测、先期研判。在事中环节，加强网络舆情引导处置机制，建立市、镇、村（社区）三级网络舆情体系。网络发言人、网评员及时进行跟帖、发帖，引导网络舆论，消除负面影响。例如，在大唐袜业"腾笼换鸟"专项行动初期，专门成立网评专项组，积极发帖、跟帖、引帖，迅速赢得了广大群众的理解和支持。在事后环节，强化网络舆情应对保障机制，建立多部门联动约谈、督查问责、跟踪评估机制。网络舆情平息后，由网络发言人网上询问、电话回访、实地调查网民的满意情况，同时由外宣办组织相关部门形成评估报告并报送市领导。

网络舆情调控组织的建立和优化，是营造良好网络环境的基础和保障。因此，在日益复杂的网络环境中，要进一步加强网络人才队伍建设。如浙江组成一支以网络管理专家、资深媒体从业人员、知名高校学者和"网络大V"为主体的新型舆情联盟，建立集"政产学研"于一体的大数据行业解决平台，同时也是网络舆情传播研判导控的综合研究中心，还是联盟成员学习研究合作互助的共享社区。江东区创新实施"人力+技术"工作机制，组建一支由网络发言人、舆情收集员、网络警察、网络志愿者等组成的覆盖全区的"网络大部队"。建立"3+X"舆情研判、四色分级管理机制，按照分类采集、分析预警、分流处置的要求，先期介入、先期预测、先期研判、先期处置。强化网络舆情引导处置机制，由网络发言人及时进行跟帖、发帖、引帖，对于所涉谣言、不实信息，主动联系协调"发帖人"，依法进行查删处理，实现网络舆情抓早、抓小、抓苗头。永康市公安局网警大队推出"网警+各部门""警源+公众源""警媒+多媒体"网上巡查执法机制。创建"公众之家"联络群，联络员时刻与广大网民保持紧密联系，强化网上群防群治力量，及时掌握各个辖区的网络舆情动态，提高打击涉网违法行为的广度和深度。此外，针对不同类型易受侵害人群，警方协同社会文艺创作者灵活运用各种网络流行语、表情包、视频动画等，制作提示性信息和防范知识，有效压缩网络谣言的生存空间，提升公众网络舆情应对能力。

(四) 预防和打击违法犯罪

网络犯罪是社会治安防控的重大难题。为预防打击违法犯罪，夯实平安基础，浙江省以联动融合理念为引领，借助互联网、大数据等信息化手段和方式，深入推进"三网两平台一体系"建设。建立了以"省平安建设信息系统"、综治视联网、公共安全视频监控建设联网应用"三网"为基础，以县乡两级社会治理综合指挥平台为关键，以智能化、精细化社会治安防控体系为目标，覆盖省、市、县、乡、村、网格六层级的视频体系架构。此外，浙江省高院建立"审务云"平台，充分发挥当事人协查信息共享、金融犯罪预测预防等"互联网+"功能。通过整合各部门资源，网上网下联动，有效提升了违法犯罪的打击水平。

信息化时代背景下，网络违法犯罪呈现多发性、智能性、隐蔽性和地域广泛性，社会治安管理面临严重挑战。诸暨市积极践行网上枫桥经验，深入推进"雪亮工程"和"天网"建设，创新实施"智慧安居"工程。自主开发视频结构、人脸识别、车辆监测等大数据功能模块，通过导入犯罪人员车辆、人脸信息，利用车辆特征识别、人像比对、行为分析等智能化技术应用，初步实现了对人员密集区域、重点场所、要害部位犯罪风险隐患的自动感知、预警防范、目标追踪。在火车站、汽车站、旅馆等公共场所全部安装人脸识别系统，特别是在市主要宾馆全部安装了上网行为审计设备，对手机等终端上网采用"手机号码+房间密码"方式认证，实时获取虚拟身份信息。如杭州"2003·8·15"特大杀人案中，诸暨市依托雪亮工程，成功排查，确认出宁绍系列持枪抢劫杀人案犯罪嫌疑人。此外，温州市公安通过"无盲区布网、非接触采集、弱人工处理、零感知管控、超视距作战、云交互服务"，着力构建"云上公安、在线警务"新体系。组建了以卡管车、智慧安防小区、智能门禁等"五大在线"管控感知体系，所有数据通过物联网技术，实时汇入温州市公安局基础数据管控中心，进行统一分析、研判、应用。

(五) 防控金融风险

随着互联网与网络银行等金融业务的高度融合，网络金融风险成为当前我国最突出的风险之一，并呈现高度隐蔽性、瞬时爆发性、极度渗透性、交叉感染性等特点。为深入推进平安建设，浙江各地积极打造"网上枫桥经验"升级版，不断提升金融风险防控和治理水平。

浙江全面建设金融风险"天罗地网"监测防控系统。该系统包括数据集成、实时风险监测、风险识别机制、预警核查处置、应急协同处置、定期汇总分析、辅助决策信息等功能，集互联网大数据、基层网格化排查信息及相关管理部门等信息渠道于一体。重点以小额贷款公司、担保租赁公司和各类无牌照、无监管、实际开展金融活动的主体为监测对象。此外，嘉兴南湖区构建了金融风险防控的"南湖模式"，设立举报奖励机制、落实属地责任制、多方联审工作机制。通过整合线上线下金融风险管理资源，实现了对金融风险的全天候、全流程、全覆盖监控，切实把金融风险消除在苗头，把矛盾纠纷解决在基层。

中国人民银行诸暨市支行建立了"金融稳定三色预警"工作机制。该机制根据镇乡街道所属企业逃废债发生情况提示区域金融风险。2017年1月至8月，诸暨市支行通过该机制及时发送风险预警信息7条，发现、堵截冒名开户、违规开卡等非法结算业务10多次，有效防范了支付结算风险发生。此外，诸暨市全面推进个人账户分类管理和名单管理机制，健全商户信息管理系统，严厉打击金融违法犯罪行为，实现了金融风险有效防控。

（六）化解矛盾纠纷

浙江省积极搭建在线矛盾纠纷调解平台，通过开展远程视频接访试点、视频接访室，引导群众通过网络、视频等方式反映诉求。平台依托大数据、互联网、人工智能等信息化手段，将在线咨询、评估、调解、仲裁、诉讼五大功能有机结合，实现线下矛盾纠纷线上快速解决。在线矛盾纠纷调解平台整合了司法调解、人民调解、行业调解等多元化解纷资源，成立家事、道交、电商、劳动等专业化在线解纷中心，激发了社会的内生活力，达到"无创""微创"化解矛盾纠纷的目的，既增强了群众的参与感、获得感，又从源头上对矛盾纠纷进行预防、过滤，打造了跨时空、跨地域的全新解纷模式。此外，通过完善在线纠纷解决平台，增设前置调解程序，建构"漏斗"式的涉网纠纷多元化解机制，极大地缩短了调解时间，提高了调解效率。

诸暨市人民法院不断深化网上枫桥经验，建立了集在线调解、在线立案、在线司法确认、在线督促程序、电子送达等为一体的"在线矛盾纠纷多元化解"的配套机制。第一，推动在线服务基础设施的科技化，设立"在线调解中心"，开展"线上"纠纷受理、诉前委派调解、诉中委托调解、在线调解、法院协助调解、在线司法确认等工作。推动在线调解流程管理的智能化，例如，调解员通过"在线矛盾纠纷调解"平台可以预约矛盾纠纷双方当事人进行视频面对面调解。争议较大时，调解员还可以与法官视频连接，由法官进行专业指导。第二，推动在线诉讼调解对接机制的多样化，建立了"1+5+13+20+27"的矛盾纠纷多元化解工作机制。利用互联网与各调解组织建立在线对接平台和机制。通过诉前化解、立案调解、简案速裁"三道过滤网"，实现了"法院+社会""专业+群众""现代+传统""线上+线下"矛盾纠纷多元分层递进化解。

杭州互联网法院依托智能立案系统、智慧庭审系统、裁判辅助系统、电子签章系统、电子卷宗随案生成系统，实现了诉讼流程全程在线、电子证据一键调取、庭审多方实时交互、语音识别同步显示。司法程序实现"线下人工"向"线上智能"的转变，起诉、调解、立案、举证、质证、庭审、宣判、送达等诉讼环节全程网络化，打破了矛盾化解空间和时间阻碍。利用大数据分析技术对涉网案件数据进行多模块比对分析，梳理其规律和特点，形成结构化、标准化的互联网司法裁判规则。有效地提升审判效能，维护了网络安全，化解了涉网纠纷。

三、"网上枫桥经验"的特色

（一）同平安建设紧密结合

通过大数据、云存储、云计算等信息化手段，对各类数据进行系统整合，全面构建信息化、立体化、动态化的治安防控体系和智能化服务系统，为跨部门、跨业界应用和辅助决策、统计分析、业务管理等提供大数据支撑。

第一，强化公共安全服务管理的智能化。在公共安全治理方面，浙江省深入推行"实名制"，特别是危化物品、烟花爆竹等危险物品实名销售，并全部录入省危险物品排查管控系统，实时更新，消除管理盲区。充分重视大数据对公共安全风险的重要预警作用，如杭州市开发"热力图"系统，该系统可以对旅游景区、超市等公共场所的人流风险情况进行及时预警，以便及时做好人员疏散工作，增强应急处置能力。在食品安全领域，杭州市全面启动"透明厨房"工程，消费者通过视频传输、网络平台等方式就可以实时观看食料清洗、食料烹饪、餐具消毒等全过程，有效地发挥了社会监督作用，提高了食品质量安全。在网络安全问题上，诸暨市建立快速巡查、防控、报告机制，落实"关键词过滤屏蔽""先审后发""实名注册"等制度措施，及时处置网上重大敏感舆情，强化公共安全保障。

第二，加强特殊人群服务管理的智能化。通过畅通各部门信息渠道、实现信息资源共享，提升特殊人群服务管理精细化水平，切实维护社会公共安全。例如，诸暨市搭建吸毒人员服务管理平台，网络员可依托吸毒人员服务管理APP实现对吸毒人员的动态化、信息化管理和监测。建立了吸毒人员"一人双档"，加强吸毒人员落脚点、虚拟电子身份、使用的通信号码、交往的重要关系人等信息采集，形成全面、实时、准确的电子档案，做到第一时间更新、掌握、查控、处置。按照"全警种、全时空、全要素"的采集要求，布建智能感知网络，在全市主要路段、卡口、重点区域高密度布建了RFID、WIFIMAC地址采集系统，织密了电子围栏体系，对涉毒人员进行全面检测报警。借鉴微信群管理模式，成立吸毒人员亲情帮扶团，积极动员吸毒人员的家人、朋友和同事入群服务管理。通过日常沟通、协调了解、定期求证，掌握吸毒人员的动向和表现，并落实帮扶服务管理活动。

第三，实现安全生产监督管理的智能化。诸暨市全面应用安全生产智慧安监系统，以"信息化+网格化"模式加强隐患排查治理。推行安全生产"一张网"工程，实行专职巡查员和网格员"互查互督"安全生产综合监管模式。全市建立市、镇乡（街道）和村（居、社区）三级安全监管网格。推广企业安全生产二维码，专职安全巡查员及网格员在入企检查时通过扫描二维码自动生成电子检查记录，实现动态化监管，以全力消除各类安全生产事故隐患，遏制减少安全生产事故，特别是重大特大事故的发生。

（二）智慧化的治理方式

第一，创新平台和载体，实现信息资源有效整合。如前所述，治理网络要运用网络平台和载体。信息是实现社会治理的重要载体和手段，通过信息的存储、采集、流通和梳理，能有效地提高政府服务管理的高效性、精准性。诸暨市以"大数据+""互联网+"思维传承和发展新时代"枫桥经验"，充分利用政务服务网，整合公安、民政、司法行政、安监等部门相关信息资源，推动社会治理与"网络+网格"深度融合，搭建前端信息采集统一平台，统筹推进大数据中心、数据应用平台以及物联网等基础设施建设。如建立跨地区、跨部门视频图像信息共享应用机制，推动数字证据等在司法领域的有效运用。建立24小时网上巡查机制，依托专属平台排查治安隐患和犯罪苗头。对可能引发犯罪的，诸暨市网警大队及时上报领导进行综合分析处置。此外，与网信办密切协作，互通资源，共控舆情，积极回应群众诉求，有效预防矛盾纠纷发生。

第二，创新手段和方式，实现网上网下无缝对接。以普法为例，诸暨市适应信息化时代的需要，充分运用互联网技术做好普法工作。推动普法宣传"网上+网下"有机结合，在诸暨日报、诸暨E网等媒介开通普法专栏，定期提供法律咨询、法律案例宣传。推进公共法律服务体系建设，建成并运行市、镇、村三级公共法律服务网和"诸暨市公共法律服务网"，加强村（社区）法律公共服务点建设，构建城乡"半小时法律服务圈"。通过网络普法直播、在线互动答疑、线上线下调解有机结合，实现基层社会治理矛盾纠纷由"情理法"向"法理情"的根本转变，有效提高了法制宣传的效率和质量。以"诉调衔接"为例，诸暨市人民法院打造三级视频指导调解网络，在立案大厅建立"法官指导调解QQ群"，在人民法庭设立网络视频调解指导工作站点，分别与专业调解组织，以及辖区乡镇、村级调解室等实现视频对接，发现疑难问题需要指导的，即时与值班干警进行视频交流，随时提供"面对面"法律业务指导，第一时间化解矛盾纠纷。

（三）科学化的治理手段

实现正面能量网上凝聚。以诸暨市为例，首先，建立网络正能量传播基地，聘请浙江农林大学暨阳学院专家学者参与正能量文化传播、创意文化产品制作、网络文化研究、正能量人才培养等工作，共同构筑网上正能量传播体系。其次，设立互联网文化企业联合党支部，规范具有媒体属性的互联网企业文化。以新时代精神为引领，积极推动优秀传统文化和当代文化精品的数字化、网络化传播，鼓励互联网企业创作新产品，打造新品牌，拓展新领域。再次，积极孵化、培育网络社会公益组织，通过汇聚社会各界正面能量，为群众提供网上公共服务。如"一米阳光"志愿服务基地以"互联网+基地+项目模式"多次开展消费维权、公益阅读、知识讲座等活动。积极培育红色意见领袖，常态化开展网军实战演练。凝聚网络名人、意见领袖、百姓论坛、微博、微信、重点网站管理者和社会力量，加强网络舆情正面引导。

实现消极因素网上消解。诸暨市建立网上法律公共服务指挥调度，收集来自网络的矛盾纠纷并提供法律咨询服务。通过筛选、分类、交办，在线解答、网上预约、线上线下调解，为群众提供全方位、全天候、全流程"一站式"服务。真正做到了第一时间发现问题、第一时间纾解疑虑、第一时间消除矛盾，实现了政府与网民群众的"最大公约数"，完成了应对互联网这个"最大变量"向善用互联网这个"最大增量"的华丽转变，切实把矛盾纠纷化解在苗头，解决在基层。

（四）全新化的服务模式

浙江"最多跑一次"改革以互联网、大数据等信息资源为载体，打破了以往公共服务管理资源部门化、碎片化弊端，有效提升了公共服务的智慧性、系统性、整体性、协作性、有效性，实现了政务数据"多跑路"向人民群众"少跑路"的华丽转变。"最多跑一次"改革是对以往行政审批制度改革和"四张清单一张网"模式的优化和创新，实现了全省政务服务体系从"一窗受理、集成服务"的线下模式向线上线下并行的转变，形成了以"网上办事"的线上服务为主、以"一窗受理、集成服务"的线下模式为辅的政务服务供给格局。

新的公共服务模式从企业和群众的获得感和满意度出发，倒逼政府简政放权、放管结合、优化服务，有效推动了效率型、法治型、服务型政府现代化治理的转型与重塑。如诸暨市大力推进"互联网+政务服务""一证通办一生事"，以身份证件作为唯一标识，融合市民社保、医疗、养老、纳税等48个事项实现"一证"管理服务，建设"一库一窗一网一章一档"工程。创新探索基于居民身份证号码的线上线下互认的身份认证体系，全力推进"一证通办"应用平台向村级延伸、共享信息数据向村级开放。通过"一证通办"信息管理系统，实现各部门数据互换、共享、共用，工作效率大大提高。积极开辟企业投资项目绿色通道，实行全程代办。建立网上审批服务平台，创新实施投资项目信息资料共享互认机制及投资项目网上全流程服务、全流程监管机制，实现由"现场审验"向"网上审查"转变，有效打通了行政审批服务的"最后一公里"，真正实现群众办事不出村、服务解决在家门。

诸暨市建立市级社会管理服务信息中心和智慧管理体系、智慧服务体系、智慧应急体系、智慧防控体系等"一中心四体系",深入推进"智慧安居"建设。以信息化应用为主要载体,拓展多元化服务渠道,提升公共服务水平。如搭建便民服务平台、建设流动警务站、开展居家养老服务等。将智慧服务延伸到镇村,全面覆盖到村居家庭、学校、企业、社会服务等。通过系统化、智慧化、精准化地梳理和规范各类事项,实现了行政审批更简、政府监管更强、公共服务更优,构建了"群众不出家门享信息、不出村子办民事、市镇村联动强服务"的良好局面。

(褚宸舸,西北政法大学行政法学院教授;史凯强,西北政法大学中华法系与法治文明研究院研究员)

政府法制办：有这么一个单位

王学堂

2018年3月，全国两会上通过了国家机构改革方案，撤销了国务院法制办公室这个正部级单位，将其与司法部进行了重组。目前，全国省一级重组工作已经基本完成，市县一级也会很快推进。在不久的将来，法制办将成为一个历史名词。

针对这次法制司法的重组，网上有一种声音："竟然有法制办这么个部门？我怎么没有听说过？"如果不是这次撤并和重组，许多人根本不知道有法制办这么个单位。政府法制机构既是边缘部门、清水衙门，也是幕僚部门、综合部门，它从事的工作都不易为社会所了解。法制办承担着大量的法律性事务，包括立法（基层是红头文件审查）、执法监督、行政复议应诉、法制协调等内容。法制办既是依法行政的教练员、行政复议的裁判员和行政诉讼的运动员（职业被告），也是政府的参谋、助手和法律顾问，还是法治政府建设的组织者、协调者、推动者和实践者。只是法制办是作为政府的内部机构开展工作，公众认知度并不高。那么，政府法制办到底是一个什么单位呢？在其使命结束之时，对其制度功能进行全面介绍，也有着理论意义与历史价值。

一、法制办的四大任务

国务委员王勇在《关于国务院机构改革方案的说明》（2018年3月13日第十三届全国人民代表大会第一次会议）中指出："……（九）重新组建司法部其主要职责是，负责有关法律和行政法规草案起草，负责立法协调和备案审查、解释，综合协调行政执法，指导行政复议应诉……"

这四项内容就是原来国务院法制办的主要职能,但都不太为公众所熟悉。以下具体说明。

(一)法律和行政法规草案起草

这是行政立法事项。党的十八届四中全会《决定》提出,要健全人大主导立法工作的体制机制,发挥人大及其常委会在立法工作中的主导作用。人大主导立法,使公众对人大的立法权更知悉,而且这些立法过程往往冗长(三读通过)且引不起公众的兴趣。正式法律都没有多少普通人关注,何况是法律、行政法规草案,但立法草案一般是由政府法制部门起草或者经其审核经由政府通过后报送人大的。也就是说,法制机构为人大准备了半成品供其精雕细琢。县区一级虽然没有立法事项,但有红头文件(政府规范性文件),俗称"小立法"。这也很难引起公众关注,网上征求意见点击量以个位数计。现实中常常需要法制办主动给媒体"喂料",增加民众的关注度,打捞沉默在底层的民众声音。

(二)立法协调和备案审查、解释

这项工作基本上是幕后工作。行政法规(地方更多是红头文件)包括立项、起草、审查、决定、公布、解释等多个环节,但老百姓对红头文件的质量颇有微词,一些立法的瑕疵为公众耻笑。法制工作是这样,尽管有缺点,但不能否认其存在的价值。如果没有法制办把关,文件质量会比现在的还差。

(三)综合协调行政执法

公众可能不知道,最大的执法主体是政府。政府执行了80%的法律和100%的行政法规,而市县政府又占了所有执法量的80%,所以政府才是最大的执法主体(而不是公众熟知的公检法)。但政府的执法监督(由法制办代行职责)无论是人员素质还是数量,都不能与检察院法院相提并论。这项工作全国各地法制办都处于被动应付状态,公民有投诉就不得不受理(不受理要被起诉),没有就乐得清闲,绝对不敢主动开拓,因为惹上案件却没有能力、人力来处理,就惹火烧身了。

（四）行政复议应诉

这项工作是法制办的主业，也是法制办之所以是法律业务部门的标志之一。人员素质差、案件数量少、行政复议法修改缓慢这些问题不必多说，即使是案件质量也不敢恭维。更重要的是对这项工作，法制办是能推就推，实在推不了的才受理。就是受理了，维护了公民的合法权益（全国在30%左右），也不敢宣传，担心宣传之后，案件量大增，人手不够。法院普遍存在案多人少的问题，在法制办这里是案多没有人办。这样一项与普通人接触多的工作也是只做不说，只做不宣传，更不敢宣传行政机关败诉，一则影响与兄弟单位的关系，二是分管这些单位的政府领导也不高兴，三则案件多了同事们也不高兴。这么多顾虑，谁还愿意做大做强行政复议？法制办工作的主业中仅此一项与公众直接接触，都不敢宣传。因此普通人对法制办并不了解。

这样的组织架构和工作体系，也就导致法制部门30多年来坚持默默地工作（藏在幕后当司法幕僚），不为公众所知晓，这正是全国近两万名法制人的心痛之处。更痛苦的是，法制办虽然不存在了，但这些法制工作和法制事务依然还在。

二、基层法制办的制度地位

法治政府是个宏大的系统概念，与人民满意政府、责任政府、有限政府、阳光透明政府、服务型政府等具有相近的内涵。

《法治政府建设实施纲要（2015—2020年）》要求："推进依法行政、建设法治政府是一项战略性、全局性和系统性工程，需要立足全局和长远统筹谋划。"凡事总得有个牵头部门，这一责任就落在法制办身上。政府及部门法制力量薄弱、法制人员能力不足、法制人员不能满足日益发展的法治需求是现实的问题。作为建设法治政府的牵头部门，法制办在基层县市区基本只有两个人，一个是主任，而且大多数都不是法律科班出身的，只是为了解决职级待遇问题。第二个是懂法律的人，支撑着一个县区政府的法制工作。

在2017年全国两会上，全国人大代表朱列玉建议"加强区县基层政府法制机构和队伍建设"。以朱代表所调查的广州市各区政府的数据，广州全市 11 个区只有南沙区单独设立了法制机构，其余 10 个区均作为区政府办公室内设科室，不能独立开展工作。相信这也是全国基层法制机构的现状，大都是政府办内的挂牌机构。从机构编制数来看，目前广州市各区法制机构人员为 47 人（多年来变化不大），平均每个区 4.3 人。这个数据也是全国基层法制办的平均值。

按朱列玉代表的调查，广州每个区的这 4 个人，承担了全区依法行政统筹、行政立法、法律事务咨询、规范性文件审查、执法监督、行政复议、行政诉讼等诸多法律业务，还要兼顾办文办会、信访、打击走私等事宜。其实，法制办的职能远不止这些。例如，仅一项政府信息公开就带来巨大的工作量，涉法事务更是多如牛毛。笔者统计过，除了开协调会、电视电话会议等，法制办约有 32 项常规工作。平均每人扛 8 项。

相对而言，广州市法制办的编制数是 54 名，承担上述任务尚且吃紧，可以想象广州市各区政府法制机构工作人员的工作是何等繁重，压力是何等巨大。现在的法制机构是倒金字塔结构，原国务院法制办大约 300 人，省法制办 100 人，到了市就成了 20 人，而到了县则是两三人。尽管这些系统上下工作重要程度以及工作量确实有差别，但上面有的工作任务基层基本都有，而且基层还直接面临着人民群众来信来访接待工作。

广州市是省会城市、副省级城市、国家重要的中心城市，基层政府法制机构和队伍的情况尚如此窘迫，全国其他城市的基层政府法制机构存在的问题就更不容乐观。法治政府建设重点在基层，难点也在基层，基层真是"压力山大"。中国最大的执法量都在政府部门，但是政府部门的工作人员素质怎样呢？他们大多数非法律专业出身，没有通过司法考试。于是基层法制人率先感受到了法治建设工作的压力，难以满足人民日益增长的法律需求。

三、基层法制办的主要工作内容

一般来讲，基层法制办主要负责四项工作（或许各地不太一样，但大的方面基本相同）。通俗地说，第一项是红头文件审查，第二项就是行政复议，第三项是政府的重大法务，第四项是执法监督事项。

（一）给红头文件念"紧箍咒"

红头文件的制作和审查号称"小立法"。立法是对社会资源、社会利益进行第一次分配的活动。这个权力不可谓不大，我们经常讲红头文件不能任性，除了内部制作流程方面的制约，另外还有同级人大、上级政府的备案审查，更重要的是司法监督。对红头文件司法审查的力度越来越大，促进了政府规范性文件出台前的合法性审查。

据统计，2016年1月到2018年10月，全国一审行政案件收案中规范性文件附带审查约为3880件。当前规范性文件"任性"的情况还比较常见，对规范性文件的审查也是司法监督需要重点关注的领域。规范性文件是行政行为的依据和源头，要纠正违法和不当的行政行为，有必要正本清源，从源头开始审查和纠正。将规范性文件纳入司法审查，有助于推进依法行政，促进规范性文件制定的合法性，保障法制的统一。

例证到处都有。2018年春节前湖南娄底市双峰县一份关于禁燃区内燃放鞭炮的公告引发了关注。公告说："天网恢恢疏而不漏！希望当事人能认识到自己的错误，主动投案自首，争取宽大处理。欢迎知情人士积极提供线索，早日将不法分子绳之以法。"2018年2月18日双峰县委宣传部称该公告多处用语不当，已撤销该公告，并对相关责任人进行批评教育。

我们的经验是，按照"数量从少质量从精程序从严"的原则，强调"大幅度减少红头文件的印发，可发可不发的要坚决不发"，这就减少了诉讼风险。这些都是司法审查力度加大带来的有利影响。用《人民日报》的说法，法制机构就是给红头文件念"紧箍咒"的人。

这一工作要坚持合法性原则。规范性文件不能与上位法有抵触，以维护法制的统一，从源头上保障依法行政；强调职权法定原则，赋予部门职权要有法律依据，防止违法越权和有利则争权、无利则推诿的情况发生；突出禁止创设公民义务的原则，没有法律规定，行政机关不得利用职权随意给公民设定义务；确保可操作性原则，规定要简化、要明确，让市民看得明白、懂得操作，不能搞"民不知法则威莫测"。

规范性文件制作要坚持三原则"不抵触、有特色、可操作"，俗称"九字诀"，这是政府法制部门人人都知道的常识，

1. 不抵触

"在不同宪法、法律、行政法规相抵触的前提下"，这是出台政府规范性文件"不抵触"的基本内涵。因此，要起草（审查）一部红头文件，法制办往往要从宪法到物权法、土地管理法以及国务院的土地管理法规，直到广

东省、佛山市的文件逐一查找，这自然是要耗费大量精力。

2. 有特色

地方出台文件要结合区域实际，要有自己鲜明的特色。我们的国家太大，在国家因经验的局限、条件不成熟等尚未立法，地方又有需要和条件或为了解决本地突出的而国家立法不可能或不宜解决的问题时，地方如具备条件可先行一步，出台红头文件予以规范。这也是红头文件的生命力所在。

3. 可操作

红头文件不能简单重复上位法，一般国家立法的内容比较原则性，具体到各地，还需要确定具体的执行办法，这是地方细化国家立法的过程，也是充分体现地方特色的过程。其次，树立"宜细不宜粗"的观念，尽量避免一些原则性、口号式的语言，在法定的原则、界限、范围内做出明确的具体规定，可量化的尽力量化，能细化的尽量细化。再次，文件不宜一味追求贪大求全，不要期望一部法规能够解决所有的问题。应当需要几条写几条，能定几条定几条，力求做到明确具体，备而不繁，切实管用。

（二）政府里的职业被告

行政复议和应诉是法制办（政府复议办）的重要法律工作。

现在的行政复议，无论是维持原决定当共同被告，还是撤销原决定当单独被告，总之，政府（法制机构）都是职业被告。法制工作人员是职业被告人，法制办要代表政府答辩、工作人员要出庭，否则就会有违法之虞。从立法上看，行政复议法晚于行政诉讼法。政府法制部门作为政府办公室内设机构，级别低、人员少，无权无钱，却负责规范性文件审查、行政复议、查处公路三乱（后划入纪委）等复杂事务，困难不小。

撤销行政复议案件最为复杂，撤销一宗案件就可能得罪一个部门，绩效考核会影响一个单位的绩效工资。在这种情况下，法制机构最好的后盾就是法院。法制办往往会告诉这些领导，即使是法制办勉强维持，法院也会撤销。动之以情，晓之以理，领导权衡利弊，最终会同意协调处理，防止案件进入司法诉讼。

法制办的常规工作是代表政府出庭应诉，当职业被告。《最高人民法院关于适用〈中华人民共和国行政诉讼法〉的解释》第一百三十条第二款明确：被诉行政行为是地方人民政府做出的，地方人民政府法制工作机构的工作人员，以及被诉行政行为具体承办机关工作人员，可以视为被诉人民政府相应的工作人员。按有关方面的理解，以后法制办主任出庭也算是机关负责人出庭应诉了。这很大程度上会解决目前老百姓反感、行政诉讼法着力想解决的告官不见官、难见官的难题。不过，法制办主任这个职务已经成为历史了。

佛山市禅城区人口为120万，每年行政复议案件大概在1000件，这其实还是保守统计，仅仅交警的违章罚单数量就十分巨大。

原告开庭时的第一要求就是行政首长出庭。这是行政诉讼中常见问题，其依据是：2015年5月1日新修订的行政诉讼法第三条第三款：被诉行政机关负责人应当出庭应诉。另外，《最高人民法院关于适用〈中华人民共和国行政诉讼法〉的解释》第一百二十八条：行政诉讼法第三条第三款规定的"行政机关负责人"，包括行政机关的正职和副职负责人以及其他参与分管的负责人。

虽然我们希望所有案件法院都强制要求行政首长出庭，也从2008年起积极推行政首长出庭应诉，但每个案件都出庭的话，一年光行政复议当共同被告就是一两百件。

行政诉讼法将行政首长出庭应诉作为法律的强行性规定，不可谓力度不大，估计在全世界的立法中也少有。但事实上由于这种立法强行要求而且普遍推行，实施中问题不少。就笔者掌握的数据看，行政首长出庭的数量可能有所增加，但示范效应事实上在减少。实际效果并不好，特别是行政复议当共同被告的，一方面行政首长出庭完全是走程序，不但达不到制度设计效果，反而降低领导对法治的信仰，因为这种出庭没有任何意义。另一方面，就是案件数量太大，一年200个案件开庭，一个区假设有一正六副共7个区长，每人一年的出庭次数就比较多。

最高法院已经明确：人民政府所属法制工作机构的工作人员也可以视为被诉人民政府相应的工作人员。但老百姓普遍认为行政首长特别是政府一把手不出庭就是不遵守法律，目前看这一点很难达成共识。

忍受辱骂更是行政机关代理人的第一基本功。在行政诉讼中，法庭上当事人可以骂你，但你没有权力回骂，你只能容忍，因为你代表的是政府，是行政机关。12年的政府法制工作经历让我习练成了法庭上的心如止水。有时同事出庭，我总是提醒他们：出庭不要和当事人吵架，不要生气。年轻的时候修行不够，有时还反驳当事人两句，现在连这种说话的欲望都没有。

(三) 政府的法律顾问

共和国的司法奠基人董必武一直重视政府法律顾问的作用。他认为：在法庭上为被告人辩护，是律师的一项主要业务。但是，律师作为法律工作者的作用不仅限于法庭辩护。中华人民共和国成立不久，董必武就高瞻远瞩地提出要求，"政府各部门和社会团体必须成立法律室或聘请法律顾问，这就需要一部分法律工作者"。他认为，"因为政府管的事情很多，有时候自己发布的命令自己都不知道；就是自己知道，在知道的同志离开这个工作岗位的时候，去接替工作的人也不可能都知道得清楚，所以必须要有法律室的机构。社会团体如工会，它管着很大一笔经费，要做很多事情，如果没有一个了解法律的人，工作是不容易做得好的"[①]。

这些年，各地都在积极聘请社会律师，以解决目前法制人员不足、法制业务飞速增长的现实困难。社会律师起了不可替代的作用，为何还要设立政府公职律师？因为政府尚需要自己的核心法律团队。这就如同大企业虽然会重金外聘许多高端的大牌律师，但所有企业概莫例外地保留着自己的法务部以及核心团队，因为这是企业的至高利益。1928年国民政府就设立了法制局，目前律师业高度发达的美国也有总统法律顾问制度，而在日本、中国台湾等都有法制局这一设置。或许能说明一些问题。

设立公职律师，无疑是对目前政府法制机构的一个重大机遇和挑战。一方面，会促使法制机构工作人员整体水平向社会律师看齐，另一方面也势必会将许多优秀人才输送至社会律师行业，使党政机关成为律师协会的人才培养基地。在这个意义上，必须要建立社会律师向公职律师的转向机制，才能实现双向正常流动。

法务审查，特别是重大合同审查，是法制办的一项重要业务，重大合同的审查责任太重大了。

相信许多甚至大多数全国的基层法制办同仁都在用百度搜索法条。不能说绝对不行，但我可以肯定地说，这样的搜索不是太靠谱。即便我们现在称法治社会，但真正看法条的公务员并不多。为了搞好工作，法制机构应当购买专业搜索软件。许多人都认为法律不过就是法条，相当简单，因为人人都

[①] 《关于党在政治法律方面的思想工作》，参见董必武：《董必武法学文集》，法律出版社2001年版，第213-214页。

认识法条上的字。但法律是个专业性工作，尽管普通人也懂一些，专业方面还是得请教法律专业人士。

（四）依法行政的监督者

现在的法制办对行政复议、规范性文件审查工作相对得心应手，宣传的比较多，这是法制办的强项。法制办还有一项重要职能就是代表政府对各行政执法部门的执法工作进行监督。这项工作各地法制办宣传的不多，开展的也不算好。主要还是人力、精力和能力不够，所以就不宣传，因为多一事不如少一事。光是应付行政复议、红头文件审查以及政府法律事务这些必须要完成的硬任务都力不从心，还谈什么执法监督？现在虽然不宣传，仍有一些知情的老百姓跑来投诉执法不公。政府作为最大的行政执法主体，即使是很小的比例，投诉量也相当可观。

法制办进行执法监督的权力来自法律授权，也来自编办的三定方案确定的具体职责，本质上它的权力来自于法律上作为政府的代表。在这个意义上，法制办进行执法监督就有拉大旗、作虎皮的特点。许多法制机构的人也不太清楚法制办的这一项职能。因为这项职能从立法上看全国层面并没有专门的法律规定。不过，《广东省行政执法监督条例》明确规定："本条例所称行政执法，是指行政执法主体依法履行行政处罚、行政许可、行政强制、行政征收、行政征用、行政给付、行政确认、行政登记、行政裁决、行政检查等行政职责的行为。"这些职能涵盖了政府执法的所有门类，就是由法制办履行执法监督职能。该条例规定：县级以上人民政府法制机构在本级人民政府的领导下，承担本级人民政府行政执法监督的具体工作。也就是说，在广东省范围内，政府法制机构承担的这项职能，是代表政府在进行监督。尽管一年也就两三件，但耗费了法制办大量精力。大多数老百姓的投诉还是有一定道理的（没有道理的一般不立执法监督案），但立了案件怎么处理是个大难题。一方面得严格依据法律法规，另一方面还得考虑行政的合理性（比例原则）。总之，你不能动辄指责一个部门的行政行为（因为指责远远比实际工作要容易得多），也不能对职能部门的行政行为背书（毕竟是代表一级政府在进行监督）。目前看，尽管行政执法监督也是一种投诉途径，但毕竟作用有限，行政诉讼才是解决问题的合法途径。

总之，基层法制办往往是县区政府办公室的挂牌机构，没有独立的人事、财务和物资，因此其隶属政府（办）的属性更明显。法制办是个全心全意、全力以赴为政府服务的单位,法制办除了政府的利益,没有自己的任何利益,不会争事权、揽财权,更没有工程项目可言。基层的法制办都是为政府提供法律专业服务,既要敢于说不,帮助政府守住法治底线;也要善于说行,推动法治政府建设持续进步。

  法制办的命运比较曲折。中华人民共和国成立后,1954 年设立国务院法制局,到 1959 年被取消。1984 年,国务院恢复了法制局。首任国务院法制局长是著名法学家孙琬钟先生。1998 年,因机构改革需要,从国务院法制局改称法制办公室。2018 年 3 月 17 日国法办与司法部重组。根据中央的决定,法制办即将进入历史。作为一个工作了 12 年的法制人,谨以此文祝愿政府法制的明天更加美好!

(王学堂,广东省佛山市禅城区法制办主任)

供给侧结构性改革与上海政府职能转变问题研究

彭 辉 王天品

【内容摘要】 当前，供给侧改革已经成为中国经济领域最重大的变革，不仅为我国经济中长期发展指明了道路，也对政府改革与政府职能转变提出了新的要求。供给侧改革与政府职能转变的关联逻辑表现为：政府是供给侧结构性问题产生的根源，供给侧改革需要政府改革先行；政府改革是供给侧改革成败的关键因素；政府改革是供给侧改革的实现途径。推进供给侧改革，必须政府职能的科学理性定位，塑造新型的政府与市场关系，转变政府职能增强经济发展的内生动力。供给侧改革背景下上海政府职能转变所取得的成绩体现为：行政审批改革不断优化，事中事后监管不断推进，行政执法体制机制不断完善，社会组织培养模式不断健全。同时改革也遭遇一系列的障碍和束缚，对此应优化行政审批流程提高行政效能，完善事中事后监管推进政府管理转型，深化行政执法体制改革推进整合性综合治理和加快社会组织发展承接政府职能转移。

【关键词】 供给侧结构性改革 上海市 政府职能转变

一、引言

供给侧改革是我国对经济形势认识不断深化的结果，也是经济政策的重大转型。我国的经济发展正处于传统动力弱化和新动力生成的调整期，面临经济下行和转型升级的双重压力，周期性和结构性双重矛盾特征较为显著。由于政府以往过多强调需求管理政策进行政府宏观调控，导致经济运行中的结构性矛盾和风险逐渐凸显，产生许多产能过剩的后遗症，加剧了未来经济社会发展的不确定性和波动性。供给侧的实质是为解决政府过度干预或过度宏观调控问题而提出的改革思路，要求政府转变职能，简政放权，约束政府的"有形之手",正确发挥政府应有的作用。

所谓政府职能,是指行政机关根据国家和社会发展的需要应承担的职责和所具有的功能,它反映着政府管理的基本内容和活动方向,是公共行政的本质表现①。从我国政府职能的历程来看,它的具体内涵因时而动、顺势而变。进一步而言,我国关于政府职能的界定一直在不断地调整。例如,党的十六大报告中的政府职能包括:"经济调节、市场监管、社会管理和公共服务的职能,减少和规范行政审批。"党的十七大报告中的政府职能则强调"服务型政府"的建设,注重"社会管理和公共服务"。党的十八大报告中则"深化行政审批制度改革,继续简政放权,推动政府职能向创造良好发展环境、提供优质公共服务、维护社会公平正义转变"。

学界关于供给侧改革背景下政府职能转变的研究主要从三个方面展开:

(1) 政府职能转变的动力源。苏安②认为供给侧改革的核心重在降低企业的制度性交易成本;吴敬琏③强调供给侧改革是针对制度架构和规制(监管)架构进行的改革;张蕴萍④指出在供给侧改革中重点在于发挥好政府的作用,塑造成"有为政府""有效政府",实现政府和市场主体的良性互动。张梦洁⑤认为在具体实践层面来看,要改善供给体系,不是靠政府规划,而是要打破垄断和规制,解除供给抑制,让市场自由竞争。

(2) 探讨供给侧改革与政府职能转变的关系。陈大为⑥强调法治政府是推进供给侧结构性改革的法治保障,供给侧结构性改革是建成法治政府的经济后盾。曾宪奎⑦认为我国供给侧改革并不排斥政府的作用,强调政府调控与市场机制的有机结合,同时在部分领域部分环节,政府还需要起到主导作用。赵菊敏⑧指出政府与市场关系之间的合理关心并非固定不变,并不存在一个恒定的合理或者最优关系,而是随着经济和社会的发展,不断发生演

---

① 石瑛:《供给侧改革视角下的政府职能转变》,《长白学刊》2017 年第 1 期。
② 苏安:《供给侧改革应侧重效率》,《21 世纪经济报道》2015 年 12 月 8 日。
③ 吴敬琏:《什么是结构性改革,它为何如此重要?》,《比较》2016 年第 4 期。
④ 张蕴萍:《供给侧改革:中国垄断行业政府规制体制改革的新动力》,《理论学刊》2016 年第 9 期。
⑤ 张梦洁:《避免供给侧改革认识的三大误区》,《21 世纪经济报道》2015 年 12 月 2 日。
⑥ 陈大为:《法治政府视阈下推进供给侧结构性改革的政策法律研究》,《中州大学学报》2017 年第 2 期。
⑦ 曾宪奎:《供给侧结构性改革中政府市场关系研究》,《经济研究参考》2016 年第 58 期。
⑧ 赵菊敏:《供给侧改革中的政府再转型:迈向现代性公共政府》,《广西社会科学》2016 年第 9 期。

变，其核心在于政府和市场均最大程度上发挥其优势，而将其各自的不足相互弥补到最小。

（3）供给侧改革中政府职能转变的实施路径。陈奇斌[①]认为减少行政审批是政府职能转变的突破口，主旨在于不断减少政府对资源配置的干预，进而提升经济体系效率。但是，部分部门依然存在着重数量不重质量问题，在权力核心环节依然把持不放，部分审批环节依然存在着所需时间长、手续繁杂等问题。卢宁[②]指出政府的服务和监管仍是政府与市场关系中的一个短板，特别是部分领域的监管问题，涉及复杂的经济、社会因素，短期内要迅速提升其监管水平较为困难。

由此可见，目前我国供给侧改革与政府职能转变研究取得了巨大的进步，但这些研究存在两个弊端：

（1）以我国经济进入新常态作为分水岭，学者们关于政府职能转变的研究几乎都在此之前，之后的研究付之阙如，在供给侧改革的大背景下，对政府职能转变的研究就更少了，这与供给侧改革背景下对政府宏观调控研究的现实需求形成强烈反差。

（2）仅有的研究多集中于从理论层面阐释供给侧改革背景下政府职能转变的背景、价值、方式，但从交叉学科视角而言，这些研究往往缺乏科学性与系统性，甚至略显教条，尤其是对各地政府职能转变分析层面，相关学术成果鲜有涉及，研究深度和广度较为薄弱。这些不足影响了该领域学术研究有深度、多层次地渐次展开。

基于此，本文重在探索供给侧改革背景下上海政府职能转变所取得的成绩，存在的问题，进而提出相对应的意见和建议，这不仅可以为理论界同仁及时跟踪政府职能转变动态，开展前瞻性研究提供一定的启示，同时也可对行政部门自觉运用供给侧改革的基本原理和基本方法，理顺"看得见的手"与"看不见的手"二者的运行机制，为政府职能有效行使提供更可行的目标和指向。本文立足于以问题为导向，为了对供给侧改革背景下上海市政府职能转变的推进概况、实效及存在突出问题等进行回顾和梳理，从委办局的纵向角度，我们对上海市市场监管局、发改委、民防办、交通局、民政局等14

---

① 陈奇斌：《供给侧结构性改革中的政府与市场》，《学术研究》2016年第6期。
② 卢宁：《供给侧结构性改革的核心要义与地方政府实践探索》，《华东经济管理》2016年第10期。

个委办局进行深入座谈调研;从区的横向角度,我们对闵行区证照办理中心证照分离改革、浦东建交委告知承诺制改革、浦东花木街道行政执法改革、浦东塘桥街道政社合作共治改革等进行了个案解剖,对如何进一步优化行政审批流程、完善事中事后监管、深化行政执法体制机制改革、加快社会组织发展展开了深入的研究。

二、解读供给侧结构性改革

(一) 基本内涵

2016年是我国"十三五"规划的开局之年,供给侧改革则是"十三五"规划在经济领域的核心和灵魂。供给侧改革,就是从提高供给质量出发,用改革的办法推进结构调整,矫正要素配置扭曲,扩大有效供给,提高供给结构对需求变化的适应性和灵活性,提高全要素生产率,更好地满足广大人民群众的需要,促进经济社会持续健康发展[1]。与以往需求侧改革强调通过"投资、消费、出口"拉动国内有效需求不同,供给侧改革着力于供给与生产端,旨在通过优化劳动力、资本、土地、技术等要素的配置,解决产能过剩、供需不匹配、结构失衡等问题[2]。

从供给侧改革的目的来看,其目的在于通过改革推进结构调整,提升资源要素配置效率,优化经济结构,改善社会总产品和劳务的供给数量、结构及质量,最终满足人们的生活生产需求。以要素供给为例,供给侧改革就是要实现要素的流动由市场决定,包括劳动力、资金、技术、土地等,需要破除城乡之间、区域之间、部门之间的障碍以及相关利益藩篱,进行制度的衔接与整合,形成统一市场,促进经济发展,确定改革的整个过程要平稳、有序地进行。

(二) 供给侧改革与政府职能转变的关联逻辑

供给侧改革表面上看主要是经济问题,如去产能、去库存、去杠杆、降

---

[1] 陈大为:《法治政府视阈下推进供给侧结构性改革的政策法律研究》,《中州大学学报》2017年第2期。
[2] 王佳宁、盛朝迅、陈蕾等:《重点领域改革节点研判:供给侧与需求侧》,《改革》2016年第1期。

成本、堵短板也是供给方面的问题，但实际上更多的是与政府的宏观政策有关。换句话说，这些过剩产能主要不是通过市场机制对资源配置的结果，更多的是用行政手段配置资源的产物。改革开放以来，市场经济一直是中国经济改革的目标，但计划经济的思维惯性导致政府主体地位从未改变，政府与市场之间的矛盾与冲突始终存在。"看得见的手"与"看不见的手"之间的较量，不但影响了市场经济体制的建立与完善，更是催生了中国经济的诸多问题，如供需结构失衡、市场活力不足以及运行成本较高等。供给侧改革就是要厘清政府与市场的关系，理顺"看得见的手"与"看不见的手"二者的运行机制，充分发挥市场在配置资源时的决定性作用。因此，供给侧改革成功的决定性因素是能否建立起现代市场运行所需要的政府体制。

1. 政府是供给侧结构性问题产生的根源，供给侧改革需要政府改革先行

从根本上讲，中国经济发展仍然是政府强势主导的时代，市场的独立性与完整性严重不足，政府是掌握着大量资源的最大的供给侧，政府作用的发挥限定了市场活动的范围与程度，在影响经济长期增长的供给侧要素方面，存在着严重的"供给约束"与"供给抑制"[1]。从这个角度而言，政府职能转变是矛盾的主要方面，供给侧改革实质上就是政府公共政策供给方式的改革通过斩断政府对市场不当干预的"有形之手"，还市场以独立、自主权，实现政府与市场关系的和谐并存。因此，推进供给侧改革，不能仅仅停留在用经济手段解决经济发展中的突出矛盾和问题上，更应注重推进以政府为核心的各类制度创新与制度供给。具体地讲，就是以市场化为导向，以市场所需要的供给来约束和革新政府，充分发挥市场在配置资源中的决定性作用。政府作为政策的供给者，必须不断丰富和完善政策工具箱，形成有利于推进供给侧改革的长效机制。

2. 政府改革是供给侧改革成败的关键因素

政府具有经济属性，存在逐利的行为冲动，存在为维护既得利益而阻挠改革的推进可能。因此，供给侧改革的成功不仅在于成功地实现经济结构的优化、经济增长方式的调整，还在于配套的政府改革能否到位。从这个意义上讲，供给侧改革的成败关键也许并不在经济领域，而在依赖于政府改革的

---

[1] 蒋硕亮、刘凯：《上海自贸试验区事中事后监管制度创新：构建"四位一体"大监管格局》，《外国经济与管理》2015 年第 8 期。

回应性与有效性，政府必须减少行政权力在经济结构调整中的直接作用，如果任由行政力量强行改变经济发展中的各种比例关系从而达到所谓的"合理"结构状态，不仅会加剧资源配置的扭曲程度，还会造成行政权力的野蛮扩张。这种情况有时不能简单用"好心办坏事"来解释，地方和基层落实推进改革一定程度存在"局部利益"问题。全面深化涉及面广，很多改革都需要地方和部门以及多部门之间协调沟通或合力推进。现实中，局部利益和部门利益对全面深化改革改革工作推进形成障碍，已成为一个带有一定普遍性的问题。

3. 政府改革是供给侧改革的实现途径

从供给侧改革的阶段性任务内容来看，无论是降低市场准入门槛，降低垄断程度，抑或是放松规制，减少对土地、资本等生产要素的供给限制，其本质都是政府改革，也只有政府改革才能实现供给侧改革的任务目标。对政府而言，一方面应准确定位其角色和行为，对经济领域实行宏观调控而不是微观干预，以简政放权、减少审批事项、清理规范涉企行政事业性收费等降低制度成本的方式来改变干预经济的惯性思维，通过理性、有效的供给管理释放和引领需求潜力，激发生产要素活力，为企业服务并且为企业创造更多的机会。另一方面，政府应深入开展以简政放权、优化服务为中心的政府革命，其价值取向意在改变政府对于市场监管不到位及对市场活动干预太多等顽疾。通过政府的一系列改革可最大限度地减少审批范围，在激发市场活力的同时优化公共服务，激活企业家精神，为企业发展创新营造良好的环境。

三、供给侧改革对政府职能转变提出的新要求

政府职能转变意味着通过划定政府边界，将权力下放给市场、社会、公民，它并不等于政府权力的简单加减法，而是指政府权力的行使过程更加科学化、规范化、法制化，政府职能转变的结果是将政府行政注意力聚焦于核心职能，不再谋求对社会细致入微的掌控。供给侧改革对政府职能转变的影响主要表现为以下几点。

1. 政府职能定位的理性审思

供给侧改革对转变政府职能的核心要求是政府应该做什么、不应该做什么，重点是政府、市场、社会的关系，即哪些事该由市场、社会、政府各自

分担，哪些事应该由三者共同承担，重点聚焦于市场在资源配置中起决定性作用和更好发挥政府作用。政府在供给侧结构性改革中的作用，至少不是要在数量、范围和程度上的增加，而是要通过对权力清单、责任清单、投资清单、财力清单的管理，通过网络信息的适度公开化，最大限度地减少对企业活动的行政干预，并给市场主体以清晰的预期，这样政府才能把有限的资源和精力，集中在做"最有效"的事情上，换言之，政府要持续深入简政放权，在降低制度性交易成本上发力；着力培育市场主体，在激发市场活力和创造力上发力；加强和改善市场监管，在维护市场秩序上发力；优化创新公共服务供给，在补齐公共服务短板上发力。

2. 塑造新型的政府与市场关系

政府要厘清管理方式，一方面在市场活动中，要为市场活动制定规范，并充当监控者和仲裁者，纠正市场自身的失败，从直接干预微观经济活动和直接从事经济建设活动向创造公平竞争的市场环境转变，从政府提供私人产品、直接经营企业、投资竞争性产业向政府提供公共产品和公共服务转变，从政府体制的局部性改革向"政府再造"和政府"自身革命"的全面转型转变。另一方面，在非市场活动即非营利性活动中发挥主体角色，为市场发展提供外部经济性，这其实是在"补短板"。因为在我们现在的社会经济运行中，各种短板大都出现在非市场活动领域，无论是生态环境的污染，还是优质的医疗、养老、基本住宅、教育等民生问题，都是我们实现全面小康社会的"短板"，都是我们过去单纯注重经济建设、投资过度倾斜于经济领域的后遗症。显然，政府对企业活动"放手"，对市场赢利性活动"甩手"，但是必须"腾出手"专注于弥补经济社会发展的"短板"①。

3. 转变政府职能增强经济发展的内生动力

一般来说，制度是由法律法规以及政府政策等规定的行为规则的总和。过去的经验证明，中国经济发展不缺钱、不缺市场，也不缺人才，缺的是好的制度供给②。中国发展中存在的各种矛盾和问题，原因在于制度的失败或者失效。从这个角度而言，政府的工作突出制度创新和制度供给，就是要以更大的决心、更大的力气和精力来转变政府职能，通过转变政府职能来解决

---

① 中国人民大学宏观经济分析与预测课题组：《供给侧结构性改革下的中国宏观经济》，《经济理论与经济管理》2016 年第 8 期。
② 刘志彪：《政府的制度供给和创新：供给侧结构性改革的关键》，《学习与探索》2017 年第 2 期。

我们发展中遇到的种种问题和矛盾。在上海经济进入新常态阶段后，无法单纯依靠需求侧的强刺激政策来推动经济的高速增长，只能通过强调供给侧改革方式来转变政府职能，让市场发挥资源配置的基础性作用，政府更多的是为市场经济中的行为主体提供公共服务而发挥作用。对此，有必要明确政府的权力边界，对权力清单外的事务要多做"减法"。只有在这一块上多放手，才能以市场的方式尽快培育出企业的市场竞争力。

四、供给侧改革背景下政府职能转变的核心议题

从历史经验上看，改革开放以来的历次政府职能转变，都紧紧围绕当时经济和社会发展的主要矛盾与突出问题，顺应社会发展的需要。就当前的改革形势而言，政府职能转变是政治体制改革的重要内容，亦是党的十八届三中、四中全会提到的"全面深化改革"的重要组成部分。根据李克强总理"在全国推进简政放权放管结合职能转变工作电视电话会议上的讲话"，在我国"当前和今后一个时期"，转变政府职能总的要求是："简政放权、放管结合、优化服务协同推进"，即"放、管、服"三管齐下，推动大众创业、万众创新，充分发挥中央和地方两个积极性，促进经济社会持续健康发展，加快建设与社会主义市场经济体制和中国特色社会主义事业发展相适应的法治政府、创新政府、廉洁政府和服务型政府，逐步实现政府治理能力现代化。

在这一总目标之下，政府职能转变的内在逻辑围绕以下主线层层展开：

1. 行政审批制度改革

这一改革是我国行政管理体制改革的重要组成部分，也是市场经济条件下推进政府职能转变、简政放权、优化服务的重要抓手，更是新常态下我国推进供给侧结构性改革、降低经济社会运行的制度性交易成本、激发全社会经济主体积极性与活力的重要举措，所以政府职能转变首先要进行行政审批制度改革。

2. 事中事后监管

行政审批改革后产生了两个与之相关的附带问题：一是取消行政审批，是不是就意味着政府就此撒手不管，让市场、社会来全面接手留下的权力真空？二是通过哪一种途径来进一步规范行政审批的管理和提高行政审批效

率。解决这两个问题需要采取一系列的手段与措施、分阶段地解决一系列的问题,但有一点是共同的,那就是要加强政府的事中事后监管。

3. 行政执法体制改革

加强事中事后监管的一项选择从体制内加强行政执法体制改革,目前行政执法主要存在多头执法、重复执法、权责脱节、争权诿责,力量分散、监管不到位现象较为突出。一些部门习惯于以批代管,在加强监管方面经验不足、方法不多、能力不强。这些问题不解决,将严重制约行政审批制度改革和事中事后监管方式的转变,而且还可能造成"一放就乱",进而再回到"重审批轻监管"的老路子上去。因此,必须深化行政执法体制改革。

4. 社会组织发展

加强事中事后监管的另一项选择从体制外发挥社会组织作用,社会组织作为市场失灵和政府失灵的补充,在承接政府职能和公共服务转移中发挥着重要作用,这样也有利于降低政府运作成本,增加社会效益。

五、供给侧改革背景下上海政府职能转变所取得的成绩

基于上述分析,本文所阐释的政府职能转变围绕"行政审批制度改革→事中事后监管→行政执法体制改革→社会组织培育"线索展开。现将本市政府职能转变所取得的成绩分析如下:

(一) 行政审批改革不断优化

围绕"高度透明、高效服务,少审批、少收费,尊重市场规律、尊重群众创造"[①]的精神,自 2000 年以来,本市开展八轮行政审批制度改革,着力解决审批过多、过滥、过慢等问题,取得了实实在在的成绩。

1. 多次取消和调整行政审批事项

按照《国务院关于第二批取消 152 项中央指定地方实施行政审批事项的决定》《国务院关于取消 13 项国务院部门行政许可事项的决定》和《国务院关于第二批清理规范 192 项国务院部门行政审批中介服务事项的决定》等

---

① 李天建:《供给侧结构性改革视阈中的行政审批制度改革:动因与路径》,《甘肃理论学刊》2017 年第 3 期。

精神，不断清理在本市实施的行政审批事项。截止到 2017 年 1 月，本市行政审批制度改革工作领导小组对全市行政审批等事项进行了新一轮集中清理。经过严格审核和论证，取消和调整一批行政审批等事项，共计 189 项。其中，取消 141 项，调整 48 项①。这些改革措施的落地，有效地降低了我国经济社会运行的制度性交易成本，增强了新常态下经济主体干事创业的积极性与活力。

2. 对于涉及多部门且有关联性的审批事项，实施并联审批

部门之间由传统的"背靠背"变为"手挽手"，实行由一个部门牵头，统一受理申请、相关部门同步审批、牵头部门汇总反馈审批结果，提升办事效率。对于部门之间互为前置相互制约的，由牵头部门协调，以政府文件或会议纪要为依据，实施先行受理、先行审查，申请人可先行开展项目前期工作。通过这些改革举措，行政审批标准化建设不断推进，行政审批服务进一步延伸，行政审批效率进一步提高。

3. 对于可以通过事后监管纠正且不会产生严重后果的事项，推行告知承诺

对于不涉及公共安全、生态环境保护以及直接关系人身健康、生命财产安全的事项，对通过事后监管能够纠正并且不会产生严重后果的事项，实行告知承诺。例如在市住建委的领导下，浦东新区建交委结合住建部在本市开展建设工程企业资质电子化审批试点，积极探索如何进一步完善建筑业企业资质的审批改革。按照常规方式，企业要先进行网上申报，经过受理公示、专家评审、审查意见公示、审批公告等环节，整个周期至少 20 个工作日；按照告知承诺方式，通过信息系统比对后，企业即可在网上自行打印资质证书，参与市场竞争。这些改革举措理顺了政府与市场、政府与社会的关系，不断加大简政放权力度，加快推进政府职能转变，促进行政管理重心从事前审批更多的转向事中、事后监管。

4. 对于需要评估评审的事项，通过公开目录等方式加强规范

主要包括三方面措施：一是目录管理，对于要增加评估评审事项的，必须依法进行登记备案列入目录后，方能予以实施；凡未进入目录者，一律不得要求申请人进行评估、评审。二是标准管理。对于行政相对人能够自主决

---

① 参见：《上海市人民政府关于取消和调整一批行政审批等事项的决定》（2017 年 1 月 5 日）。

定的评估评审，行业组织或者中介机构能够自律管理的评估评审，予以取消，通过标准进行管理。三是分类管理，根据项目的性质、规模或危害程度，采用登记表、报告表、报告书等形式，实施差异化评估评审。通过运用全面质量管理和绩效管理的方法，构建行政审批评估事项的规范体系，提升了行政审批服务能力，为行政相对人提供了高质量的服务。

（二）事中事后监管不断推进

事中事后监管的核心目标是规避企业利己而损害公共利益的行为和规避行业组织维护垄断利益而损害公共利益的行为[①]。这对本市建设"四个中心"和实现将上海建设成综合性开放型科技创新中心和全球性都市的目标尤其重要。上海在事中事后监管领域的实践涉及的范围非常广泛，在法制、体制、机制等领域都有所涉猎，也都取得了一些可推广、可复制的经验，主要表现为以下几个方面：

1. 推动事中、事后监管制度化建设

为加强行政审批批后监督检查管理，推进事中事后监管，早在2014年3月，上海市在对近年来本市行政审批批后监管的创新举措和工作经验进行总结的基础上，按照"该管的事管住管好"的要求，制定发布了《上海市行政审批批后监督检查管理办法》（以下简称《办法》），《办法》明确规定，"依法实施行政审批的行政机关，是行政审批的批后监督检查机关"。行政机关应当遵循"合法合理、程序规范、高效便民、公开透明"的原则，对行政相对人从事行政审批事项活动，以及未经行政审批擅自从事依法应取得行政审批的活动，实施监督检查及其处理。

2. 构建自贸区事中事后监管体系

自贸区是事中事后监管的第一块试验田，自贸区主要围绕六大体系，形成了一整套监管手段：一是建立联合监管与协同服务制度。核心是建立信息服务和共享平台，推动各部门监管数据和信息的对接共享。二是建立综合执法制度。明确自贸区管委会承担19个条线的行政执法权。三是建立社会组织参与市场监督制度。推动社会组织在政府管理中发挥积极作用，适合由社会组织提供的公共服务和解决事项，交由社会组织承担，积极支持行业协

---

① 侯志伟：《政府职能转变的理论框架及其改进路径研究》，《兰州大学学报》2015年第4期。

会、中介机构等社会力量参与自贸试验区市场监督。四是建立健全社会信用体系。依托全市公共信用信息平台，建设自贸区信用管理系统，对违法失信企业实施严格监管，营造失信企业"一处违法、处处受限"的信用环境。五是建立安全审查和反垄断审查制度。以维护国家安全和市场公平竞争为目标，建立区内涉及外资的国家安全审查工作机制。健全经营者反垄断审查工作机制。六是建立健全综合评估制度。对区内重点行业开放情况、典型企业、特殊企业运营过程的代表性问题开展综合评估，建立年度评估和重大突发事项评估相结合的动态评估机制，加强风险监测防范。

3. 建设社会信用体系

上海在该领域的实践主要包括三个方面：一是推动信息平台建设。开通运行了上海市公共信用信息服务平台，同时投入使用了上海市公共信用信息服务中心服务大厅，"上海诚信网"也改版升级，注册会员管理、信用信息公示、短信、微信、APP、客户端等服务功能陆续上线提供服务。二是推动相关法制建设。研究出台了一系列与诚信体系建设有关的规章和规范性文件，包括《上海市公共信用信息归集和使用管理办法》《上海市企业失信信息查询与使用办法》《上海市政府部门示范使用信用报告指南》等。这些规章和规范性文件的出台极大地推动了上海诚信体系的建设工作。三是积极开展多领域、跨区域推进信用体系建设。在自贸区探索开展事前告知承诺、事中信用预警、事后联动奖惩的信用管理模式；在长宁区探索开展社会治理信用动态预警应用服务；在食品药品、文化发展、网络空间安全治理、碳排放交易等市场监管工作中，建立企业公共信用信息核查机制；以会展等行业为切入点，探索与长三角地区，江苏、浙江、安徽等省以及苏州、无锡等城市建立公共信用信息交换共享机制等。

（三）行政执法体制机制不断完善

2015年底，上海启动区级行政执法类公务员分类管理改革试点，浦东、徐汇、嘉定3个区的城管执法和市场监管队伍"首吃螃蟹"。2016年底，上海进一步扩大改革试点，在全国率先将市一级市场监管系统基层行政执法队伍纳入行政执法类公务员队伍。改革后，市场监管领域80%执法人员下沉到基层，城市管理领域90%的人员在执法一线。行政执法体制机制改革的主要特点和成效主要表现为：

1. 在综合执法体制改革方面，探索建立跨部门综合执法、部门内综合执法以及理顺专业执法的管理体制

在跨部门综合执法方面，明确市城管行政执法局集中行使绿化市容、规划、工商、房屋、交通等8个部门涉及市容市貌方面的行政处罚权。对市和17个区城管执法队伍进行了调整。市文化市场执法总队集中行使文化、新闻出版、旅游、体育等部门涉及的行政处罚权。在部门内综合执法方面，对交通领域按行业设置的管理机构进行整合，水务领域打破分头管理格局，农业领域对执法职能进行归并。可以说经过多年努力，本市执法体系建设取得了阶段性成效，执法体制基本确立，执法法制框架不断完善，执法队伍建设日益规范。

2. 积极推进行政职能事业单位改革

根据本市事业单位改革总体方案，对本市承担行政职能事业单位职权获取、执法主体资格等予以梳理，形成了相关改革方案。行政执法类事业单位的人员逐步实现参公管理。比如基层城管执法按照执法类公务员身份管理，并按照常住人口的万分之三①核定执法人员编制，每年新招录人员主要充实到基层一线队伍。在此基础上探索建立适合城管执法行业特点的正规化、专业化、职业化管理体系，全面加强了执法队伍建设，提高行政监管执法法制化、规范化水平。

3. 街镇正在整合相关执法力量，探索联动联勤机制

例如，浦东新区花木街道探索创建了"一体化管理、专业化执法"的"五队联动"机制。具体做法是街道以城管分队和花木派出所为先导，按照专业执法队伍混编联勤、辅助力量统一调配、责任主体分块包干的整合分配思路，充分整合现有执法力量，构建"3+1+1"的队伍格局，即"3支区域综合管理大队+1支机动大队+1支市容管理大队"。改革的核心在于在不增加人员编制，不增加办公场所，不增加人员经费的前提下，对现有资源重新优化组合，实现多支队伍单一时段"多龙治不好一水"向一支队伍全时段"一龙治好多水"的转变。

（四）社会组织培养模式不断健全

近年来，上海在社会组织参与基层社会治理方面进行了一系列探索，初

---

① 史晓琛：《上海城市管理行政执法难点问题研究》，《科学发展》2017年第3期。

步形成了"以党政倡导为指向,以优化政策为突破口,以招投标和委托为主要路径,以群团支持为撬动,以社会组织自主行动为补充"①的参与路径和"领域多元,角色多样"的社会组织参与城市公共治理格局。

1. 加大力度,出台促进社会组织发展的扶持政策

近年来,上海通过出台地方政策法规来推动社会组织的发展,具有起步早、标准高、规划细、覆盖广的特点。2012年,市质监局、市民政局共同出台了首个公益服务项目评估的地方性标准——《社区公益服务项目绩效评估导则》。"指导意见"和"评估导则"的出台,使上海在购买社会服务的制度化和规范化方面又向前迈了一步。至此之后,各个区县也根据"指导意见"先后制定出台了符合本区实际的制度性规范化文件。2014年中央发文进行社会组织登记制度改革后,上海市委组织部也出台了《关于行业协会商会类、科技类、公益慈善类、城乡社区服务类等四类社会组织直接登记后党建工作管理暂行办法的通知》,同步推进社会组织党建工作。2015年为贯彻市委、市政府"创新社会治理加强基层建设"精神,更好组织引导社会组织参与社区治理,本市出台了社会组织发展的"1+2+1"文件:"1"即《关于加快培育发展本市社区组织的若干意见(试行)》;"2"即《关于加强本市社会组织服务中心建设的指导意见(试行)》《上海社区基金会建设指引(试行)》;最后的"1"即《建立上海市承接政府购买服务社会组织推荐目录(试行)》。这些地方性法规有力推动了社会组织参与基层社会治理工作向制度化、规范化方向发展。

2. 扩大竞争,健全政府购买服务机制

市政府出台《关于进一步建立健全本市政府购买服务制度的实施意见》《上海市政府购买服务管理办法》,市财政局印发《上海市市本级政府购买服务实施目录》。市社团局制定《建立上海市承接政府购买服务社会组织推荐目录(试行)》,依托社会组织业务信息管理系统,开发了推荐目录的信息化系统,实现对推荐目录的"条件管理、自动生成、动态更新",方便购买主体和社会组织查询使用。政府购买服务的领域主要有劳动就业、社会救助、文化体育、生活服务、健康卫生、安全管理、市容管理、市场管理、监察专业管理、项目评估、项目评审、业委会自治、居民自治、社会组织自

---

① 童潇:《上海社会组织参与城市公共治理研究》,《科学发展》2016年第12期。

治、社会公治、区域化党建、智慧社区、志愿者服务、双拥工作、综合治理、信访调解、法律援助、矫正安帮等，上述改革举措有效地创新了街道公共服务提供方式，加快了服务业发展，引导了有效需求的形成，激发了经济社会活力，增加公共服务供给，提高公共服务水平和效率，深化了社会领域的改革，推动了政府职能优化和现代社会组织体系的构建。

3. 积极探索，创新社会组织扶持模式

一是重点扶持发展四类社区社会组织。市民政局与市社团局、市社工委、市财政局、市地税局、市文广影视局、市体育局、市司法局、市妇联等9部门出台《关于加快培育发展本市社区社会组织的若干意见（试行）》，明确了降低开办资金数额、放宽办公场所要求等具体措施，重点扶持发展社区生活服务类、社区公益慈善类、社区文体活动类和社区专业调处类社会组织，在创新社区治理中发挥积极作用。二是创新社会组织参与社区治理平台建设。出台《上海社区基金会建设指引（试行）》，有序拓展社会资源参与社区治理的渠道。2015年全市在浦东、静安、普陀、嘉定、青浦、崇明等区新成立了19家社区基金会，全市社区基金会达到21家，其中普陀区率先实现社区基金会在街镇全覆盖，为社区治理注入新的活力。出台《关于加强本市社会组织服务中心建设的指导意见（试行）》，下发《上海市街（镇）社会组织服务中心建设指南》，进一步加强社会组织参与社区治理的平台建设。目前全市已经建成各类社会组织服务中心180余个。三是科学编制政府履职事务性工作转变目录。如浦东新区塘桥街道先行先试，在科学规划、系统调研的基础上，率先重新界定了街道的政府职能定位，全面梳理了街道办事处各科室的政府职能转变内容，出台了塘桥街道办事处政府职能转变清单，即《浦东新区人民政府塘桥街道办事处政府职能转变目录》，成为全国第一个政府职能转移的规范性文本，其主要的内容由6个一级目录，24项二级目录和100项三级目录组成。在这一目录的指导下，塘桥街道进行了政府职能转移的实践尝试，通过购买服务精简各类事务45项，把政府职能的重心从事务性、操作性工作转移到顶层设计、过程管理、监督评估上来，为社会组织的培育和发展让渡出更多的机会空间，社会组织通过委托、合同等政府购买方式，推动形成政社分开、权责明确、依法自治的现代社会组织体制，慢慢成长为社会治理和公共服务的主要载体，进而创新了基本公共服务供给体系，建立社区多元主体参与社区治理的责任约束机制，放大政社合作共治的集聚效应。

六、供给侧改革背景下上海政府职能转变所面临的挑战

本市近年来转变政府职能的各种尝试和创新层出不穷,不少措施和方式也取得了较好的成绩,但是总体上与建设国际化大都市的要求尚存在一定的差距。纵观目前上海的基本情况,我们认为本市在转变政府职能领域主要存在以下主要问题:

(一)供给侧视角下行政审批僵局

1."畏难情绪"心态较为普遍

行政审批制度改革,既需要主动作为、勇于创新、善于突破的探索精神,又需要谨思慎行、敢于担当、不怕风险的责任意识。这两方面需求的内在矛盾性,导致各级行政审批主体更乐于被动地承担改革举措的具体执行者,而不愿意主动扮演改革举措的倡导者。在具体工作实践中,当改革举措与责任风险并存时,审批部门和审批者更多的是考虑自身责任问题,担心率先提出改革建议或实施改革设想,如果出现问题,会被追究"乱作为"的责任,形成一种对不合理的行政审批规定"不敢改"的心态。正是这种心态,弱化了行政审批主体在行政审批制度改革中的主动性和进取性,导致行政审批制度改革缺乏必要的内在动力。

2."局部利益"尚未完全被打破

推进行政审批制度改革一定程度上存在"局部利益"问题,行政审批涉及面广,很多事项都需要地方和部门以及多部门之间协调沟通或合力推进。调研中,局部利益或者部门利益对推进行政审批制度改革形成障碍,已经成为一个带有普遍性的问题。一些部门还不习惯放手让市场在资源配置中发挥决定,因此,实践中用审批的方式配置资源的情况还比较多;"玻璃门""弹簧门"在一定范围内仍然存在,一些领域和行业通过许可证制度、核发执照、原材料管制等方式,限制新企业的进入。许多行政审批事项调整为备案之后,不但保留了很多前置性约束条件,而且在备案中大多需要进行实质性审查,而不是告知性备案和形式性审查。由于程序没有减少,有些事项的备案反而变得更加复杂,导致为行政相对人提供便利、加快市场准入的改革目的并没有真正实现。

3. "制度天花板"困境凸显

法律的稳定性,使法律的具体规定往往滞后于动态改革的进程。在行政审批制度改革的具体实践中,政府及职能部门遇到了应该改、想改、却又无法改的"天花板"困境,制度缺位、错位、泛化、虚化在一定领域、一定程度存在,已成为阻绊行政审批制度改革工作的又一"拦路虎"。一是相关法律规定没有及时调整。行政审批制度改革要求减少审批环节、精简审批条件。但是,由于现有法律规定,主要是行政法规、部门规章以及地方性法规,并没有按照改革的精神和要求及时进行修订。因此,按照相关法律规范的要求,有些事项的审批还存在审批环节多、前置要件多、重复材料多等问题。比如:有关工程建设项目的审批。二是相关法律规定缺失。行政处罚、行政诉讼都有简易程序的规定,而有关行政审批的法律缺少简易程序的规定。实践中,资金投入量不大、风险很小的建设项目与需要投入上亿资金的工程建设项目的审批流程同样需要经过繁琐的审批程序。三是相关法律规定之间不协调,主要是不同部门之间的规定相互矛盾。在行政审批改革中,这种情况不但让区县政府及其职能部门经常面临左右为难的困境,而且也给行政相对人留下政府部门相互推诿、缺少效率的负面形象。比如,道路项目在验收阶段,建设管理部门要求道路要养护、要保洁,必须先通过环评验收,道路才能开通。但是,环保部门规定,道路必须先开通,且开通之后达到70%的流量,才能评估道路的环境是不是达到了当初环评的要求。

(二)供给侧视角下事中事后监管沉疴

1. 与行政审批取消后的事中事后监管有关的法律规范并不完善

到目前为止,与行政许可有关的批后监管在相关法律文件中都有明确规定,但是对行政审批后置或者取消以后的事中事后监管的范围、方式、手段等基本没有明确规定,因此在法制层面上形成了一定的困境。以告知承诺在浦东建筑业企业资质审批领域的运用为例,到目前为止在资质审批的相关事项变更、复审、扩项等方面并无相关授权地方政府采取告知承诺方式来变更法定程序的授权性规定。

2. 负有监管职责的政府部门之间缺乏统一协调机制

由于行政审批取消后的事中事后监管尚处于探索阶段,因此习惯于行政许可管理模式的各个政府管理部门一时间无法做到明晰职责和监管的有效衔接，加上统一协调机制的缺乏，导致各部门尚处于各自为战的境地。比如告知承诺试点改革中，企业部分资质涉及跨部门管理，需专业部门并联审批；网上数据比对需要各管理部门数据交换的及时性和精准性为基础。又如，浦东新区市场监督管理和上海自贸区市场监督管理局目前是两个牌子一套人马，都是对原有的工商、质监、食药三个市场监管部门进行整合，后来还加上物价部门，从"三合一"演变为"四合一"，到目前上海市区所有的镇街一级都已经进行了整合，全力配合事中事后监管工作的展开。但是在上海市一级层面，仍是工商、质监、食药三个市场监管部门分立，各自拥有各自的审批权和监管权，因此在市与区监管部门之间不仅增加相应的工作程序，浪费了监管人员的精力，而且大大降低了政府监管的效率。

3. 事中事后监管的方法与手段不到位

行政管理部门现有的监管手段是针对行政许可批后监管设计的，因此在一定程度上并不完全能够适应行政审批后置或者取消以后的事中事后监管的客观需要，比如在浦东新区建筑业企业资质审批实施告知承诺改革试点中常规评审是前置审批，并采用专家评审的方式。如申请企业有异议，由企业提供相关材料进行申诉，举证责任在企业。告知承诺方式是后置审批。企业先行获取证书后，事中事后监管发现问题，举证责任在管理部门。告知承诺改革在为企业减负的同时，增加了管理部门的责任和工作量，因此导致监管工作的顺利开展受到一定的限制。

4. 市场和社会自治理念和能力发育不足

包括行业协会、中介组织在内的各类社会组织成熟度不够，大量中小企业，甚至是大型企业内部风险自控机制不完善，甚至缺乏，以及社会监督管理力量尚未形成有效制约机制等，导致政府管理后退时，市场和社会管理无法及时踏前一步，填补空白点，致使部分领域已经出现或者可能出现管理的真空地带，带来管控风险的积累。理论上，通过告知承诺方式取得资质证书的企业（同时在较短时间内取得安全生产许可证），即可在市场上承揽工程，并在管理部门启动事中事后监管前发生实际工作量，这种情况一旦发生，纠正和处罚难度较大。

5. 社会诚信体系建设落后于时代的需要

本市近些年在社会诚信体系建设方面也做出了一些成绩，但是还存在着诸如信息平台建设分散，信息采集、分类、共享不完善，诚信市场体系建设落后等各类问题，使得本应在行政审批取消后的事中事后监管中发挥重要作用的社会诚信体系不适应政府职能转变的根本需求。

(三) 供给侧视角下行政执法体制机制积弊

1. 执法队伍过于分散

我国传统执法体制多采用拉条管理，往往是立一部法、设一个机构、拉一支队伍，从而导致机构林立、多头执法、职责交叉。虽然本市在执法机构设置上早已没有了"立一部法，成立一支队伍"的现象，但是长期以来，上位法规定的交叉职责，必须得以落实和实施，一个管理领域不同执法主体职责交叉重叠的现象仍然存在。同时，有些执法队伍又过于分散，难以形成合力。有限的执法资源被各部门分割，限制了执法资源的流通，直接导致执法机构与执法人员总数的不断膨胀。

2. 行政执法力量配置不均衡

这具体表现在两个方面：一是从横向的各执法机构之间来看，专职执法人员大多集中在公安、财税、工商、城管、文化综合执法等部门，其他部门专职执法人员的编制则相对较少；二是从纵向的三级执法体制来看，第三级执法机构——街道（乡镇）一级的执法人员数量较少。街镇执法人员的编制和数量，长期以来主要还是按照户籍人口配置，而不是按照实有人口配置；"一机构多功能，一干部多职务"是街道办事处和乡镇政府的常态。执法任务繁重与执法力量薄弱的矛盾非常突出。

3. 街镇实际承担的行政执法任务较重，并有逐年加重的趋势

主要表现为：一是法定授权和法定委托的执法事项在过去的一段时间有逐年增多的倾向。现行执法依据存在将执法或管理权限赋予街道办事处和乡镇政府，对街道办事处和乡镇政府的编制情况及人员承受能力的考虑较少。二是非法定委托或交办事项也有逐年增多的趋势：市政府各委办局在规范性文件中对街道办事处及乡镇政府提出要求；区政府发文对街道办事处及乡镇政府提出要求；区政府及其职能部门直接安排的长期性或临时性工作事项。从内容上看，主要有：参与或协助职能部门处理与本区域社会管理事务相关的执法事项。如民政、教育、文体、卫生、计划生育、国土资源管理等；参与或协助区政府及职能部门推动经济发展的事项。如调整农村产业结构、招商引资、建设小城镇、加强农田水利基本建设、推广普及科学技术等；配合

维稳事项，包括综合治理社会治安、保护公民和单位的合法权利、确保镇村公务正常运转、加强思想道德和精神文明建设等；其他事项，包括各类临时性事件、专项行动等都要求街镇派员参加。

4. 信息共享机制运行不畅，导致执法效率低、成本高

主要表现在：一是行政管理信息、许可信息、处罚信息都由各个部门内部掌握，执法部门之间缺乏信息共享机制，造成部门之间监管信息不对称。信息共享机制的缺乏，已成为行政执法效率与形成行政执法合力的制约因素。二是执法部门间的信息共享度不足，直接阻碍着执法部门的自身建设，影响着执法部门执法效率的提高。特别是在实行相对集中行政处罚权的管理领域，实施行政许可与实施行政处罚的是完全不同的两个部门，这两个部门没有实现执法信息共享，直接影响到行政执法工作的有效开展。

（四）供给侧视角下社会组织发展瓶颈

1. 社区社会组织运作过度依赖于基层政府

经费是社会组织发展的重要保证。目前，社会组织的运行和发展的主要经费还是来自于政府部门，来自于企业、组织和个人等社会支持还是相对较少。然而，由于配套政策不完善、手续复杂、申请复杂、程序繁琐等原因，社会组织在税收优惠、资金管理办法等配套政策难以落地，造成了社会组织不具备造血功能，在活动经费上严重依赖政府项目资金的扶持。例如，某区社会组织甲反映其办公室由街道提供，协会的主要活动场所在各个社区，活动室也是由街道通过社区居委会提供的。某区社会组织乙反映社会组织不是市场化的，是微利的，以低于市场价格提供服务。政府提供了水电、办公场地支持，政府要托底的，组织运作、日常活动等都由政府核定，年初就有费用额的预算。

2. 政府还没有做到对基层社会组织完全放权

目前，政府依然承担很多本可以交付给基层社会组织的工作，而一些交给基层社会组织的工作则得不到相关部门支持，不受落地单位欢迎。从政府自身来看，这种现象产生的原因主要有两点：一是传统行政体制的惯性。在"强政府，弱社会"的传统体制中，政府的行政控制渗透到社会生活的方方面面，这种长期以来的行政控制使得政府在职能转移和权力下放的过程中，不自觉地加强对基层社会组织的控制，害怕在自己的管理范围外发生不可掌

控的事情，从而使得政府与社会组织的关系呈现结构性扭曲，如在实践中，出现了政府购买行为"内部化"①、社会组织的"组织外形化"②、社会组织演变为"影子国家"③ 等一系列问题。二是出于对自身声誉的保护。由于群众对基层社会组织的认识有限，往往认为政府部门一定比社会组织做得好；而在基层社会组织的工作不能使群众满意的情况下，群众往往还是会到政府部门上访，要求政府出面解决。于是，政府出于对自身声誉的保护，情愿自己掌控局面而不敢将职能转移给社会组织。

3. 社会组织人才队伍建设不足

由于缺乏一定的人才政策扶持，社会组织专业人才价值被低估，酬薪普遍偏低，人才流失现象极为严重。在招聘录用、日常管理、职位晋升、薪酬福利等方面还缺乏具体的规范，社会组织无法用合理的薪酬待遇吸引和留住优秀人才。许多社会组织工作人员来自于政府转移人员和离退休人员，管理理念和方式相对落后，且专职人员较少。在待遇方面，社会组织专职工作人员工资偏低，有的刚刚超过市最低工资标准，难以吸引到高级人才。同时，很多居民对社会组织不了解、不信任，对一些草根社会组织的公益性行为持排斥和怀疑态度，这导致社会组织招聘人难，留住人更难。因此，社会组织对于广大青年的就业吸引力远未达到理想状态。调研发现，社会地位不高、收入偏低、社会保障体系不完善是造成社会组织人才队伍建设瓶颈的主要因素。

七、供给侧改革背景下进一步推进上海政府职能转变的路径

（一）优化行政审批流程提高行政效能对策

1. 整合和加强行政审批平台建设，利用网络平台方便百姓办事

推进跨部门协同办理平台的建设与应用，加强政务信息资源共享，不断

---

① 王浦劬、莱斯特·M、萨拉蒙等：《政府向社会组织购买公共服务研究——中国与全球经验分析》，北京大学出版社2010年版，第28页。
② 田凯：《组织外形化：非协调约束下的组织运作——一个研究中国慈善组织与政府关系的理论框架》，《社会学研究》2004年第4期。
③ 魏娜、张勇杰：《供给侧视角下政府购买社会组织服务的路径优化》，《天津社会科学》2017年第4期。

拓展协同办理功能，简化办理材料、程序，优化办理流程。一是明确牵头部门，整合各行政审批系统的数据交换及网络建设，统一数据标准和接口，推进政务信息资源交换平台的建设。在政务信息资源交换平台或者跨部门协同办理系统能够获得的行政审批部门出具的证照类文件（身份证明除外），行政审批部门应当通过政务信息资源交换平台获取，或者由跨部门协同办理平台予以推送，不得要求申请人提供。二是加大网上办事大厅建设力度，大力推进网上审批。行政审批部门实施行政审批，应当逐步纳入网上办事大厅集中办理，推进行政审批事项在网上全流程受理、审批、进度查询和反馈结果，涉及国家秘密等不适合网上办理的事项除外。行政审批结果应当公开，涉及国家秘密、商业秘密和个人隐私的除外。不适合网上办理的事项，由审批改革部门与服务机构共同审核确定，并依法制作不予网上办理事项清单，对外公布。三是逐步开展移动审批平台建设，利用移动平台提供查询、预约服务。行政审批部门应当推行网上集中预受理和预审查，明确预审查完成的期限，并在收到预先申报的一个工作日内开始审核。行政审批部门可以通过网上预先申报为申请人提供服务和辅导，但不得因申请人未预先申报而不予受理其提出的行政审批申请。四是实施全过程记录，推行审批效能评估。行政审批部门应当从申请人递交材料起，记录行政审批的全过程，并制作纸质或者电子档案予以留存。对实施的行政审批事项数据进行统计，按照相关规定要求评估行政审批事项，并于每年定期，通过政府门户网站向社会公布。三是审批改革部门应当通过"12345"等平台建立收集市民意见建议的机制，及时向行政审批部门提出整改建议，督促整改；并会同监察部门，对优化行政审批流程实施情况进行检查。发现未落实相关审批制度改革规定的，由监察部门启动问责程序。

2. 以建造行政服务中心为契机，推进审批事项标准化建设

随着公共服务功能的不断扩大，建设便捷、高效、集中化的"一门式"行政服务中心，已成为服务政府建设的一大举措。一是按照"应进则进"的原则，进一步推进审批事项相对集中。进一步加大事项进驻证照服务中心力度。除服务对象特定、服务事项较为敏感的审批部门和事项外，凡与企业密切相关的行政管理事项，包括行政审批、公共服务事项等，都应纳入行政服务中心办理。对于已经实施告知承诺的行政审批事项，原则上应当进驻行政服务中心。除了行政审批事项以外，行政服务中心还应当承办部分涉及市民

个人的行政服务事项，相关事业单位也可以入驻中心。双重管理部门和垂直管理部门的行政审批和公共服务事项，按照"便于工作、加强服务"的原则，适合依托行政服务中心集中办理的，也应当逐步予以纳入。二是探索审批力量逐步下沉，优化配套服务便利措施。对于可以由镇、街道行政机关初审、区级行政机关终审的行政审批事项，或者区和镇、街道行政机关共同审批的事项，区行政机关应当会同区审批改革部门，研究将行政审批终审权下放镇、街道办理。进一步优化投资项目和符合本市产业导向项目事项的审批流程。涉及投资项目的审批事项，应当进入投资项目跨部门协同办理平台和系统办理。推动面向自然人的行政审批受理向街道和社区延伸，逐步实现申请人在街道和社区即可申请办理行政审批事项。

3. 明确评估指标和方法，建立审批机关的效能评估和效能考核制度

提高行政效能，必须建立行之有效的效能评估和考核机制。效能评估包括效能评估指标及相应的评估方法。一是效能评估的指标。应当围绕"能、效、绩"进行，可以从审批能力建设、制度建设与执行、审批效果、审批成本四个方面设定效能评估指标。在行政审批过程中，行政审批机关和审批工作人员的能力、态度、工作作风无疑会对行政审批的效率、行政效能产生重大影响，因此，效能评估要把服务质量提到重要地位。二是效能评估的方法。可以是综合评估，结合网上评议、市民服务热线、群众投诉、监察部门评价、行政部门自身评价等，实现各类数据的交叉采集和验证。也可以引入第三方专业评估机构进行评估，确保评估过程公开、透明。三是效能评估的程序。区效能建设管理部门或者第三方机构开展政府效能评估，一般包括以下几个步骤：收集与分析被评估对象的相关资料；定性或者定量分析被评估对象的各项评估指标完成情况；对被评估对象做出总体评价，并提出改进建议；形成效能书面评估报告。四是效能评估的结果运用。将评估结果作为对相关单位进行考核的依据，也可以作为对干部任免的重要依据，切实提高政府行政效能。五是效能考核制度。效能建设管理部门负责对政府工作部门进行效能考核。公务员管理部门负责对相关政府工作部门的公务员进行效能考核，效能考核应当作为公务员岗位目标责任考核的重要内容。

(二) 完善事中事后监管推进政府管理转型对策

1. 坚持法治先行的原则，积极探索事中事后监管的法律支撑问题，确

保事中事后监管制度的顺利实施

一是在充分利用现有法律资源的基础上，就事中事后监管的各项制度涉及的立法权限、立法必要、立法内容和法律实施等问题开展必要的研究工作，拟定相关事中事后监管立法目录，从而在综合平衡的基础上形成覆盖事中、事后监管各主要环节的适用法律制度框架。二是推动与事中事后监管相关的适用原则、实施主体、适用范围、执行程序、监管标准、责任认定等关键环节的标准化研究工作，并在合适的时候出台与事中事后监管相关的地方性法规，就相关标准化问题做出统一规定，作为本市推进事中、事后监管的主要法律依据。

2. 坚持大数据与信息共享的原则，积极推动统一信息平台的建设与完善

一是进一步推动社会诚信体系建设。在本市社会诚信体系建设已经取得的成绩的基础上，积极推进覆盖全市的信用平台建设，完善市场主体信用信息记录，拓宽信息采集渠道，鼓励行政机关将所掌握的公共数据及时提供给信用平台，鼓励履行监管职能的机关和单位将相关诚信数据及时提供给信用平台，以建立信用信息档案和交换共享机制，并逐步建立包括金融、工商登记、税收缴纳、社保缴费、交通违章、统计等所有信用信息类别、覆盖全部信用主体的全市统一信用信息网络平台。二是推动本市政务信息平台的建设。要深入推进地理位置类、市场监管类、民生服务类等政务公共数据资源开放应用，加快相关信息平台的建设与完善，加快市与区政府部门横向互通、纵向一体的信息共享共用机制的建立。

3. 坚持预防为主的原则，积极推进风险预警制度和信息响应制度建设

一是建立事中事后监管风险预警制度。监管部门应当定期或不定期对事中事后监督过程中发现的各类风险进行判断识别、鉴定分类，逐一追根溯源，分析、研究产生问题的深层次原因，预测风险发生的可能性，做出风险监测预警，及时向有关部门通报，以强化事前、事中的风险防范，实现事后监督由简单操作型向分析预警型的根本转变。二是建立灵活的事中事后监管信息反馈机制。通过适当的手段，及时就较严重问题向相关相对人进行反馈和提醒。开辟新的事中事后监督信息反馈渠道。尝试建立"监督反馈谈话制度"，根据需要、按照一定程序，由事后监督管理部门与有关部门主要负责人就监督过程中发现的较为严重的问题，向相关相对人反馈并提醒，督促落实纠改建议和整改措施，强化业务管理，防范运行风险。

（三）深化行政执法体制改革推进整合性综合治理对策

1. 城管综合行政执法领域

根据《上海市城市管理行政执法条例》第 11 条的规定，城管执法机构的执法事项主要包括市容环境卫生方面的全部行政处罚权，以及市政工程管理、绿化管理、水务管理、环境保护管理、工商管理、建设管理、城乡规划和物业管理方面的部分行政处罚权。但总体上看，城市管理综合执法的力度和范围还不够，在一些环节上仍然存在界面不清的现象。如在拆除违法建筑方面，仍存在城管执法、规划国土、房屋管理这三个部门分工执法的问题，未完全实现综合执法，导致实际执法中经常出现部门间推诿扯皮、执法效率低下的现象。为此，建议进一步扩大城管综合执法范围，将城管综合执法与网格化管理相融合，执法重点由城市市容转向兼顾城市安全。

2. 交通行政执法领域

执法机构分散的问题比较突出，地面、地下、水上的交通执法权分属于不同的执法机构。比如市交通港口局执法总队主要职责为对出租车、公交、省际客运、货运、轨道交通、停车、驾培、汽修等行业的执法监管。市航务处（市地方海事局、市船舶检验处）主要职责为依法行使对本市内河通航水域水上交通安全、船舶危险品和船舶污染水域防治的监督管理，并依法实施船舶登记、船舶签证和船舶检验以及船员管理工作；依法承担本市水路运输管理工作，并对水路运输市场依法实施监督管理；依法负责本市内河航道的具体管理和行政处罚工作。市路政局主要职责为路政管理方面的行政检查、处罚与强制权。申通地铁公司为企业，根据《上海市轨道交通更管理条例》的授权行使行政处罚权。为此，建议将地面、地下、水上的交通执法权予以综合，组建水陆一体的城市交通综合执法机构。

3. 城市建设行政执法领域

目前本市城市建设执法职能分散在建设、规划土地、房管、水务等部门。其中，上海市住房和城乡建设管理委员会就有市建设工程安全质量监督总站、市交通委员会行政服务中心、市建筑建材业市场管理总站、市建设工程设计文件审查管理事务中心、市燃气管理处等执法机构共同承担了本市建设市场管理、市政工程质量监督、燃气管理等方面的执法职责。市规划国土资源局执法总队承担违法用地行为（土地领域）和违法建设行为（城市规划领域）的制止和查处工作。市房管局由内设的执法处承担房地产管理方面的执法职责。市水务局有下属的执法机构2个，其中，市水务局执法总队根据法律、法规的授权和市水务局的委托，承担本市防汛、供水、排水、河道、堤防（防汛墙、海塘）、滩涂、水土保持、取水、水文、采砂等领域的行政执法工作；市水务建设工程安全质量监督中心站根据市水务局的委托，承担水务建设工程安全质量行政执法工作。总体来看，执法体制上的问题比较突出，城市建设领域执法队伍数量多、力量分散，未形成合力，不利于行政执法效能的提高。为此，建议将相关部门和单位承担的与城市建设活动相关的执法职能予以整合归并，形成建设领域综合执法体制。

4. 市场秩序综合行政执法领域

目前，市场监管方面的行政执法权分属于工商、质量技监、物价、商务、经济信息化、知识产权等部门。工商部门依法承担市场经济秩序监督管理、服务领域消费维权、监督管理各类消费品市场和生产资料市场、查处商标侵权行为等多项行政执法职责。质量技监部门在市级层面主要包括市质量技术监督稽查总队、市纤维检验所两个执法机构。其中，市质量技术监督稽查总队主要承担计量、标准化、产品质量、特种设备、认证、生产许可证方面的执法职责；市纤维检验所主要承担棉花质量、纤维制品方面的执法职责。另外，市物价局目前所属的执法单位为市价格监督检查与反垄断局，并以市物价局的名义开展执法工作。市商务委所属的执法单位为市酒类专卖管理局，专门负责本市酒类产销方面的管理工作。市经济信息化委所属的执法机构有市节能监察中心、市征信管理办公室、市无线电管理局和市盐务管理局，分别承担节能监察、征信管理、无线电管理和盐务管理相关执法工作；市经信委下设上海保护电力设施和维护用电秩序规定实施办公室，对外以市经信委名义开展电力设施保护等执法工作。市知识产权局内设的政策法规处，主要承担专利方面行政执法。可见，市场监管领域执法机构林立的现象非常明显，难免会引起多头执法、执法扰民等问题。为此，建议逐步将工商、质量技监、物价、商务、经济信息化、知识产权等部门关于对违法经营、价格垄断、不正当竞争、侵犯知识产权等破坏市场秩序行为的执法权进行综合，探索全市层面的市场监管综合执法。

5. 文化行政执法领域

目前本市在文化领域已经成立文化市场综合执法机构，涉及文广影视、新闻出版、版权、文物、体育、旅游等领域。根据《上海市文化领域相对集中行政处罚权办法》的规定，市、区（县）两级文化综合执法机构相对集中行使文广影视、新闻出版、版权、文物管理、体育、旅游等领域的全部行政处罚权。市级层面的执法机构为市文化执法总队，目前，文化领域综合执法存在的突出问题是综合执法范围不够合理，"该纳入范围的没有纳入，不该纳入的反而被吸收进入"，旅游、版权等领域的执法事项从性质上而言更接近于市场秩序的维护，本应该纳入市场秩序综合执法范畴，而教育、科技等性质上与文化更接近的领域却未纳入综合执法范围，导致大文化领域仍存在多个执法机构。如市科委下属的市技术市场管理办公室承担技术市场领域的执法职责。为此，将教育、科技等执法事权予以综合，将旅游、版权执法调整到市场秩序综合执法，完善文化综合执法体制。

6. 劳动就业和社会保障行政执法领域

目前，本市该领域行政执法职能分散在人保、民政、房管等部门及其相关事业单位。如市民政局下属的执法单位有4家：市社团局主要承担社会组织方面的执法职责；市社团监察总队主要承担社会组织、民政方面的执法职责；市殡葬管理处主要承担殡葬管理方面的执法职责；市社会福利企业管理处主要承担社会福利企业方面的执法职责。市人力资源社会保障局下属的执法机构有4家，即市劳动保障监察总队、市医疗保险监督检查所、市社会保险事业基金结算管理中心、市就业促进中心。这4支执法队伍分别承担劳动保障监察、医疗保险监督、社保基金结算、就业促进方面的执法职能。此外，市房管局承担的住房保障方面的职责也与社会保障相关，市公积金管理中心还承担了住房公积金管理方面的执法职能。为此，建议将有关劳动就业和社会保障等方面的执法职能予以综合，强化信息共享，组建劳动和社会保障综合执法机构。

（四）加快社会组织发展承接政府职能转移对策

1. 建造有利于社会组织承接政府职能转移的制度环境

纵观西方国家社会组织的发展史，我们发现健全的法律法规是社会组织健康快速发展的制度保障。我国虽然颁布了《社会团体登记管理条例》《民办非企业单位登记管理暂行条例》和《基金管理条例》，民政部出台了《取缔非法民间组织暂行办法》《民办非企业单位登记暂行办法》等，但是总体看来还存在三个方面的问题：一是立法层次低，缺少全国人大制定的基本法律；二是数量少，内容也不完善；三是政策不配套，可操作性不强。本市可根据非政府组织参与社会治理的需要，结合市情，在现有法律法规基础上，进一步完善社会组织的相关的地方性法规，对社会组织参与社会管理的权利、义务、地位、范围等做出明确的规范，使社会组织参与社会治理尽快步入规范化、法制化轨道，为促进社会组织参与社会管理提供坚实的法律基础。

2. 提升社会组织承接政府职能转移能力的有效途径

现阶段，本市的基层社会组织还处在孕育和起步阶段，因而，政府应继续坚持培育和发展的理念，为基层社会组织的成长提供必要的扶持，但应该注意以间接扶持为主，以直接扶持为辅。一是在管理上，政府应由直接管理逐渐转向间接管理。例如长宁区社会组织创新实践园通过发挥公益性社会组织孵化基地、社会组织创新型人才培养基地、公益服务资源有效整合基地和承接政府转变职能项目基地的作用，实现了对辖区内社会组织的指导服务、孵化培育、引领示范、人才培训、联动互助和项目对接功能。二是在资源上，政府应由直接提供为主逐渐转向间接提供为主。目前，公益创投也成为各地探索政府购买服务的新方式。在继续推行的基础上，政府应更加注重发挥引导作用，吸引企业、公众等多种社会力量的参与，提供更多的人力和资金。在公益创投形成一定的运行机制后，政府应逐渐退出主导地位，使企业和公众成为资源提供的主体，避免基层社会组织对政府资源的过度依赖。

3. 制定完善的人才引进、开发策略

目前，缺少足够的专业人才是制约基层社会组织有效参与社会管理的因素之一。要提高获取人才资源的能力，必须从引进和开发两方面入手。一是完善基层社会组织的人才引进机制。在获取了足够的资金支持之后，适当提高社会组织从业人员的薪资待遇，以吸引专业的管理人员。在此基础上，激励他们追求自我实现，留住和持续吸引专业管理人才，促进社会组织向专业化转变。二是完善基层社会组织的人才开发机制。社会组织尤其是处于发展初期的基层社会组织，要特别注重对组织成员的培训，可以充分利用各地形式多样的孵化基地所提供的学习机会，对组织成员进行战略规划、组织治理、财务管理、公益创投指导等多方面的辅导培训，定期通过大班讲座、小组讨论、一对一指导等形式提升组织成员的理论和实践能力，进而促使基层社会组织尽早具备市场竞争能力，在参与社会管理时脱颖而出。

（彭辉，上海社会科学院法学所副研究员、博士；王天品，上海市行政法制研究所副所长。本文系2016年度国家法治与法学理论研究项目"供给侧结构性改革与政府职能转变问题研究"，上海社会科学院创新工程青年人才项目［2014RQN004］的阶段性研究成果）